理性の深淵

カントト超越論的弁証論の研究

城戸　淳著

知泉書館

凡　例

一、引用・参照の文献は巻末の註によって示すが、カントについてはつぎのように本文中に割り入れる。すなわち、略号表に列挙する略号によってまず書名などを示し、つづけてアカデミー版カント全集（*Kant's gesammelte Schriften*, ed. Königlich Preußische Akademie der Wissenschaften et al., Berlin et al.: Georg Reimer / Walter de Gruyter, 1900–）の巻数をローマ数字で、頁数をアラビア数字で表わす。

一、ただし『純粋理性批判』（*Kritik der reinen Vernunft*）は原書第一版（一七八一年）をA、第二版（一七八七年）をBとして頁数を記す。第一版か第二版のどちらかの版にしかない箇所については一方のみを挙げる。

一、アカデミー版全集第Ⅲ部「手書きの遺稿（Handschriftlicher Nachlaß）」に収められている断片（いわゆるReflexionen）は、R（またはRR）の略号とアカデミー版の通し番号に、[ ]で巻数・頁数を付す。

一、引用中の傍点の強調、〔 〕内の補足、……による中略、〈 〉による整理や強調は、とくに断らないかぎり引用者によるものである。

一、註には引用・参照のさいに参考にした邦訳文献を付記してあるが、文脈などに応じて字句を改めて引用した場合が多い。

一、本書内への参照は［ ］内に章や節を示す。

略号表

本書で言及したカントの文献について、公刊著作とその他の書簡・遺稿・講義録に分けて、以下に略号を列挙する。

なお、本書におけるカントからの訳出はすべて引用者の責任によるが、おもに参考にして助けられた邦訳書（拙訳をふくむ）を付記した。新岩波版の『カント全集』（坂部恵・有福孝岳・牧野英二編、全二二巻、岩波書店、一九九九～二〇〇六年）に負うところが大きい。また、理想社版『カント全集』（高坂正顕・金子武蔵監修・原佑編集、理想社、一九六五～一九八八年）や、ケンブリッジ版の英訳カント全集（*The Cambridge Edition of the Works of Immanuel Kant*, ed. P. Guyer / A. W. Wood, Cambridge: Cambridge University Press, 1992–）を参照したところもある。

とりわけ『純粋理性批判』については、ケンプ・スミス訳（*Critique of Pure Reason*, tr. Norman Kemp Smith, London: Macmillan, ^{2}1933）、高峯一愚訳（河出書房新社、一九六五年）、原佑訳（補訂版、平凡社ライブラリー、二〇〇五年）、熊野純彦訳（作品社、二〇一二年）をはじめ、先達の訳業におおくを学んだ。

『純粋理性批判』のテクストはシュミット編の旧哲学文庫版（Philosophische Bibliothek 37a, ed. R. Schmidt, Hamburg: Felix Meiner Verlag, ^{3}1990）、およびティンマーマン編の新哲学文庫版（Philosophische Bibliothek 505, ed. J. Timmerman, Hamburg: Felix Meiner Verlag, 1998）に依拠した（ただし綴り字はアカデミー版に倣ったところが多い）。

I　著作

Naturgeschichte = *Allgemeine Naturgeschichte und Theorie des Himmels [...]*, Königsberg / Leipzig: Johann Friedrich Petersen, 1755 (in *Kant's gesammelte Schriften*, vol. I, 1902 / ^{2}1910, pp. 215–368).『天界の一般自然史と理論』（宮武昭訳、『カント全集2』岩波書店、二〇〇〇年）

Nova = *Principiorum primorum cognitionis metaphysicae nova dilucidatio [...]*, Königsberg: J. H. Hartknoch, 1755 (in *Kant's gesammelte Schriften*, vol. I, pp. 385–416).『形而上学的認識の第一原理の新解明』(=『新解明』)(山本道雄訳、『カント全集 2』)

Optimismus = *Versuch einiger Betrachtungen über den Optimismus [...]*, Königsberg: J. F. Driest, Königl. privil. Buchdrucker, 1759 (in *Kant's gesammelte Schriften*, vol. II, 1905 / ^{2}1912, pp. 27–36).『オプティミズム試論』(加藤泰史訳、『カント全集 2』)

Spitzfindigkeit = *Die falsche Spitzfindigkeit der vier syllogistischen Figuren,* Königsberg: Johann Jacob Kanter, 1762 (in *Kant's gesammelte Schriften*, vol. II, pp. 45–62).『三段論法の四つの格』(田山令史訳、『カント全集 2』)

Beweisgrund = *Der einzig mögliche Beweisgrund zu einer Demonstration des Daseyns Gottes,* Königsberg: Johann Jakob Kanter, 1763 (in *Kant's gesammelte Schriften*, vol. II, pp. 63–164).『神の現存在の論証の唯一可能な証明根拠』(=『神の存在証明』)(福谷茂訳、『カント全集 3』岩波書店、二〇〇一年)

Träume = *Träume eines Geistersehers, erläutert durch Träume der Metaphysik,* Königsberg: Johann Jacob Kanter, 1766 (in *Kant's gesammelte Schriften*, vol. II, pp. 315–374).『視霊者の夢』(植村恒一郎訳、『カント全集 3』)

Diss = *De mundi sensibilis atque intelligibilis forma et principiis,* Königsberg: Johann Jacob Kanter, 1770 (in *Kant's gesammelte Schriften*, vol. II, pp. 385–420).『感性界と叡知界の形式と原理』(=『就職論文』)(山本道雄訳、『カント全集 3』)

A / B = *Critik der reinen Vernunft,* Riga: Johann Friedrich Hartknoch, ^{1}1781 / ^{2}1787 (*Kant's gesammelte Schriften*, vol. III, 1904 / ^{2}1911 / vol. IV, 1903 / ^{2}1911, pp. 1–252).『純粋理性批判』(=『批判』)

Prol = *Prolegomena zu einer jeden künftigen Metaphysik, die als Wissenschaft wird auftreten können,* Riga: Johann Friedrich Hartknoch, 1783 (in *Kant's gesammelte Schriften*, vol. IV, pp. 253–384).『プロレゴメナ』(久呉高之訳、『カント全集 4』岩波書店、二〇〇六年)

GMS = *Grundlegung zur Metaphysik der Sitten*, Riga: Johann Friedrich Hartknoch, 1785 (in *Kant's gesammelte Schriften*, vol. IV, pp. 385–464).『人倫の形而上学の基礎づけ』(=『基礎づけ』)(平田俊博訳、『カント全集 7』岩波書店、二〇〇〇年)

MAN = *Metaphysische Anfangsgründe der Naturwissenschaft*, Riga: Johann Friedrich Hartknoch, 1786 (in *Kant's gesammelte Schriften*, vol. IV, pp. 465–565).『自然科学の形而上学的原理』（=『原理』）（犬竹正幸訳、『カント全集 12』岩波書店、二〇〇〇年）

KpV = *Critik der practischen Vernunft*, Riga: Johann Friedrich Hartknoch, 1788 (in *Kant's gesammelte Schriften*, vol. V, 1908 / ^{2}1913, pp. 1–164).『実践理性批判』（宇都宮芳明訳注、以文社、一九九〇年）

KU = *Critik der Urtheilskraft*, Berlin / Libau: Lagarde und Friederich, 1790 (in *Kant's gesammelte Schriften*, vol. V, pp. 165–485).『判断力批判』（牧野英二訳『カント全集 8・9』岩波書店、一九九九年・二〇〇〇年）

Religion = *Die Religion innerhalb der Grenzen der bloßen Vernunft,* Königsberg: Friedrich Nicolovius, 1793 / ^{2}1794 (in *Kant's gesammelte Schriften*, vol. VI, 1907 / ^{2}1914, pp. 1–202).『たんなる理性の限界内の宗教』（=『宗教論』）（北岡武司訳『カント全集 10』岩波書店、二〇〇〇年）

MS = *Die Metaphysik der Sitten,* Königsberg: Friedrich Nicolovius, 1797 / ^{2}1798 (in *Kant's gesammelte Schriften,* vol. VI, pp. 203–493).『人倫の形而上学』（樽井正義・池尾恭一訳『カント全集 11』岩波書店、二〇〇二年）

Anthr = *Anthropologie in pragmatischer Hinsicht*, Königsberg: Friedrich Nicolovius 1798 (in *Kant's gesammelte Schriften*, vol. VII, 1907 / ^{2}1914, pp. 117–333).『実用的見地からの人間学』（=『人間学』）（渋谷治美訳、『カント全集 15』岩波書店、二〇〇三年）

Logik = *Immanuel Kants Logik. Ein Handbuch zu Vorlesungen,* ed. G. B. Jäsche, Königsberg, 1800 (in *Kant's gesammelte Schriften*, vol. IX, 1923, pp. 1–150).『論理学』（湯浅正彦・井上義彦訳、『カント全集 17』岩波書店、二〇〇一年）

II　書簡・遺稿・講義録

Br = *Briefwechsel* (*Kant's gesammelte Schriften*, vol. X–VII, 1900 / ^{2}1922, vol. XIII, 1922).「書簡」（北尾弘之・竹山重光・望月俊孝訳『カント全集 21』岩波書店、二〇〇三年／木阪貴行・山本精一訳『カント全集 22』岩波書店、二〇〇五年）

R = *Reflexionen* (*Kant's gesammelte Schriften*, vol. XIV–XIX, 1911–34).「遺稿」（本書にかかわる範囲では、ごく一部がつぎの拙訳に収められている。

「デュースブルク遺稿（一七七三～七五年）R 4674–4684」（上・下）城戸淳訳、新潟大学現代社会文化研究科『世界の視点 知のトポス』第一号、二〇〇六年、一～三三頁／第二号、二〇〇七年、三～二四頁。

「イマヌエル・カント　観念論をめぐって——一七八〇年代の遺稿から（R 5642, 5653–5655）」城戸淳訳、新潟大学現代社会文化研究科『世界の視点 知のトポス』第六号、二〇一〇年、一～三三頁。）

Fortschr = *Welches sind die wirklichen Fortschritte, die die Metaphysik seit Leibnitzens und Wolf's Zeiten in Deutschland gemacht hat?* (in *Kant's gesammelte Schriften*, vol. XX, 1923, pp. 253–332).『形而上学の進歩』（円谷裕二訳、『カント全集 13』）

Kästner = *Über Kästners Abhandlungen* (in *Kant's gesammelte Schriften*, vol. XX, 1924, pp. 410–423).『ケストナーの諸論文について』

OP = *Opus Postumum* (*Kant's gesammelte Schriften*, vol. XXI, XXII, 1936).『オープス・ポストゥムム』

LBlKrV = *Lose Blätter zur Kritik der reinen Vernunft* (in *Kant's gesammelte Schriften*, vol. XXIII, pp. 17–20).（『純粋理性批判』への未綴じの紙片）（有福孝岳訳、『カント全集 6』）

LPhilippi = *Logik Philippi* (in *Kant's gesammelte Schriften*, vol. XXIV_1, 1966, pp. 303–496).『フィリピ論理学講義』

LBusolt = *Logik Busolt* (in *Kant's gesammelte Schriften*, vol. XXIV_2, 1966, pp. 603–686).『ブーゾルト論理学講義』

ACollins = *Anthropologie Collins* (in *Kant's gesammelte Schriften*, vol. XXV_1, 1997, pp. 1–238).『コリンス人間学講義』

MHerder = *Metaphysik Herder* (in *Kant's gesammelte Schriften*, vol. XXVIII_1, 1968, pp. 1–166).『ヘルダー形而上学講義』

ML1 = *Metaphysik L1 (Pölitz)* (in *Kant's gesammelte Schriften*, vol. XXVIII_1, pp. 167–350).『L１形而上学講義』（八幡英幸・氷見潔訳、『カント全集 19』岩波書店、二〇〇二年）

MVolck = *Metaphysik Volckmann* (in *Kant's gesammelte Schriften*, vol. XXVIII$_1$, pp. 351–460).『フォルクマン形而上学講義』

MSchön = *Metaphysik von Schön, Ontologie* (in *Kant's gesammelte Schriften*, vol. XXVIII$_1$, pp. 461–524).『シェーン形而上学講義』

ML2 = *Metaphysik L2 (Pölitz)* (in *Kant's gesammelte Schriften*, vol. XXVIII$_{2/1}$, 1970, pp. 525–610).『L２形而上学講義』（氷見潔訳、『カント全集 19』）

MDohna = *Metaphysik Dohna* (in *Kant's gesammelte Schriften*, vol. XXVIII$_{2/1}$, pp. 611–704).『ドーナ形而上学講義』

MK2 = *Metaphysik K2 (Heinze, Schlapp)* (in *Kant's gesammelte Schriften*, vol. XXVIII$_{2/1}$, pp. 705–816).『K２形而上学講義』

MK3 = *Metaphysik K3 (Arnoldt, Schlapp)* (in *Kant's gesammelte Schriften*, vol. XXVIII$_{2/1}$, pp. 817–838).『K３形而上学講義』

MMron = *Metaphysik Mrongovius* (in *Kant's gesammelte Schriften*, vol. XXIX$_1$/2, 1983, pp. 743–940).『ムロンゴビウス形而上学講義』

PRPölitz = *Philosophische Religionslehre nach Pölitz* (in *Kant's gesammelte Schriften*, vol. XXVIII$_{2/2}$, 1972, pp. 989–1126).『ペーリッツ哲学的宗教論』（近藤功訳『カントの哲学的宗教論』朝日出版、一九八六年）

NThVolck = *Natürliche Theologie Volckmann nach Baumbach* (in *Kant's gesammelte Schriften*, vol. XXVIII$_{2/2}$, pp. 1127–1226).『フォルクマン自然神学講義』

DRTBaum = *Danziger Rationaltheologie nach Baumbach* (in *Kant's gesammelte Schriften*, vol. XXVIII$_{2/2}$, pp. 1227–1320).『ダンツィッヒ合理神学講義』

Enz = *Philosophische Enzyklopädie* (in *Kant's gesammelte Schriften*, vol. XXIX$_{1/1}$, 1980, pp. 1–46).『哲学的エンチュクロペディー講義』（城戸淳訳、新潟大学現代社会文化研究科『世界の視点 変革期の思想』二〇〇四年、一～六五頁）

目次

理性の深淵

――カント超越論的弁証論の研究――

序　論

1　超越論的弁証論における理性の深淵

「人間理性はある種の認識について奇妙な運命をもっている。すなわち理性は、理性じしんの本性によってみずからに課されているために斥けることができず、しかしまた人間理性のあらゆる能力を超えているために答えることもできないような問いに悩まされるのである。」（A VII）

カントは第一版の『純粋理性批判』（＝『批判』）の序文をこの一文から書きはじめている。理性の本性から発しているにもかかわらず、理性の能力をはるかに超えているというこの問いは、もちろん「形而上学」（A VIII）の問いである。形而上学的な諸問題をめぐって、理性は答えようと試みてはかならず挫折するという不安定な苦境に陥るわけである。『批判』のカントは、のちに伝統的な形而上学を批判する超越論的弁証論の一節で、この話題に立ちかえっている。すなわち、理性は形而上学がかいま見せる「人間理性にとっての真の深淵（Abgrund）」（A 613 / B 641）をわずかに覗きこんでは、この「深淵……から怯んで引きさがる」（A 615 / B 643）。こうして理性は、「怖じ気づきながら同意しては、いつもまた同意を撤回するという動揺する状態」（ibid.）に置かれることになる［第九章おわりに］。序文の冒頭の一文は、のちの超越論的弁証論を予告して、形而上学の深淵に臨む理性の不安定な動揺をえがくものだったのである。

このように序文の冒頭で印象的にその重要性が告知されているにもかかわらず、これまでの長い『純粋理性批判』研究史において、総じて弁証論の研究は、感性論や分析論の研究の汗牛充棟に比してかなり手薄であったといわざるをえない。さかのぼればたとえば、ドイツ哲学をフランス人に紹介したハイネの『ドイツにおける哲学と宗教の歴史』（一八三四年）は、「カントの哲学のうち、もっぱらヴォルフ哲学の不合理をやっつけるためにある部分は取り除いてもよい。……この〔ヴォルフ哲学との〕論争はフランス人には……なんの役にも立たない」(1)と忠告している。ヴォルフに代表されるドイツ講壇哲学の形而上学こそが弁証論での論争相手の理念型であるから、これは弁証論を無視せよというのも同然である。（ただしハイネはカントの神学批判をきわめて高く買っているのだが。）

このようなカント読解の忠告は、フランス人が相手ということもあり、あえて浅薄に実用主義的な観点からなされたものである。これに対していわゆるドイツ観念論の思想家たちは、カントが超越論的弁証論で覗きこんだ理性の深淵を真摯に受けとめ、そこに新たな哲学的課題があることを認めたという点では、さすがにカントの後継者たるに恥じない。とはいえ、ときにはその深淵をいかにも意気揚々と超克しえたという点でいえば、いささか軽率な勇み足を咎められるべき者もみうけられるようである。カント以後のドイツの若い世代にとっては、ややもすれば、カント翁がきびしく言いのこした理性の限界設定は旧弊な仕来《しきた》りのように煩わしいだけのものになり、その向こうにふたたび観念論的に躍動する理性のユートピアが構想されたのである。

なおここで、カントの弁証論を継承したと目されるヘーゲルの弁証法については、とくにひとこと加えておくべきだろう。ヘーゲルがカントのアンチノミー論における定立・反定立の対立を画期的なものと賞揚しつつ、その対立の止揚に新たな理性の覚醒を見定めたことはひろく知られている。[2] たしかにこれは、カントの「理性」が孕んでいた可能性をさらに推しすすめて展開したものであろう〔第二章第5節〕。しかしあえて違いを際立たせるならば、ヘーゲルの理性が対立の統一的な止揚を果たし、深淵を架橋するのに対して、カントのアンチノミーの正反両命題は統合されることなく、痛み分けか棲み分けによって和平が樹立されるにすぎない。カントにおける理性の深淵はついに架橋されず、まさに深淵でありつづけるのである。ついでにいえば、このようにヘーゲルの全体論とカントの批判主義とは水掛け論のように対立するが、両者の立場がついに止揚されずに対立しつづけると認めるところに、メタ次元でのカント的二元論が成り立つと私は理解している。

ハイネのいう「役に立たない」部分を切りすてて、利用できるところだけを読むという態度は、いささか皮肉なことに、ドイツ観念論のあと「カントへ帰れ」の掛け声とともに興隆した新カント学派にも顕著であり、さらにはそれが二〇世紀前半のカント研究にも受け継がれることになる。ハイムゼートはカント研究史上はじめての弁証論のコメンタリーへの序文において、分析論までの模範的なコメンタリーを著したペイトンにふれ、[3] 経験的対象の構成によって精密科学を基礎づけるところにカント哲学の意義を見出すというその態度は、「新カント学派による著作解釈の全体と作業的に連続している」[4] と指摘している。なお、「形而上学」を問うたハイデガーのカント研究もまた、意外にもほぼ分析論までに終始していたことを付記しておこう。

あるいは二〇世紀後半のカント研究では、ストローソンのカント解釈を皮切りに、[5] しばしば「超越論的論証(transcendental argument)」の復権が唱えられた。[6] これは『批判』の超越論的演繹や観念論論駁に歴史的な祖型をもつものであり、不可疑の究極的な第一原理のうえに立つことによってではなく、むしろわれわれの経験の事実から出発し、その必要条件となる概念的な枠組みを記述することによって、懐疑主義を反駁しようとする論証である。たしかにこの超越論的論証がカント哲学の精髄を継承するものであることは疑いえないが、しかしそもそもなぜこのような論証が必要だったのかについて顧みられることは少なかったように思われる。

かりにもしわれわれが経験の構成要件を最後まで分析し、経験の必要条件を枚挙しつくすことができれば、その根源的な諸要素を十分条件にして、そこから逆にこの経験へと総合的に構成してくることができよう。そして、このように経験と根源とを分析と総合によって往還することが可能ならば、もっぱら経験の必要条件を部分的に記述するにとどまる超越論的論証なるものは不十分であり不必要なものであろう。しかしそれでは、なぜ経験の分析的な遡源は完全なものにならないのか。自我や魂へと引きこもって足場を得ようとしても、あるいは世界の始まりや最小の物質要素にまで辿りつこうとしても、さらには魂をふくむ世界の全体を創造し統括すべき神に頼ろうとしても、なぜわれわれは最初の根拠にまで到達しえないのか。どうして理性は、このような究極的な根拠の不在に直面して形而上学的な錯乱に陥り、みずから仮象を作りだしては、偽りの無制約者によって基礎づけを果たしたつもりになってしまうのか。理性による経験の必要条件への遡源的な探究は、暗く閉ざされた究極的根拠の領域を通過することで、いかにして無制約者から十分条件の系列をくだる前進的な基礎づけへと自己欺瞞的に転回するのか——。それを教えるのが超越論的弁証論なのである。

今日、知識の究極的な基礎づけの試みは無限後退か循環か恣意的中断かのいずれかに陥るという「ミュンヒハウゼンのトリレンマ」(7)がよく知られているが、カントはこの人間理性のトリレンマを、魂、世界、神という形而上学的な大テーマに即して分析してみせたともいえよう。心理学における自己意識の循環と空転、宇宙論的な遡源における第一原因論と無限背進論との抗争、さらには存在者全体を支える必然的な最実在者の神学的な捏造など、基礎づけの究極において人間理性が歩むことになる錯乱と欺瞞の細道を、カントは最後まで追跡する。

カントの超越論的論証は、このような基礎づけの危機からの再出発であるといえる。いいかえればそれは、無制約者のさまざまな深淵へと歩み、究極的な根拠づけが不可能であることを見とどけてきたカントが、ひるがえってこの経験の事実という「ノイラートの船」に乗りこむところに成り立つものである。こうして感性論や分析論においては、われわれの「経験」を分析することで、さまざまな「経験の可能性の条件」がアプリオリな総合命題として超越論的に論証されることになる。しかし注意すべきことにそれらの諸命題も、超越論的弁証論における理性の破綻の諸相を否定的な背景として考慮にいれないかぎり、現状追認のための哀れな詭弁か、人間という種のイドラの居丈高な開き直りにすぎないであろう。これは感性論や分析論における経験の積極的な構成の諸契機を解釈するさいに、つねに念頭におかなければならない警告である。

本書はこのような研究史の事情をふまえて、あらためてカントの理性批判の射程を探るべく、超越論的弁証論における理性の深淵の諸相をたどろうとするものである。しかしそれにしても〈理性の深淵（Abgrund der Vernunft）〉とは、いささか奇妙な響きのする言葉の組み合わせかもしれない。Abgrund とは根拠（Grund）が脱落し、底なしに下方へ割れている（Ab-）場所のことである。ところでヴォルフ以来の十八世紀ドイツの学術的な用語法では、Grund（根拠）と Vernunft（理性）はともにラテン語の ratio に対応している[8]。根拠を与えるべき認識能力が理性であることは術語的にも自明であった。ところが超越論的弁証論が教えるのは、理性（ratio = Vernunft）は魂、世界、神という三つの無制約者によって存在者全体に究極的な根拠（ratio = Grund）を与えようと試みるも、ことごとくその欺瞞を見抜かれ、みずからを深淵（Ab-grund = 無-根拠）へと曝してしまう、という事態である。根拠を与えるべき理性は、こうして深淵に臨んで、不合理にして無根拠なる理性（ratio irrationalis = abgründige Vernunft）へと転落し、自己同一性の危機《アイデンティティ・クライシス》に直面するのである。そしてこの危機のさなかから理性は、みずからの体勢を保持しなおすかのように、あらためて感性論と分析論では経験的世界の構築へと転回し、さらに弁証論ではその経験的探究を理念（理性概念）の統制的使用によって裏打ちすることになる。「理性の深淵」という本書のタイトルは、魂、世界、神という形而上学の無制約的領域で人間理性が避けがたく陥る無根拠性の危機と、その「深き淵より（de profundis）」（Ps 130,1）みずからを救う人間理性の自律的な根拠づけの試みのことを表わしている。

2　方法と課題

本書は大きくみれば、超越論的弁証論への発展史をあつかう第一～二章と、超越論的弁証論における三つの形而上学批判――すなわち合理的心理学を批判する誤謬推理論、合理的宇宙論を批判するアンチノミー論、合理的神学を批判する理想論――を各論的にあつかう第三～九章に二分することができる。

方法論的にいえばこれは、ヘンリッヒのいう「発展史的解釈」と「論点分析的解釈」におおよそ対応している。発展史的解釈とは、「著作をその成立過程において、したがってその発見者自身の視点から読む」[9]ことを課題とする解釈である。歴史的な哲学的著作は先行する哲学的状況に難点を見出し、そこから離反することで新しい理論を確立するが、しかしいったんそれが後世に決定的な影響力をもつにいたると、その前史からの成立の過程は覆い隠されて見えなくなってしまう。発展史的解釈はこの過程を跡づけることで、ある哲学理論の歴史的諸前提とそこからの離反を明らかにするのである。他方で論点分析的解釈とは、哲学的な著作に含まれるさまざまな「発端を探り出し、仕上げ、……その著作の執筆の内的な力学を理解させる」[10]ものである。哲学的著作にはその新しい理論を完成するためのさまざまな発端が未決着のまま含まれており、それゆえもっぱら哲学的著作の「合理的再構成」を事とするような解釈にとっては「不明瞭」にしかみえない状況を呈している。それらの発端の可能性をそれぞれ追求することで、いっけん整合的な新理論の体系に孕まれる相剋的な諸論点の力学を明らかにし、その可能性の豊かさを展開してみせることが論点分析的解釈の課題である。

いうまでもなく、この二つの方法は哲学史研究において相補的に不可分であり、整然と分けて適用することはできない。それは本書でも同様である。だがやはり大まかにみれば、第一～二章は超越論的弁証論を発展史的に解釈するものであり、第三～九章は論点分析的に解釈するものであるといえよう。第一～二章ではとりわけ、一七七〇年の『就職論文』から一七八一年の『批判』にいたる〈沈黙の十年間〉の発展史に着目し、カントがいかにして超越論的弁証論の概念と構想を獲得したのかを追跡することを試みた。旧来の独断的形而上学だけでなく、過去のみずからの思想をも批判すべき対象へと容赦なく組みいれつつ超越論的弁証論を形成してゆく、カントの過酷な自己超克の軌跡は、まさに批判哲学の精神を伝えるものである。

第三章以降の各章では、超越論的弁証論における三つの特殊形而上学に対する批判を解明することが課題である。そのさい、それらの理性批判の発端が、沈黙の十年間における努力や感性論や分析論でのカント固有の論点のみならず、さまざまな哲学史的な文脈のなかにも求められるということを示すことに心がけた。カントは哲学史にあらわれた諸潮流を弁証論的なさまざまな立場として取りこみ、その相剋を批判的に解決することで、超越論的弁証論をいわば〈哲学史の法廷〉として位置づけようとしていたと思われる。それゆえ逆に、弁証論の各論のテクストを哲学史的なコンテクストへと解きひらくことが、論点分析的解釈の課題のひとつなのである。しかもそのような哲学史は、カントが直接的に対峙していた十八世紀ドイツ哲学に限定されるものではない。むしろ、折衷的ともいえるドイツの啓蒙哲学に流れこんだ、古代から近世にいたるさまざまな潜在的なコンテクストこそが、出廷を求められている真の当事者なのである。それゆえ本書では、カントの哲学史の知識にこだわらずに、弁証論にこめられた思想史的なドラマを大きく再構成してみせることもあえて辞さなかった。

付言しておくなら、このようにカントの哲学を思想史のコンテクストのなかで読み解こうとするのは、なにも歴史的な詮索や発掘に重きをおくからではない。おそらく今後とも、いわゆるカント哲学の掲げる学説やテーゼは、時流にのってもて囃されることもあれば、時代遅れだと見棄てられることもあるだろう。しかしいずれにせよ、十八世紀後半の複雑にいりくんだ思想状況のなかで、さまざまな学説や立場との対話と批判を試み、そこからオリジナルな思想を構築したカントの哲学的な活動は、われわれの貴重な精神的遺産でありつづけるだろう。ひろく人口に膾炙したカントの名文句（A 837 / B 865）をもじっていえば、われわれは〈カントの哲学〉をではなく、むしろ〈カント的に哲学すること〉を学び、受け継がなければならない。そのような精神的な継承のためにこそ、本書は超越論的弁証論における対話と批判の現場に迫ろうとするのである。

さて、以上のような本書の課題設定は世界的なカント研究の動向を睨んでのことでもある。じつのところ、ここ四半世紀ほどで超越論的弁証論の研究は大きく展開し、かつてのような日陰者ではなくなりつつある。以下では代表的な研究書を一つ二つあげるに留まるが、まず弁証論の緒論や第一篇で論じられる仮象や誤謬をめぐる方法論的・体系的な問題については、グライアー『カントの超越論的仮象の理論』(11)などによって長足の前進があった。しかしこと弁証論の発展史についていえば、残念ながらここしばらく研究が停滞しているように思われる。また弁証論の第二篇で論じられる特殊形而上学批判については、ドイツ語のものとしてはクレンメ『カントの主体の理論――自己意識と自己認識の関係についての体系的・発展史的探究』(12)やボヤノフスキ『カントの自由の理論――再構成と復権』[13]などの重厚な研究書が著されているし、英米圏からもアメリクス『カントの心の理論――純粋理性の誤謬推理の分析』[14]、アリソン『カントの自由の理論』[15]など、鋭い分析力を誇る研究が出ている。ただし誤謬推理論、アンチノミー論、理想論を一貫して論究するという方針のものは、グライアーなどの二、三の例外を除けばほとんど見当たらないようである。

本邦の最近のカント研究の状況に照らしてもほぼ同じことがいえる。代表的なものとしては、カントの自由論を幅広く論じた新田孝彦『カントと自由の問題』[16]や、アンチノミー論の方法論的な奥行きを究明した石川文康『カント 第三の思考――法廷モデルと無限判断』[17]などが挙げられよう。しかしながら発展史的な研究はその努力も成果も乏しく、およそ半世紀も前に書かれた高橋昭二『カントの弁証論』[18]がいまだに光彩を放ってみえるほどである。また、超越論的弁証論の形而上学批判の細部にまで分析のメスをいれながら、その諸相を理性批判の観点から通覧するような研究書は、本邦ではいまだ著されていない。

このような研究動向を顧みるなら、まず超越論的弁証論の主題設定や方法論的な洞察については、しばしばなされるように弁証論の緒論や第一篇をもとに理論的・体系的な解釈を呈示するよりも、むしろ沈黙の十年間からの発展史的なアプローチをとって、いわば〈生成する超越論的弁証論〉のダイナミズムをえがきだすことが本書の果たすべき独自の課題であろうと思われる。これは逆向きにいえば、弁証論における三つの特殊形而上学批判を支配することになる方法論的概念を、『就職論文』と七〇年代のさまざまな試行錯誤のなかに見出そうとする試みである。かつてクーノ・フィッシャーは、発展史にこそ「カントの鍵（Clavis Kantiana）」[19]があるとして、はじめて自覚的なカント研究の道を切りひらいたものだが、本書もこの顰みに倣って発展史に弁証論を読み解く鍵を求めよう。

第三章以降で明らかにするように、超越論的弁証論において理性は系列を推理によって遡源して、ついに無制約的な根拠を認識しようとするも挫折し、やむなくその主観的要求を客観化して措定することで不在の根拠をひそかに補塡してしまう。発展史的にさかのぼるなら、このように不当に客観性を装う理性の欺瞞をあばく批判的な視角は、『就職論文』で採用された「取り違えの形而上学的誤謬」という方法論的概念に萌芽をもち、七〇年代の試行錯誤によって鍛えられたものである［第一章］。あるいは『批判』において、ひたすら推理によって無制約者へと到ろうとする「理性」と、その理性を駆動してやまない特殊形而上学の「系列」のオブセッションの由来は、七〇年代末頃に弁証論の目次が「理性推理」の三つの論理形式に即して論理学的な順序で構成されたという、弁証論の発展史的な来歴に求めることができる［第二章］。

他方で弁証論の第二篇における特殊形而上学の諸テーマに対する批判についていえば、たんにカントの形而上学批判の手捌きを整合的に解釈するだけではなく、伝統的な特殊形而上学の諸論証やその錯綜した哲学史にそれぞれ深く立ち入ることが、カントの批判哲学の精髄を理解するうえで不可欠であることは、ここであらためて強調しておきたい。とはいうもののこのような研究態度で臨めば、自己意識、宇宙論、自由、神の存在証明など、それぞれ優に一冊のモノグラフにあたいするカント研究の課題であり、これまで個別に取り扱われてきたのも当然である。

しかしまた、カントの批判哲学の中核をなす理性批判という課題の広がりと奥行きを捉えるには、それらの超越論的弁証論の諸問題を一貫して読み解くというアプローチが必須であろう。その一貫した読解のための観点は、発展史的研究［第一〜二章］で見出された、取り違えの誤謬、理性、無制約的系列といった問題設定と批判方法から得られるはずである。とはいえ、これはもちろんあまりにも膨大な仕事になって、一冊の研究書の紙幅を超えてしまう。そこで本書では、誤謬推理論、アンチノミー論、理想論のそれぞれから代表的な形而上学的議論とその批判を選びだして、それだけを集中的に論点分析的に読み解きつつ、三つの特殊形而上学批判の骨子をたどることにした。それゆえ本書は、カントの超越論的弁証論全体の統一的な解釈を標榜するものではなく、「理性の深淵」という視座から超越論的弁証論の諸相を解釈してゆく試みにすぎない。体系的な観点からは遺漏の多い研究になるのは承知しているが、次善の策と判断してのことである。

この方針のもと、まず誤謬推理論については、その理性批判の射程を第一・第二誤謬推理とその改稿に即して論究し〔第三章〕、さらに人格の時間的同一性をテーマに第三誤謬推理を読み解こう〔第四章〕。ここで事柄を裏側から照らすために、カントの Cogito ergo sum 解釈の試みを跡づけておく〔第五章〕。そしてアンチノミー論からは、アンチノミーの方法論的な範型であり、超越論的観念論の間接証明の舞台ともなる第一アンチノミーをとりあげ〔第六章〕、その背景となる無限をめぐるカントの思索を見とどけたのち〔第七章〕、超越論的自由の思想によって理論から実践への転回をもたらす第三アンチノミーの解釈にいどむ〔第八章〕。最後に理想論からは、弁証論全体の問題設定と批判方法がもっとも集約的に展開されている箇所として、宇宙論的証明の批判にしぼって検討したい〔第九章〕。

総じていえば、超越論的弁証論の問題設定や全体構成についての発展史的解釈と、弁証論的な諸テーマと批判についての立ち入った論点分析的解釈とを組み合わせることで、超越論的弁証論の骨格と細部を明らかにすることが、以下で本書がとりくむ課題である。

第一章　「取り違え」概念の展開

――発展史の一断面――

カントは新造語には禁欲的な哲学者であった。「新しい言葉を鋳造することは言語において立法する越権であり、めったに成功しない」（A 312 / B 368 f.）のだから、むしろ死語になった学術語の意味を再確定して活用するほうが望ましい。カントは『批判』の弁証論の第一篇でそう述べて、プラトンのイデアをあらたに「理念（Idee）」として取り戻すのであるが、そのようにしてカントが世に広めた批判哲学の新術語はほかにも、「超越論的（transzendental）」、「アンチノミー（Antinomie）」、「命法（Imperativ）」など数多くある。(1) しかしもちろんすべてが世に入れられたわけではなく、かなり重要な批判哲学の術語でありながら廃れたものも少なくない。

「取り違え(2)（subreptio, Subreption, Erschleichung）」はそもそもはローマ法や教会法に由来する術語で、事実の隠蔽や偽りの申し立てによって法的な利益を獲得することを意味した。(3) 十八世紀にはヴォルフがこれを経験の場面に用いて、「けっして経験されないものが、われわれには経験されたもののようにみえる」場合に、「経験することにおける取り違え（subreptio）の誤謬」が生ずるとした。(4) たとえば自分の腕を上げるとき、精神の努力と身体の動きを経験しているだけなのに、「身体に対する魂の物理的影響」そのものを経験していると思ってしまうのがその一例である。(5) あるいはカントの思想形成にも大きな影響を与えた（cf. Br X 98）ランベルトの『新オルガノン』の「現象学（Phänomenologie）あるいは仮象についての学」においても、「直接に感覚されえず、感覚からはじめて推理される……ものが、経験と称される」ときに「取り違え（Erschleichen）の誤謬」[6]が犯されると言及されている。このように「取り違え」とは、経験において直接知覚されたものと、たんにそこから推論されたものとを区別して、両者の混同に起因する諸々の誤謬を防止するための概念として[7]、十八世紀には論理学や哲学において多用されていた。

カントは前批判期から批判期にわたって決定的な場面でこの概念を活用しているが、そこに託された意味内容は大きく変化しており、そのときどきのカントの思考動向を鮮やかに映しだしているように思われる。にもかかわらず、今日では馴染みの薄い概念ということもあるのだろうか、ながいカント研究史のなかでこれまでほとんど等閑に付されてきた[8]。そこで本章では、カントにおける「取り違え」概念の変容を跡づけることによって、『就職論文』から『純粋理性批判』へ、とりわけその感性論と弁証論へといたる発展史をたどってみよう。次章でもあらためて弁証論の形成を発展史的に再構成するつもりだが、本章ではむしろ特定の概念の獲得と変容を切り口にして、カント哲学の発展史の一断面を切りだしてみることを試みたい。

なお「取り違え」概念については、二〇〇六年にビルケン＝ベルチュの『カントにおける取り違えと弁証論』[9]が出版され、概念史的には取り違えのカント以前とカントの用例はほぼ調べつくされ、研究状況は一変したといえる。しかし私のみるところでは、一七七〇年代における新たな還元方法の発見、そして『批判』の感性論における取り違えモデルの展開、さらには弁証論における取り違えの二重運動など、この概念の発展史的な奥行きと広がりをさらに踏みこんで解釈する余地はなお残されているように思われる。

1　取り違えの形而上学的誤謬――『就職論文』

カントが方法論として取り違えの概念を採用して著作に登場させたのは、一七六六年の『視霊者の夢』が最初である。のちの誤謬推理論を彷彿させるように、「霊魂（Geist）」の概念は「経験を機縁として、密かなそして曖昧な推論によってうみだされ、その後その経験そのもの……が意識されないで他の人に伝えられて増殖した」（Träume II 320 n.）ものであり、「取り違えられた（erschlichen）概念」（ibid.）と名づけられる、とカントはいう。すなわちそれは、さまざまな経験を素材にしながらも、そこから「想像の妄想」（ibid.）や自分でもよくわからない推理によって組み立てられたために、もはや経験的な指示対象を欠いてしまったような概念である。ここでの取り違えは、経験からの概念形成の正当性の問題として捉えられており、ヴォルフ以来の伝統的な意味に沿ったものである。

一七七〇年の教授就任論文『感性界と叡知界の形式と原理』（＝『就職論文』）においてカントはこの伝統から飛躍する。この論文は冒頭から、総合の無制約者としての世界や分析の無制約者としての単純者をめぐるアンチノミー的な対立を、感性と知性(10)（intellectus）という二つの認識源泉のあいだの不一致としてえがきだしている。知性の抽象概念によって世界や単純者を考えることは簡単であるのに対して、無限な全体への総合や連続量の分析は「限界項を欠く」（Diss II 388）ので、直観的には世界も単純体も「表象不可能（irrepraesentabile）」（ibid.）である。

この対立を解く鍵となるのが、ここであらたに獲得されて、『批判』にまでほぼそのまま受け継がれることになる空間と時間の観念性の教説であり、さらには「感性的認識に固有の原理が自己の限界を越えて知性的なものを触発しないように」（Diss II 411）という方法論である。この方法論は命題における主語と述語との関係でいえば、知性的な主語に感性的な概念を述語づける誤謬を戒めるものである。主語の叡知的対象は知性の「実在的使用」（Diss II 393）によって客観的に認識されうる。その主語に空間や時間の感性的な述語を加えるとき、述語は対象を感性的に認識するための主観的な条件にすぎず、「存在するとおりの」（Diss II 392）対象には妥当しないのである（cf. Diss II 411）。

このような「形而上学の方法」（ibid.）から逸脱する誤謬を、カントは「取り違え」の概念をもちいて特定する。しかもそのさいカントは、この概念の位相をそれまでの「通常の意味」からずらして、「知性的概念と感性的概念との混淆」が「取り違えの形而上学的誤謬（vitium subreptionis metaphysicum）」（Diss II 412）であると定義する。ここで「形而上学的」は「論理的」と対比されている。[11] 認識の起源や所与を顧慮せずに、たんに表象の判明性の程度の差をもってする区別が「論理的区別」（Diss II 394, cf. A 43 / B 60 ff.）である。それゆえこの観点からみれば、認識源泉の区別を度外視して、経験からの直接性の程度の差を云々する伝統的な取り違え概念は、すべて「論理的」であったということになろう。カントはこれまでの論理的な位相から訣別して、主観における認識の起源の差異に着目する「形而上学的な」、あるいはのちの言いかたでは「超越論的な」（cf. R 250 [XV 94]）問題圏へと取り違えの概念を移行させたのである。すなわち「取り違えの形而上学的誤謬」とは、感性と知性との起源的な区別を顧みず、感性がその限界を侵犯し、叡知的なものを汚染することである。カントはこの誤謬をさらに「知性化された現象」（Diss II 412）といいかえて、感性的概念の妥当領域が知性の対象にまで拡張されてしまった事態として再定式化している。

この取り違えの形而上学的誤謬を防止して、無制約的な叡知的対象を空間・時間の感性的制約による触発から守ることが、一七七〇年のカントのいわゆる「分離的解決モデル」[12]の眼目である。たとえば世界についていえば、直観において無限量を追跡しえないという感性的な制約から切り離して、「一般的に確立された調和」(Diss II 409) によって総括される諸実体の全体を、純粋に知性の対象として考えることがここでの解決の要諦である。『批判』の弁証論への対応を考えれば、叡知的な原因性から時間的な経験的性格を排除することで世界の起源における超越論的自由を救済するという第三アンチノミーの解決は、この分離的解決モデルから発展したものであるといえよう。

しかし他方でここでは、叡知界の全体はともかく、はたして感性界は有限なのか無限なのかという問いは黙殺されており、第一アンチノミーの問題圏はいまだ開かれていない。無限な世界はたしかに人間にとっては感性的に不可測であるが、しかし無限の数多性を一目で判明に見わたす知性であれば——「もちろん人間知性ではないが」(Diss II 388 n.) ——、そんなことにはなんの痛痒も感じない。あるいは有限の宇宙を感性的に考えれば、空間的な枠や時間的な始めといった難問に煩わされることになろう。しかしそもそも「存在するあらゆるものは、いつかどこかに存在する」(Diss II 413) というのは取り違えの形而上学的誤謬を唆す「取り違えの公理」なのであって、叡知界そのものはほんらい空間や時間のなかにないということに思いを致せば、そんな難問は「煙のように消え失せる」(Diss II 415)。つまり『就職論文』のカントは、叡知的な世界に感性的な量や規定を述語づけることを拒否することで、第一アンチノミーの問いを素通りしてしまうのである。それゆえ当然ながら、世界の有限性も無限性も否定して、無際限へと探究をひらく数学的アンチノミーの否定的な解決図式もまた、ここでは獲得されていない。

同様に「魂」についても、「非物質的実体の……物体的宇宙における場所、魂のありか」（Diss II 414）などの問題に対して、魂を空間という感性的条件による触発から解放し、その叡知的なすがたで純粋に確保することをカントはめざす（cf. Diss II 419）。ここにはたしかに、のちの『批判』における、合理的心理学には魂を唯物論から守る「否定的な効用」（A 382）があるという認定の原型があるだろう。しかし魂についての独断的認識の誤謬をあばく批判的思考はいまだ認められない。また「神」については、一七五五年の『形而上学的認識の第一原理の新解明』における、宇宙の諸実体は神という共通の起源によって創造されないかぎり相互作用しないという自然神学的な議論が（Nova I 412 ff.）、ほぼそのまま「叡知界の形式の原理」として採用されている（Diss II 408 f.）。ランベルトへ『就職論文』を献呈するさいカントは、この一節は「重要でないので無視してくださって結構です」（Br X 98）と書き添えなければならなかった。[13]

さて『批判』の感性論への対応を睨んで立ちいっていうなら、さきほどの「存在するあらゆるものは、いつかどこかに存在する」（Diss II 413）という公理はクルージウスに由来するものである。[14] クルージウスの「不可分律（principium inseparabilium, Grundsatz des Nichtzutrennenden）」によれば、「たがいにそれぞれなしに考えられないものは、またじっさいにもたがいにそれぞれ結合している」。[15] さて「われわれの知性の本質」によれば、「存在し、かつ、どこにも存在しないということはできない」のであり、「どこにも存在しないことと存在しないことは、われわれの知性においては同じことである」[16]から、存在者は「またじっさいにも」かならずどこかに存在する。そしてクルージウスはこの公理について、「非物質的な物の場合でも例外を認めない」[17]で、単純実体や精神、神にまで適用することを辞さず、それらをも空間と時間のなかにおく。カントからみればこれは、感性的に拘束された「われわれの知性の本質」、すなわち経験的主観性の原理[18]を、そのまま存在の客観的な基準へと拡張することにほかならないであろう。おおきくみるなら、かつてハイムゼートが強調したように、このような空間・時間の不用意な拡張を戒め、叡知的なものとその規定を諸々のアポリアから救済することが、一七七〇年のカントの空間・時間論の闘争目的なのである(19)。

それゆえクルージウスのような命題は、たんに知性的な概念が感性的に認識されるための条件を表わすにすぎない命題へと「還元（reductio）」されなければならない。すなわちここで「還元原理」（Diss II 412）と呼ばれるのは、命題の「客観的な」妥当性を剥奪して、たんに主観的な判断へと格下げしつつ、その制限内で命題を正当化する手続きのことである。とはいうものの『就職論文』でカントがめざしているのは、この還元の手続きによって、われわれの経験の可能性の条件を超越論的に表示する命題を形成することではない。一七七〇年のカントは、叡知的なものを感性的制約から救済することに心を奪われて、還元された公理が妥当する領域への、すなわち感性的な経験への問いを素通りしたのである。いつかどこかに存在するものとは何か。この新たな問いに精密に答える努力が、『批判』へ向けての十年余りの沈黙をカントに強いた。

2 取り違えの二つの型と新たな還元——一七七〇年代

『就職論文』のカントは、知性の実在的使用によって叡知的対象を認識しうることを礎石として、取り違えとその還元の方法論を定式化した。しかし次章でさらにみるように、この礎石は『就職論文』以後すぐさま崩れはじめ、成功したかに思えていた解決モデルは根底的に揺らぐことになる。有名な一七七二年のヘルツ宛書簡（Br X 129 ff.）はこの時期の消息を伝えるもので、そこでカントはあらたに、知性的概念はいかにして対象へと妥当するのかという問いを定式化して、七〇年の形而上学の夢にみずから訣別を告げるのである。このようなカント哲学の地殻変動のなかで、取り違えとその還元の位置価も変容してゆく。

すなわち『就職論文』では、〈知性的主語―感性的述語〉（かりにα型と呼ぶ）のかたちの判断のみが摘発され、しかもそのさい述語の感性を批判して、判断全体を叡知的な領域へと解放するという解決が図られた。これを換位した〈感性的主語―知性的述語〉（β型と呼ぶ）のほうは、感性的な所与を知性的概念によって抽象する判断であって（cf. Diss II 394)、この抽象によって知性的述語は感性的にに与えられた「対象そのものに属する表徴を指示する」(Diss II 412 n.）のであるから、真なる命題であるという。しかしつづく七〇年代には、叡知界の認識可能性が閉ざされるにしたがって、知性的主語に知性的述語を付する「一義的な」判断についても、その妥当性の意味が問いなおされて、「知性的な公理」というよりも「理性の要請」として捉えかえされる（R 4650 [XVII 625]）。さらには、主語と述語で認識源泉の異なる二つの型の「両義的な」（ibid.）判断についても、それぞれさらに立ちいって検討されることになる。

七〇年代前半の遺稿 R 4644 [XVII 623][20] でカントは二つの型の取り違えを整理して、さきにα型としたものを「フェノメナの請求（petitio phaenomenorum）」と呼び、β型としたものを「ヌーメノンの請求（petitio noumeni）」と呼ぶ。α型は現象ではないものを不当にフェノメナへと貶めることであり、β型は現象について知性を実在的に使用してヌーメノンに替えることである。さらにカントはα型を「取り違えられた総合」、β型を「取り違えられた分析」と言いなおす。すなわちα型は空間・時間の規定を総合的に付加するのに対して、β型は知性概念によって現象を抽象的に分析するということであろう。同じころの R 4650 [XVII 625] でも「両義的な公理」は二つの型に整理され、さらにα型は「補間（interpolation）」によって（すなわち媒介項の挿入によって）」、β型は知性概念の「制限（restriction）によって」、「還元される」とまとめられている。「取り違え」の概念をいわば弄《いじ》りながら、みずからの思索の最前線をあれこれと模索するカントのすがたが彷彿とするようである。二つの型の取り扱いについて、さらに見ていこう。

α型の〈知性的主語―感性的述語〉の判断については、総じていえば『就職論文』における主語の解放ではなく、逆に「主語に感性の条件がふたたび与えられることで還元される」（R 4317 [XVII 504]）という方向へと七〇年代のカントの模索は進む。とはいうものの一七七二年の『フィリピ論理学講義』では、主語と述語を結ぶ「媒介項」を展開することで主語と述語とが比較考量される例としてクルージウスの命題があげられたうえで、つぎのように続く。「ここで現存在の概念が、いかにして条件としての場所の概念のもとに立ちうるのかが展開され（entwickeln）ねばならない。だがそれは不可能である」（LPhilippi XXIV, 462）。のちの感性論のカントであれば、主語の存在者一般に感性的直観の対象という条件を付して、その「補間」された媒介項をつうじて述語の空間・時間の規定へと繋げることになろうが、しかしここでのカントによればそれは「不可能」なのである。

ところが七〇年代後半に由来するとみられる『哲学的エンチュクロペディー講義』においては、クルージウスの命題は「超越的」であるとされたうえで、「超越的命題を内在的命題にするためには、超越的命題を感性へと適用して、感官の条件を付けくわえなければならない。感官の対象はどこかにいつかある、という命題は真である」（Enz XXIX$_{I/1}$ 39）とカントはいう。α型の取り違えの判断について、知性的な主語概念に感性的な条件を付けて制限することによって、むしろ制限された内在的領域において実在的な命題へと還元するという手続きをカントは示唆しているのである。

β型の〈感性的主語―知性的述語〉のほうに目を転ずれば、このβ型の判断によって感性的所与を知性的概念によって分析することの妥当性が、のちに超越論的演繹論の課題として成長してゆくということは容易く見通すことができよう[21]。だがここでは弁証論への対応に着目して追跡したい。人間学講義のメモでカントは、交差させた指のあいだで物を挟むと二つに感じられるという「アリストテレスの錯覚」(cf. R 239 [XV 91])をとりあげて、それは「知性的なものが感性的なものとみなされる(アリストテレス)」(R 250 [XV 94])場合の、すなわちβ型の「取り違えの誤謬」であると判定している。

形而上学への遺稿では、たとえば七〇年代前半のR 4381 [XVII 526 f.] でカントは、取り違えの二つの型をフェノメノンとヌーメノンの組み合わせで定式化して、おもにβ型のほうを分析している。その一例として「感性界は絶対的全体である」という宇宙論的な命題が検討され、二種の還元が試みられる。ひとつは「主語から感性を取り去る」という七〇年の方法で、もうひとつが「述語に感性を付けくわえ」て制限するという新たな方法である。この断片は結論として「フェノメノンとしての対象に知性的な述語が帰されるのは、ただ述語が感性的に規定可能な場合だけである」として、後者の新方法を採用しようとしている。

R 4381のカントはつづけて心理学から例文をとり、「魂は単純である」という命題は「魂」という内的感官の対象に「単純」という知性的概念を述語づけるものであるから「超越的な」命題であるとして、これを二つのしかたで還元してみせる。「私は〈魂を考えるこの私は単純である〉というか、あるいは〈魂は物理的に分割不可能な或るものである〉といわなければならない」。すなわちカントは、一方では主語の「魂」を「考える私」という思考の主観性の方向へと純化するという方法と、述語の「単純」に「物理的に分割不可能」という感性的な意味を与えるという方法とを並べて検討しているわけである。『批判』では、前者の純化は超越論的統覚へと到り、後者の感性化は内的感官の領域において認められることになる。(ただし次章でみるように、このときのカントはいまだ合理的心理学の独断の微睡《まどろ》みを免れていない。）

宇宙論についていえば、ここでカントは数学的アンチノミーの否定的解決へと繋がる端緒をつかんだといえよう。第一アンチノミーを例にとれば、物自体として絶対的な全体性をもつとひそかに理性によって要請されているからこそ、その世界の絶対量について有限と無限の対立が生ずるのであって、そもそも現象界は有限でも無限でもない、というのが『批判』でのカントの基本的な洞察である［第六章］。この『批判』の解決は、二つの型の取り違えとその新たな還元の洞察に淵源するものであろう。

すなわち、世界は有限である／無限であるという判断は、いっけん感性界について感性的述語を付しているようにみえるが、しかしそこには「感性界は絶対的全体である」というβ型の取り違えが先行判断（Vorurteil ＝先入見）として隠れており、それが判断の主語概念に流入して、〈絶対的全体としての感性界〉という暗黙の、矛盾した主語概念を成立せしめている。「世界は可能な経験の絶対的全体である」が、しかし「現象における絶対的全体は矛盾である」（R 4525 [XVII 582]）。それゆえ世界の有限／無限の判断は、理性による「ヌーメノンの請求」をひそかに混入させた主語をもつ判断、すなわち隠れたα型の取り違え判断なのであって、やはり「主語に感性の条件がふたたび与えられることで還元され」なければならない。「われわれの宇宙論的な概念は世界のなかでのみ意味をもつのであり、それゆえ世界の限界や全体については無意味である」（R 4945 [XVIII 37]）。世界の限界と全体への超越的な問いは、世界内での探究へと還元されなければならないのである。

3　感性論における取り違えモデルの展開

一七八一年に完成をみた『純粋理性批判』における「取り違え」の用法は、以上の十年余りのカントの思索の動向を刻印したものである。ドイツ語に訳された Erschleichung は措いて、もとの Subreption にかぎって数えれば、第一版の『批判』は計八回この概念を用いている。このうち感性論での一回をのぞけば、のこりは事実上、弁証論にかかわるものである。[22] ここではまず感性論での用例から調べてみよう。

さて、よく知られるようにカントは超越論的感性論において、空間・時間の超越論的実在性と経験的観念性を斥け、超越論的観念性と経験的実在性の立場を提起した。〈超越論的／経験的〉と〈実在性／観念性〉という二つの対概念の掛けあわせで四つの立場を組み立てつつみずからの立場を明確にする、このような体系的な手続きは、ほかの場面でもみられるカントの典型的なスタイルであろう。私はここで、『就職論文』以来の取り違えとその還元の手続きこそが、感性論における四肢構造を決定し領導している論理である、という解釈を提起したいと思う。

この解釈の手掛かりは感性論における「取り違え」の唯一の用例に求められる。すなわち「時間の超越論的観念性」を定式化したあとカントはつぎのように続ける。

「しかしこの観念性は、空間の観念性と同様に、感覚の取り違えと類比されるべきではない。なぜなら感覚の取り違えにおいては、これらの〔感覚的〕述語が内属する現象そのものにかんして、それが客観的実在性をもつということが前提されているからである……。」（A 36 / B 52 f.）

カントは「第一節の注記」を参照せよと付記しているが、その箇所で問われているのは「ワインのうまさ」や「色」などの感覚的性質である。これらのロックのいわゆる第二次性質は、たんに「主観における感官の特殊な性質に属する」（A 28）。これに対して空間は「外的な客観の条件として必然的にその現象あるいは直観に属する」（ibid.）とされる。ロック以来、物自体と現象との区別は「経験的」に捉えられ、たとえば薔薇が物自体でその色が現象であるとか（A 29 / B 45）、雨粒が物自体で虹はその現象にすぎない（A 45 / B 63）といった次元で考えられてきた。この経験的な区別のうえで、感覚的述語を対象（現象）そのものに述語づけてしまう誤謬を、ここでカントは「感覚の取り違え」と呼ぶのである。これに対してカントが確立しようとしているのが、「超越論的区別」（A 45 / B 62）にもとづく「現象の超越論的概念」（A 30 / B 45）である。これによれば薔薇も雨も現象にすぎず、その「真の相関者」（ibid.）としての物自体はわれわれには不可知である。このように超越論的に理解された観念性と、感覚の経験的な意味での主観性とを混同してはならないというのが、ここでのカントの警告の意味である。

だがここで奇妙なのが、この問題圏をカントが「取り違え」という術語で指示していることである。このいささか唐突な警告はたんに、ビルケン＝ベルチュの禁欲的な示唆[23]とは異なって、取り違えとして摘発されるべきはもはや空間・時間ではなく感覚的性質である、ということを意味するだけではあるまい。むしろここから推定されるのは、カントが「この〔超越論的な〕観念性」を、「感覚の取り違え」とおなじ取り違えの構造をもった、しかし経験的から超越論的へと位相が移された問題であると考えていた、ということである。この推定は、空間・時間の「経験的実在性」と「超越論的観念性」とが導入される文脈をあらためてたどってみることで確かなものとなる。導入の手続きは空間でも時間でも同じなので、空間についての箇所を引用しよう。さらに、ここでの取り違えの公理の取り扱いと空間についての立場との相関を図にして、その四肢の番号を引用文のほうに振っておく。

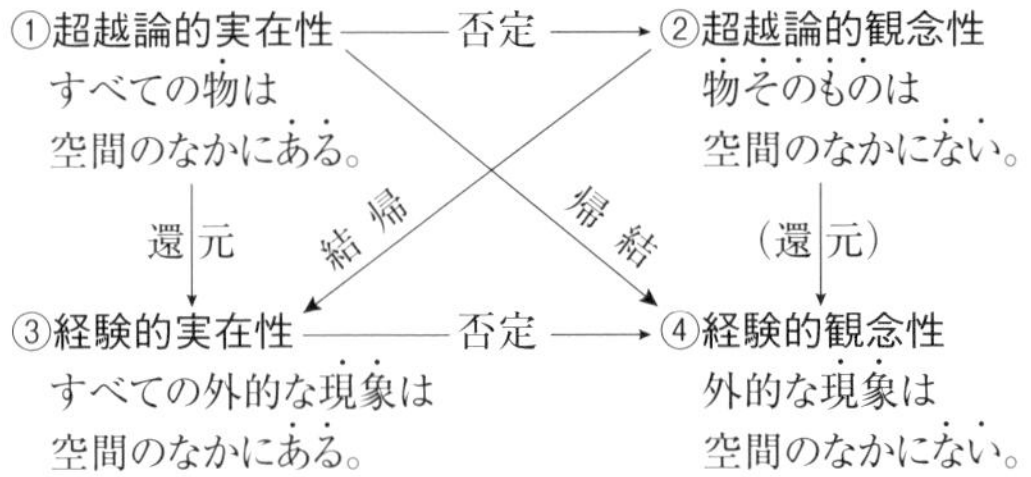

①超越論的実在性
すべての物は
空間のなかにある。
否定
②超越論的観念性
物そのものは
空間のなかにない。
還元
帰結
帰結
（還元）
③経験的実在性
すべての外的な現象は
空間のなかにある。
否定
④経験的観念性
外的な現象は
空間のなかにない。

「〔①〕〈すべての物は空間のなかに並存する〉という命題が妥当するのは、この物がわれわれの感性的直観の対象とみなされるという制限のもとでのみである。〔③〕ここで私が〔主語〕概念に条件を加えて、〈外的な現象としてのすべての物は空間のなかに並存する〉というならば、この規則は普遍的かつ制限なしに妥当する。だからわれわれの究明が教えるのは、〔③〕外的に対象としてわれわれに現われうるいっさいのものにかんしての空間の実在性（すなわち客観的妥当性）であり、〔②〕しかし同時に、物が理性そのものによって、すなわちわれわれの感性の性質を顧慮することなく考察されるならば、その物にかんしての空間の観念性である。」（A 27 f. / B 43 f.）

ひとまず手短にいえば、取り違えの超越論的誤謬を犯している命題（＝①）を否定し（＝②）、真なる命題へと還元する（＝③）という構図が基本骨格をなし、そこに空間をめぐる立場が割り振られているのである。④については次節でふれる。

懸案の〈すべての物は空間のなかに並存する〉という命題は、まさしくクルージウスの公理である。この公理によってカントは、われわれの感性的直観の性質を考慮することなく考えられた物自体に対して空間の述語が妥当するという、①超越論的実在性の立場を表示している。これを否定するのが②超越論的観念性の立場であり、これをカントは「われわれがすべての経験の可能性の条件を棄てさり、そして空間を物それ自体の根底に存するものと想定するやいなや、空間は無である」（A 28 / B 44）と説明している。すなわち、経験の可能性の形式的な条件についての超越論的な反省を顧みない態度は、空間を物自体に帰属するなにか絶対的なものとして措定するが（＝①）、しかし空間はそのように措定されれば蒸発して無化してしまう。ほんらい空間はわれわれの現象の形式であり、物自体に対しては妥当性をもたない、観念的なものにすぎないからである。「無の表」でいわれるように空間・時間という形式は、直観されるべき対象としての物自体を欠いた「想像物（ens imaginarium）」（A 291 / B 347）にすぎない[24]（cf. Diss II 401）。

つぎに③空間の経験的実在性は、取り違えられた判断の主語、すなわち「理性そのものによって、すなわちわれわれの感性の性質を顧慮することなく考察され」ていた主語に、「制限」「条件」が付されることで、「物」が「現象」へと還元されて、「普遍的かつ制限なしに妥当する」ことになった命題によって表示される。これがすなわち「外的な現象としてのすべての物は空間のなかに並存する」という命題である。このような還元の手続きによって、空間表象がかかわる対象領域としての経験的な外的現象が確保されて、そこに実在性を定位させることが可能になったのである。

この還元の手続きについて、論理学の側面からすこし跡づけておこう。カントの論理学講義の教科書だったマイアーの『論理学綱要』によれば、「あらゆる真なる判断は……その真理の充分な根拠を有して」おり、「その根拠は判断の条件と名づけられる[25]」。この条件は、ヴォルフの例を使えば、「石は重い」のように石という物質のもつ必然的な本質に求められることもあるし、あるいは「熱のなかに長くあった石は熱くなる」のように偶然的で外的な条件であることもある[26]。マイアーによれば後者にかんして、「判断の偶然的な条件が判断の主語と結びつけられるならば、その条件は判断の規定あるいは制限と呼ばれる[27]」。

カントも『ブーゾルト論理学講義』で重さの例を使っているが、しかしカントにいわせれば、物体は他の物体からの引力がなければ重量をもたないのだから、「物体は重い」は無条件に普遍的に妥当する命題ではない。「それゆえこの〔主語〕概念〔＝物体〕も、他の物体に対する関係において制限されなければならない。したがってこのような判断においては……主語の普遍性が制限されなければならず、それによって述語が主語に帰される」（LBusolt XXIV$_2$ 665）。すなわち「他の物体に対する関係にある」という条件を主語に付して制限することによって、かえってその主語の外延内では判断を普遍的に妥当させることができるわけである[28]。

前節でふれた『フィリピ論理学講義』によれば、このような制限が主語にではなくコプラに付されるならば、判断の様相の変化がもたらされる（LPhilippi XXIV$_1$ 462, cf. R 3073 [XVI 642]）。すなわち「あらゆる物体は偶然的なしかたで重い」（LBusolt XXIV$_2$ 665）ということである。このように判断の制限によって偶然性という様相を導出する手続きは、『就職論文』での還元原理にちかしいものであろう。七〇年のカントは、取り違えの判断全体から客観性を剥奪して主観的な判断に変えることで、判断の価値を主観的な様相へと切り下げたのである。あえて対立させるなら『批判』の還元原理は、主語概念（＝物）を認識主観に対する関係へと制限することによって、判断の様相を切り下げないままで、現象領域において「普遍的かつ制限なしに妥当する」判断を確保する試みであるといえよう。

さて、このように空間という述語の妥当する主語概念を「物」から「現象」へと制限することは、もちろんそれじたいとしては空間の超越論的観念性の表明にほかならない。それゆえ物自体への空間規定の妥当性を否定する超越論的観念性の手続きが、しかし逆に現象に対する空間規定の実在性を保証しているのである。これが先の図のなかで、②超越論的観念性から③経験的実在性が帰結するということの意味である。――ちなみに、このような制限と実在性との表裏一体の関係は、たとえば図式論においてもみられる。もしわれわれが図式という「制限する条件」を「棄てさる」ならば、カテゴリーは「存在するがままの物一般に妥当する」（A 147 / B 186）ことになろうが、それによってカテゴリーは実在的な「意味」を失うことになる。したがって「感性は悟性を実在化する（realisiren）が、それは同時に悟性を制限する（restringiren）ことによってである」（A 147 / B 187）といわれるのである。

4　観念論と空間——第四誤謬推理

弁証論から方法論にかけての七つの用例のうち、第一版の誤謬推理論の最初の用例は、ほかの六例から特徴的に区別されうるもので、伝統的な心身問題の隠れた背景として超越論的実在論を暴きだすという文脈のなかで用いられている。すなわちカントは、「外的な現象を表象として主観に帰すのではなくて、……客観としてわれわれの外に移し、思考主観から完全に切り離す」デカルト的な「超越論的二元論」の立場を「取り違え」と名指すのである（A 389）。その後もこの立場は「あの取り違えられた（erschlichen）二元論的な見方」（A 391, cf. A 392）といいかえられる。いうまでもなくこれは、第四誤謬推理において、「外的な現象……を……われわれの感性から独立に存在するような……物それ自体として表象する」（A 369）とされる「超越論的実在論者」（ibid.）の見方にほかならない。これに対して超越論的観念論は、「いっさいの現象をたんなる表象とみなして、物それ自体とはみなさない」（ibid.）立場であるとされる。

こうして一方で『就職論文』以来のα型の取り違えをめぐる思考は、現象と物自体とのあいだの超越論的区別を侵犯し、感性的表象をヌーメノンの領野へと拡張する超越論的実在論を特徴づける概念として結実したのである。他方それに対して超越論的観念論は、このような取り違えを防止することにこそ本来の面目があり、じつは空間・時間論はその方法論を支える一段階にすぎない。七〇年代の遺稿でいわれるように、空間・時間の教説は、たんに空間・時間が主観的な変様だと主張するだけなら、「精緻な、だがあまり重要でない考察」にすぎない。「しかし、それゆえに空間と時間の概念は感性の限界をこえて拡張されてはならないのだということは重要である」（R 4968 [XVIII 43]）。このことはさらに、いわゆるゲッティンゲン書評に触発されて書きのこされたつぎの断片からも如実にうかがわれる。

「観念論のようにみえる私の立場は、感性的直観をたんなる経験へと制限するものであり、われわれが感性的直観をもちいながら経験の限界を超えて物それ自体へと彷徨《さまよ》いでることのないように防止するものである。この立場はたんに、ひとが表象を事物にすることで生ずるような取り違えの超越論的な誤謬（transscendentales vitium subreptionis）を防止するものにすぎない。かつて私はこの教説を超越論的観念論と名づけたが、それはこのような教説のための〔適切な〕名前が〔ほかに〕ないからである。」（R 5642 [XVIII 279]）

書評者は、感覚は主観的な状態の変化にすぎないという点に観念論の主要契機を認め、カントの観念論を「より高い観念論の、あるいは著者のいいかたでは超越論的な（transscenden*tell*）観念論の体系」[29]であると評した。「より高い」というのは、バークリーが認めていた「精神」の実在性をも否定して「世界とわれわれ自身とを表象へと変える」[30]からであるが、このようにいっさいを超越して包括する観念論が超越論的観念論であるとされたのである。これに対してカントは、このような手酷い誤解を招いたみずからの観念論の本質を、感性的直観の

「制限」、あるいは「取り違えの超越論的誤謬の防止」という方法論的な警告へと煮詰めて、誤りなく確保しようとするわけである。

カントがはじめて「超越論的観念論」の概念を定式化したのは第四誤謬推理においてである（A 369 ff.）。超越論的観念論を採用しないかぎり、超越論的実在論から経験的観念論への転落が避けられないことを、カントはそこで執拗に論じている。以下ではこの第四誤謬推理での思考が、前節でみた感性論における取り違えモデルの論理と連動していることを示したい。さて、前節では④の経験的観念性を先送りしたが、じつは「経験的観念性」というフレーズはカントの公刊著作には出てこない。だがわれわれの取り違えモデルの分析が正しければ、空間の経験的観念性とは、空間が経験的な対象としての現象にかんして実在性を有することを否定して、〈外的な現象は空間のなかにない〉と主張する立場であろう。これに呼応するかのように、第四誤謬推理では「外的な現象の観念性」（A 367）の教説が経験的観念論と名づけられている。そこで以下の課題は、空間の経験的観念性という問題が経験的観念論をめぐる思考に潜伏していることを示すことである。

さきほど確認したように超越論的実在論とは、感性的な表象をわれわれの感性から切り離して物自体とみなす立場である（A 369）。この立場では、空間的な諸物はいわば超越論的に外化され、私と物とは空間という超越論的な距離によって隔てられることになる。それゆえ、そのあいだを繋ぐのは直接的な知覚関係ではなく、原因と結果という推理の関係になるが、しかし「所与の結果からある特定の原因への推理はつねに不確実」（A 368）なので、われわれの知覚は外的な物の現存在の確実性を証明しえない。すなわち、いっけん外的な知覚はじつは「われわれの内的感官のたんなる戯れ」（ibid.）ではないか、という疑いを晴らすことができない。これが実在論から観念論への転落の論理である。

カントの分析の努力は、「われわれの外（außer uns）」という表現の「避けがたい二義性」（A 373）に集中している。空間の超越論的実在性のもとでは、ほんらい「空間のなかにある」という意味で経験的に「われわれの外にある（extra nos）」対象が、「純粋悟性概念にしたがってわれわれの外にある」（A 369）対象へと、すなわち超越論的に「われわれから離れた（praeter nos）」[31] 対象へとすり替えられてしまう。このとき空間は、もはやわれわれの感性的直観が対象へと張りめぐらせる距離ではなく、たんに物自体の関係を規定している彼方のなにものかにすぎない。

他方で知覚はつねに「われわれの内なる（in uns）」ものである。ではその知覚に対応するはずの外的な対象は、すなわち私がいまそこに知覚している現象は、はたしてどこにあるのだろうか。ほんとうに私の外に、物自体のあいだで成り立つ彼方の空間のなかにあるのだろうか。それとも表象の戯れとして、たんに夢みられた空間のなかにあるだけなのだろうか。それゆえ『プロレゴメナ』でパラフレーズされるように、「デカルトの観念論」は空間というものを認めたうえで、その空間が心の内なる夢想にすぎないのかどうかを、すなわち「われわれが目覚めているときに空間のなかに措定する外的感官の対象が、じっさいに空間のなかに見出されうるかどうか」（Prol IV 337）を疑うものなのである。空間というものが物自体間の規定として絶対化されるとき、いま私が体験しているこの空間は、たんに心のうちで夢みられた表象の枠組みにすぎないと貶められ、さきほどまで眼前にあったその現象にさえも届かないほどに収縮してしまう。

こうして、絶対的に分離された物理的な空間と、閉ざされた内なる心理学的な空間とのあいだで、私に親しいはずの空間経験は埋没してゆく。知覚は内側に折りこまれ、物は彼方に遠ざけられ、現象のありかが見失われる。現象を空間のなかに見出す努力は、見果てぬ彼方を手探りしながら内なる諸表象を彷徨う徒労に終わる。もはや

〈外的な現象は空間のなかにない〉のかもしれない。こうして空間は私の経験している この現象に対してさえも実在性を失い、経験的観念性を帯びるにいたるわけである。

5　弁証論における超越論的取り違え

のこる六箇所の取り違えの用例は、弁証論の三つのテーマに即して「理念」に焦点をあわせて使われるものであり、とりわけ「超越論的取り違え」(A 509 / B 537, A 583 / B 611, A 619 / B 647) として概念化されている[32]。この概念がはじめて導入されるアンチノミー章第八節によれば「超越論的取り違え」とは、経験的な探究をはてしなく拡張するという課題を命ずる「統制的原理」を、経験を超えた領域の現象をもあらかじめ規定する「構成的原理」にすり替え、「たんに規則として役立つにすぎない理念に客観的実在性を認め」てしまうことである(A 509 / B 537)。カントは、理念の統制的使用と構成的使用との区別という弁証論のもっとも先鋭的な洞察を集約的に表わす概念として、ここで「超越論的」と限定したうえで取り違え概念を援用するのである。

七〇年論文では見られなかったこの用法は、沈黙の十年間をへて「〈取り違えの形而上学的誤謬〉の把握が逆転した[33]」ことをよく伝えている。理性そのものが極限的には不合理に捲きこまれることが明らかになるにつれて、感性の越権 (α型の取り違え) よりも、むしろ理性そのものが、あるいは理性の要求の現象界への侵犯 (β型の取り違え) こそが批判の的となる。すなわち、理性の掲げる理念を感性にもとづく客観的な現象世界へと及ぼしてはならない、という点に弁証論解決の要諦が求められるのである。

さらに、「仮象の論理学」(A 61 / B 86) としての弁証論の主たる標的は純粋理性に不可避の「超越論的仮象」

（A 295 / B 352）であるが、これをカントは「それじしん主観的原則にもとづきながら、これを客観的原則にすり替える（unterschieben）」（A 298 / B 354）錯覚として定式化する。このUnterschiebungもsubreptioの訳語としてカントの念頭にあった単語である(34)。それゆえ超越論的仮象という弁証論の鍵概念にも、超越論的取り違えの問題設定が組みこまれているわけである。『批判』において「取り違え」は目次に挙がるような主導的な概念ではないが、このように超越論的仮象やさらには反省概念の多義性（Amphibolie）(35)などの批判哲学の諸局面に浸透することで、拡散するようにして表舞台から姿を消したのだと思われる。

さて、理想論と方法論での使いかたはアンチノミー論の用例についての説明から類推して理解できるが、誤謬推理論での用例は紛らわしいだろう。カントは「合理的心理学の総括」において、誤謬推理の本質を「実体化された意識（実体的な統覚）という取り違え」（A 402）と名づける。ここでは「意識」や「統覚」が実体化されるわけだから、統制的原理の構成的使用という超越論的取り違えの枠に入らないように思われるかもしれない。しかしのちにみるように〔第三章第5節〕、私とはなにか所与の存在者ではなく、統制的に指示する理念であるという論点に誤謬推理論でのカントの狙いがあることを鑑みれば、これもやはり超越論的取り違えのひとつとみなされるだろう。

おそらく『批判』直前の遺稿が伝えるように、そもそもカントは「誤謬推理（Paralogism）」という論理学用語を「取り違え」として特定したうえで、形而上学批判の企画のなかに導入しようとしていた。「純粋理性の誤謬推理とはほんらい超越論的な取り違えである。というのも客観についてのわれわれの判断と、その判断における意識の統一とが、主観〔Subject = 主体〕の統一の知覚とみなされるからである」（R 5553 [XVIII 223]）。ここでの超越論的取り違えは、「主観についての理性概念」（ibid. [XVIII 229]）である主観的な統覚の統一が実体として構成化され、統一的主体の客観的な認識へとすり替えられる誤謬である。アンチノミー論や理想論の解決を領導することになる「超越論的取り違え」の概念は、そもそもは合理的心理学の誤謬推理を暴こうとするこのような試みのもとで育まれたのかもしれない。

さて、超越論的取り違えによってこのように理念的要求が現象へと波及するとき、その裏面で進行しているもうひとつの事態をカントは見逃さなかった。一方では、絶対的全体の理念は現象にとって大きすぎるから、理念を現象に適用すると、いきおい経験される現象を超えて理念を使用し、そこで与えられるべき現象を理念的に構成することになる。それゆえ構成的原理は「感性界の概念をあらゆる可能な経験を超えて拡大する」（A 509 / B 537）ものである。他方これは同時に、現象の服する感性的な制約を度外視して、理性によって構成されうるものとして現象を捉えることであり、いいかえれば現象を「あるいはそこでは端的な無制約者が成立しうるかもしれない対象それ自体」（A 508 / B 536）とみなすことである。つまり理念を現象に適用するというβ型の取り違えによって惹きおこされるのは、現象が物自体へとすり替えられるα型の取り違え、すなわちあの超越論的実在論の仮象なのである。このような仮象の生成論を、『実践理性批判』のつぎの一節は描出している。

> 「……純粋理性は所与の被制約者に対して制約の絶対的総体性を要求する。そしてこの絶対的総体性はまったく物それ自体のうちにのみ見出されうる。……それだから制約の総体性（したがって無制約者）の理性理念を現象に適用すると、あたかも現象が事物それ自体であるかのような、避けがたい仮象がそこから生ずる……。」（KpV V 107）

われわれが立ち会っているのは、無制約者の理念に迫られて感性的な制約が度外視されたあげく、現象と物自体とが混同されて超越論的実在論が成立する、その現場である。純粋理性の要求は、無制約者が実在化されうる領域として、物自体の世界を捏造する。物自体と現象はたんに、空間と時間というわれわれの感性的直観の形式への考慮の有無によって区別されるのではない。ハイムゼートがかつて論じたように、「現象と物自体の対立の源泉は……、物的な実在性の世界との関係における有限的な主観と無限的な主観との認識形而上学的な対置に求められなければならない」[36]。すなわち物自体と現象は、無限的な理性の理念的要求が構成的に妥当する領域か否かという観点から区別されるのである。しかし理性はこの区別を侵犯して、現象の領野を物自体のように構成してしまう。超越論的取り違えの概念を導入したアンチノミー章第八節で、カントは「物それ自体としての感性界」（A 508 / B 536）とか、「客観（現象）それ自体において与えられたものとしての……絶対的総体性」（A 509 / B 537）などの、二重の規定を絡ませた複雑な言いかたをするが、それらもこのような解釈をふまえれば難なく理解されるだろう。

6　超越論的観念論のゆくえ

このように超越論的取り違えには超越論的実在論がともなう。理念の使用をめぐる超越論的取り違えの裏面には、第4節で引いた遺稿のいう「ひとが表象を事物にすることで生ずるような取り違えの超越論的な誤謬」（R 5642 [XVIII 279]）があり、つねに二重の取り違えが犯されるのである。すなわち、理性の理念的な要求によって現象の客観的世界を規定するβ型と、感性的な現象を理念的に構成して物自体へと変造するα型の、二重の取り違えである。両者は主観的なものを客観的なものにするという点では共通しているが、主観的＝観念的なものと客観的＝実在的なものとが入れ替わった構図になっている。これは問いの位相の違いであって、図式的には、前者では経験的には観念的な理念を経験的に実在的な現象へと適用する誤謬が、後者では超越論的には観念的な現象を超越論的に実在的な理念的対象へと移行させる誤謬が摘出されているといえる。この二重の概念運動において、超越論的実在論という存在論的な立場は、人間理性がやみがたく惹きおこす仮象として捉えられ、逆に超越論的観念論は、人間理性の能力の限界を確定する理性批判という課題のなかに据えられることになる。この理性批判という観点からみるなら超越論的観念論の本質は、われわれの現象は理性による理念的な要求が構成的に妥当するようなありかたをしていない、という否定性にこそ求められるだろう。

それゆえ『批判』の「取り違え」は、現象を物自体にする超越論的実在論を摘発するα型（感性論から誤謬推理論での二例）と、統制的な理念が構成的に使用される超越論的仮象を摘発するβ型（弁証論から方法論での六例）との二系統にいったんは分岐するものの、つまるところ二重の概念運動として連動することになる。このような両義的な概念展開は、弁証論の解決として、超越論的観念論の樹立による解決（A）と、理性使用の限界確定による解決（B）とが並立していることを反映している。『批判』の読者には、この二つの弁証論解決はもともと重なりあう一つの解決の体系であるようにみえるにちがいない。しかし一七七〇年の『就職論文』が教えてくれるように、元来この両者は一方が他方を含意するような必然的な関係にあるわけではなかった。『就職論文』においては、空間・時間の観念性の教説（≒A）と知性の実在的使用（≠B）とが両立していたのであり、これはこれで独断的ではあるが整合的な形而上学の体系であった(37)。

この『就職論文』の観点からみるなら、超越論的観念論（＝A）と理性批判（＝B）を表裏一体のものとみなす『批判』の立場は、ある深刻な不整合を孕んでいるだろう。『就職論文』の形而上学的な世界観では、空間・時間における感性的認識は、知性的に認識される叡知的な諸実体に囲まれて、そこからの触発（afficere）によって支えられている（cf. Diss II 392 f., 409 f.）。しかし『批判』は物自体を捉える理性能力の妥当性を問うて、その破産を宣告する。『批判』においては、触発するはずの物自体は不可知の彼岸に失われ、現象はその失われた不在の物自体に対して観念的だというのである。現象をいわば観念的な影にするような、〈超越論的に実在的なもの〉の光源はもはや存在しない[38]。このような超越論的観念論の不整合はヤコービによる有名な物自体批判[39]でも指弾されたように歴然たるものであり、結局カントは『批判』第二版の第四誤謬推理では「超越論的観念論」という表現を撤回するにいたる。

だが第二版においても「超越論的観念論」はただ一箇所、アンチノミー章第六節における「宇宙論的弁証論を解決する鍵としての超越論的観念論」（A 490 / B 518 ff.）として残った。残さざるをえなかったのは、それがアンチノミー論全体の解決のための「鍵（Schlüssel）」だからである。いうまでもなくアンチノミー論には、数学的アンチノミーの否定的解決と力学的アンチノミーの分離的解決とが並立している。超越論的観念論は、たんに四つのアンチノミーの解決の鍵であるだけでなく、この二つの解決モデルを接合するための鍵なのである。

のちにみるように、カントは数学的アンチノミー解決では理性批判の道具として超越論的観念論を駆使している。すなわち「超越論的に理念化＝観念化する（idealisiren）理性」（A 474 / B 502, cf. A 469 / B 497）による全体的思考の要求を拒み、叡知界の原理＝起源（principium）を現象界の因果系列から放逐して、無際限にひろがる現象の経験的な存在様式を擁護することが、その否定的解決の要綱である［第六・七章］。しかし他方でこうして放逐されたはずの世界の起源は、力学的アンチノミーに移行すると、超越論的自由の原因性としてまさに私の中心に戻ってくるのである。現象に対置される光源は、もはや知性の実在的使用による彼方の叡知界の原理ではなく、実践において否応なく私のうちに立ち現われる無制約者の実在性である。この私の内なる叡知的な力に対しては私の外にひろがる現象は影の如きものにすぎないのであり、この観念的な現象によって私の叡知的な自由を浸食しないことが分離的解決の要綱になる〔第八章〕。超越論的観念論は、このようにネガとポジの解決をあわせもつ両極的な体系として、アンチノミー論を支配している〔結語第2節〕。

このような超越論的観念論のヤヌス的な性格が取り違え概念の両義性に対応していることを見てとるのはもはや容易いだろうし、それを一般にカント的二元論として総括することも間違ってはいない。しかしその二元性のはざまに呑みこまれている深い振幅を測るには、無限と自由という形而上学の迷宮を歩んだカントの思索の道筋を、われわれもともに辿ってみなければならないであろう。

第二章　超越論的弁証論と理性
――沈黙の十年間――

『純粋理性批判』を繙くひとは、まずその重厚な建築術に圧倒されるだろう。全体を原理論と方法論とに二分するところから始まって、はては十二個のカテゴリーに対応させて原則論や弁証論の細目次を並べるところまで、幾層にも分節を重ねて組み上げられる体系は、いささか悪趣味ではあるが、荘厳ともいうべき威容を示している。だがもちろんこのように「全体を……建築術的に設計する」（A 835 / B 863）ためには、まずは「長い時間をかけて……多くの認識を建築資材として手当たりしだいに集める」（A 834 / B 862）ことが必要だったのであり、そのためにカントは一七七〇年の『就職論文』から十年余りを要した。一七七六年にヘルツに宛てて吐露するように、カントは教授就任後、ひと知れず「体系的、持続的に仕事にとりくんでいた」（Br X 198）のであり、すでに論述の「材料……は手もとに山積みになっている」（Br X 198 f.）ほどだった。カントはそんな試行錯誤の日々を、全体から細部にいたるまで建築術的に組織された『批判』の目次のなかに綴じこめたわけである。

十九世紀末以来おおくのカント学者が、『批判』という大伽藍が建築される過程を時系列的にたどることで、いわば〈生成する批判哲学〉を描きだそうと励んできた。しかし資料的な制約がきびしく、残念ながらいまだその全体像は明らかになっていない。沈黙の十年間の動向を探るには、資料としては書簡、講義録、手書きの遺稿（「省察（Reflexionen）」）に頼るほかない。書簡は日付は確かだが、細部に立ちいって日々の思索を伝えるものではないし、講義録や、遺稿にのこされた講義用のメモは学生向けの内容であり、直接的にカントがみずからの思索を語ることは稀で、さらに年代確定はたいてい困難である。ただし遺稿のなかには「綴じられていない紙片（Lose Blätter）」と呼ばれる比較的まとまった試論や草稿もあり、やはり年代は不確かではあるが、『批判』への道程を刻む記録として貴重なものである。

資料的な制約に加えて、さらに「沈黙するカント」（カール）の発展史的研究はこれまで分析論、とりわけ演繹論を中心に展開されてきたために、弁証論についてはいまだ手つかずのところも多い。そこで本章では、超越論的弁証論へといたる沈黙の十年間のカントの思索の展開を、大まかにでも跡づけることを試みよう。前章でも「取り違え」概念を切り口に発展史の一断面を開いてみたが、本章ではひろく弁証論をみわたして、弁証論的な問題の発見から、さまざまな定式化の試み、三章立ての目次の形成までを追いかけてみたい。あわせて、弁証論の問題設定に密にかかわるかぎりで、演繹論の形成の動向にも触れておこう。そして最後に、弁証論の形成に呼応しつつカント的な「理性」の概念が形作られる過程に迫ることにする。

ただし、残念ながらやはり以下の試みも、確かな線で十年余りの発展史をえがくにはいたらず、そのときどきの思索の地点を確認し、それらの点と点をたどったにすぎない。しかしながら、『批判』という大伽藍が建築される作業工程のいくつかの段階をたとえ遠景からでも見ておくことは、この大伽藍のなかをみずから歩きとおすために、不可欠とはいえないまでも格好の道案内《オリエンティールンク》にはなるだろう。本章は発展史の観点からの、超越論的弁証論への導入の試みである。

1　対立と懐疑——一七七二年ヘルツ宛書簡とその周辺

アディケスの年代推定にもとづいて遺稿を読みすすめてゆくと、一七六九年頃にカントは、総合と分析の進行がその極限においてうみだす「限界者の概念（Grenzbegriff / conceptus terminator）」（RR 4033 [XII 391 f.], 4039 [XVII 393 f.]）のさまざまな姿を調べあげて、無制約者の場面での理性のふるまいを突きとめようとしていたことが覗われる。[1] その過程でカントに明らかになったのは、人間理性は限界（terminus）を措定するさい、しかしその措定の条件そのものを廃棄してしまい（cf. RR 3937 [XVII 355], 3999 [XVIII 381]）、その結果として逃れがたくアポリアに捲きこまれる、という事態であった。たとえば根拠の命題をめぐって、「生起するものはすべてその決定根拠をもつ」と「すべては第一の根拠をもつ」とが対立する（R 3928 [XVII 350]）。一方でわれわれは絶対的な第一者を措定せずには系列を完結的に思考することができないが、しかし他方でそのような措定はある無根拠なものを認めることになり、根拠の命題そのものを廃棄してしまうことになる。

このような人間精神のアンチノミー的な対立に直面したカントはこのとき、六〇年代の懐疑主義的な基調に導かれて、理性による原則をたんに主観的なものだと捉えたうえで（cf. RR 3935 [XVII 354], 3938 [XVII 355], 4000 [XVII 382]）、その「主観的な原理が客観的に考察されるときに自己矛盾する」（R 3936 [XVII 355]）のであって、それゆえその対立はじつは「主観的法則の抗争」（R 4007 [XVII 383]）にすぎない、という解決を模索していたように思われる。——しかし意外なことに、カントは一七七〇年の『就職論文』では、このような人間精神の権能の制限による解決を採用しなかった。むしろ逆に、知性の実在的使用を認めて、純粋に知性的な命題を一方的に擁護するという戦略へとカントは転向したようにみえる。この転向はいかにも不可解であり、ときにはアディケスによる遺稿の年代推定を疑うべき一因とみなされることもある。(2) しかしここではいったんアディケスに依拠しておくなら、(3) この間の事情はシュムッカーの示唆を敷衍して次のように考えられるかもしれない。(4)

ある自伝的な断片で告白されるように、一七六九年頃にカントは「諸命題とその反対とを証明しようと試みた」(R 5037 [XVIII 69]) ことによって、知性と感性との方法論的区別と、さらには空間・時間の観念性を発見するにいたった。「六九年が私に大いなる光を与えた」(ibid.)。これによれば空間・時間はたんに観念的なものとして「現象の普遍的形式」(Diss II 401) であると考えられるが、おそらくこれにあわせてカントは、感性的表象と現象の組み合わせに並行するかたちで、知性的概念は叡知界に現実的に妥当するという立場を構想することができた。そしてこのような二元論的な立場は、ひとつの整合的な形而上学的世界観を与えるばかりか、取り違えの誤謬とその還元の方法論によって裏打ちされることで、それまでカントを捕らえていたさまざまなアポリアをじつにうまく解決してくれたのである。すなわち、アポリアを解くための分離的解決モデルの礎石のひとつとして不可欠だという方法論的な要請に引きずられて、カントはおそらくいささかの居心地の悪さに耐えながら知性の実在的使用を認め、そこに十数年前の『新解明』から叡知界の議論を再録したのであろう。このときのカントには、懐疑主義に陥らずに理性の限界を確定するために必要な「なにか本質的なもの」(Br X 130) が欠けていた。理性批判はいまだ教授就任の公の討論で弁護しうる洞察ではなかったのである。

はたして知性の実在的使用による形而上学の夢は、一年を経ずして破られることになる。八一年のベルヌイ宛書簡で語られるように、形而上学の諸命題が衝突しあうアンチノミー的状況を改善しようとする努力の結果、「一七七〇年に私は、われわれの認識の感性をはっきりした境界線によって知性的なものから十分に区別できるようになった。……しかし今度は、われわれの認識の知性的なものの根源が……新しい、予測のつかなかった困難となってきた」（Br X 277 f.）。曖昧に温存されていた叡知的対象の認識可能性にいまや決定的な疑問符がつき、『就職論文』の安定した解決図式の足場を掘り崩すことになる。

このような懐疑的な危機のなかで、有名な一七七二年のヘルツ宛書簡は書かれた。七一年の書簡でカントはすでに「感性と理性の限界」（Br X 123）という主題をヘルツに伝えていたが、七二年のこの書簡でカントはさらに、「対象によって……触発されずに対象へと関わるような表象はいかにして可能か」という問いを立てて、これこそが「形而上学のすべての秘密を解く鍵」だと打ち明けている（Br X 130 f.）。ここに『批判』におけるカテゴリーの超越論的演繹への萌芽を読みとりうると期待する向きもあろうが、ヴレショヴェル(5)やベック(6)が冷静に指摘するように、この書簡のカントは前を向いて将来の超越論的演繹論の課題を見すえているのではなく、むしろ後ろを顧みて『就職論文』の知性の実在的使用の根拠をあらためて問いかえしているにすぎない。あのときは「黙って通りすぎてしまった」が、そもそもなぜ知性的表象はその対象と一致するといえるのか……。

カントはこの問いに対するこれまでの試みとして、プラトンやマルブランシュ、クルージウスなどの諸説をあげて、ことごとく斥ける。つづけてカントは、「超越論哲学（transscendentalphilosophie）を追求する」ために「まったく純粋な理性の全概念を一定数のカテゴリーにする」（Br X 132）ことを試みた、という。超越論的概念（transcendentalia）としてのカテゴリーは、その「知性的認識の源泉」（Br X 131 f.）を示すだけで、すなわち『批判』の言いかたでは「形而上学的演繹」（B 159）の手続きだけで、ただちにその対象的な妥当性が証明されるのだ、と七二年のカントは楽観していたのである。それゆえにカントは、目下の研究の成果を「純粋理性の批判（Critick der reinen Vernunft）」（Br X 132）として三カ月以内に出版しようと意気揚々と予告するのだが、いうまでもなくこれは果たされなかった。

このような一七七二年の懐疑とその後の展開は、六九年の「大いなる光」の内実や、『プロレゴメナ』で告白される「デイヴィド・ヒュームの警告」（Prol IV 260）の時期の問題とも絡んで、さまざまな発展史的解釈を呼びこむ謎であり、[7] ここで完全な解明を望むことはできない。しかしひとつの見通しの手掛かりとして、すでに論じてきたアンチノミー的対立や取り違えの問題圏との関連性を指摘することができるだろう。

たとえば『就職論文』の直後に書かれたものと思われる遺稿 R 4275 [XVII 491 f.] でカントは、無制約者や限界者の概念の問題圏を念頭に置いて、「なにかを根源的に条件なしで措定せねばならないという必然性」について問いつつ、つぎのように書きしるす。「理性の総合、さまざまな法則（取り違えの公理）、主観的に妥当な命題」。矛盾律や同一律などの「理性の分析」は客観的だが、しかし無制約者にまで突き進むのは人間精神のやみがたい主観的要請にすぎず、その法則を客観的に言明すると「取り違え」になる。つづけてカントはこのような「理性の実在的原則」の妥当性について、やはりヘルツ宛書簡と同様にクルージウス、ロック、アリストテレス、プラトン、マルブランシュなどの諸説を検討する。さらにカントはこのような無制約者の認識をめぐる問題を、理性のアンチノミー的な対立に仕立てなおしている。

> 「背反（Antithesis）。主観的法則の対立を発見するための理性の方法。主観的法則は、取り違えの誤謬によって客観的とされると、懐疑主義（客観的な意味での）になる。しかし懐疑主義がただ序曲（propaedeutic）にすぎないなら、それは理性の主観的法則を規定するための懐疑的方法（methodus sceptica）である。主観的な背反。」（R 4275 [XVII 492]）

すなわち「理性の総合」がたんに「主観的に妥当な命題」にすぎないことを発見するには、それが「対立」を構成することを見破ればよいというわけである。もちろんカントは無制約者をめぐる対立の諸相について、すでに六九年頃から検討を重ねてきている。(8) ここでの新たな一歩は、七〇年の「取り違えの形而上学的誤謬」の枠組みを拡張して、知性の実在的使用による理性法則をも主観的なものとして指定したことである。さらに、無制約者をめぐるアンチノミー的対立から理性の全面的な破綻という「懐疑主義」が帰結するのではなく、むしろ対立から理性命題の主観性を見定めるという「懐疑的方法」が導入されて、あらたな理性批判の方法論が示唆されている点も注目にあたいする。「懐疑的方法」は、七〇年代後半に由来すると思われる『哲学的エンチュクロペディー講義』でも「対立の方法」(Enz XXIX$_{1/1}$ 27) として定式化され、この方法は「世界と経験の限界を超えて」(ibid.) 理性を使用することで「アンチノミー」(Enz XXIX$_{1/1}$ 40 f.) に捲きこまれるような形而上学には適切だとされる。最終的に『批判』のアンチノミー章で導入される「懐疑的方法」(A 424 / B 451) は、このような七〇年代の長い努力の結実である。

ともあれ七〇年代の早い段階で、人間理性は極限的には弁証論的に背反し、それゆえ知性の実在的使用は維持しがたい、ということが明らかになりつつあった。この否定的な洞察は、その裏面として、それでは知性はいかなる領域に実在的に妥当するのか、という問いを導いたであろう。つづく七〇年代の遺稿には、この新たな問いに答えようとするカントの思索の足跡が刻まれている。それは次節でみるとして、ここでは、カテゴリー演繹の課題とアンチノミー的対立はその出発点において密接に連関していた、ということを確認しておこう。理性は超経験的な無制約者の場面では背反に捲きこまれて破綻するという衝撃が、一方では純粋悟性概念の超経験的な使用を斥け、他方ではその内在的な妥当性を救済するという超越論的演繹論の二重の課題を、カントに強いたのである。

このような七〇年代の発展史を念頭におくなら、カントが『プロレゴメナ』において、アンチノミーを解くには「演繹」を再検討することが必要だと述べたり（Prol IV 347 f.）、あるいは一七八九年にふたたびヘルツに宛てて、直観的な知性を想定するかぎり不可避的に生ずる「アンチノミーは、アプリオリな総合的認識の可能性を私の原則にしたがって演繹するという以外には、けっして解決されえないだろう」（Br XI 54）と打ち明けたりするのも頷けるところだろう。演繹によるアンチノミー解決というこのテーゼの奥行きは、七〇年代初頭にまで遡る発展史的な連関を考慮せずには理解されえない。超越論的演繹論は、理性のアンチノミー的な破綻を一貫した通奏低音にしていたのである。そして逆に、超越論的な演繹がカテゴリーの妥当領域を確定することによって、たんなる懐疑主義とは一線を画した、理性批判としてのアンチノミー解決がはじめて可能になったのだといえよう。

2　超越論的演繹と統覚——デュースブルク遺稿とその周辺(9)

知性はいかなる領域に実在的に妥当するのかという新たな問いは、まずは取り違えの新しい還元原理に類似した方法論にそって、概念の妥当領域を経験へと制限することで答えられることになる。すなわち七〇年代前半のカントは、「ある概念がそれによって経験が可能である条件を含む」（R 4634 [XVII 618]）ならば、その概念は「たしかに物一般には妥当しないが、しかしいつかわれわれに経験によって与えられうるすべてのものに妥当する」（ibid.）と考える。概念が妥当する対象を物一般から経験的な所与へと制限することによって、その対象を経験の可能性の条件によって普遍的に規定することが可能になるわけである。

この洞察とともに「超越論哲学」の位置づけも変容する。七〇年代前半の論理学の遺稿では、「知性のすべての形式的使用の規準（canon）が論理学である」のに対して、その「実在的使用の規準」が「超越論哲学」であるとしたうえで、カントはつぎのように続ける。

「この実在的使用は、経験に向かうときには客観にかんして規定されており、物一般に向かうときには無規定的である。しかし、現象によって与えられるかぎりでの物に向かうことによって、実在的使用は先規定的（vorbestimmend）になるが、それはいっさいの現象がある規則にしたがって認識されうるための諸条件を含んでいるからである。」（R 1608 [XVI 34]）

ヒンスケのいうように、いまや「超越論的」とは叡知界へと超出することではなく、感性界のなかで諸経験を先取りすることを意味している[10]。「あらゆる経験認識の源泉は超越論的である。それらは内的な予料（innere anticipationen）である」（R 4671 [XVII 635]）。すなわち「内的な予料」は、可能な経験の限界の内側で、しかしあらゆる経験に先んじて、現象を実在的に規定する。後年の『プロレゴメナ』における、「超越論的という語は……すべての経験を超え出るものではなく、経験に（アプリオリ）先立つものの、しかし経験認識を可能にするという以上はなにも定められていないものを意味する」（Prol IV 373 n.）という定義は、このような七〇年代の新たな超越論哲学の構想を継承するものであろう。ともあれこうして、たんなるカテゴリーの体系的導出にとどまらず、その経験内在的な妥当性を保証するための超越論的演繹のプロジェクトが、あらたにカントのまえに開かれたのである。叡知界に妥当するはずの超越論的概念が、その超経験的な超出における対立と破綻をへて、経験に内的に先行する規定へと制限されるというこの道程は、カントの「超越論的」概念の発展史的な奥行きをよく伝えている。

結局のところ『批判』では、このような理性の道程への自己回折的な自覚化がひろく「超越論的」と称されることになる。すなわち「緒論」において、「対象一般についてのわれわれのアプリオリな概念にかかわるすべての認識」（A 11 f.）が「超越論的」であると定義される。超越論的認識の核心は、形而上学において「アプリオリに可能であるはずの」（B 25）対象一般への概念的な超越が、経験一般のアプリオリな規定へと制限されるにいたる過程を、みずからにかかわって認識することに存する。(11) そしてこの課題をその切っ先で担うのが、純粋理性の超越の諸相とその破綻を見とどける超越論的弁証論なのである。つづいて制限された理性（悟性）の、経験に対する先規定性を明らかにするという課題は、「ある表象（直観ないし概念）がもっぱらアプリオリに適用される、あるいは可能であるということ、そしてそれはいかにしてかを、アプリオリに認識する」（A 56 / B 80）という意味でとくに「超越論的」と定義され、超越論的演繹論を核心とする分析論の課題を表示することになる。

さて上述したように、七〇年代前半のカントの最初の超越論的演繹の構想は、経験の可能性の条件という洞察に立脚していた。たしかにこれは、「経験一般の可能性の条件は同時に経験の対象の可能性の条件である」（A 158 / B 197, cf. A 111）という『批判』の「客観的演繹」の骨子を先取りするものである。しかしこの考えかたには、もしカールの指摘するとおり、経験の対象がじっさいに存立していることを前提しているという難点があった。もし「思想なき直観」（A 111）としての「諸現象のひしめきあいが、そこからいっこうに経験を成立させられないままに、われわれの魂を満たしている」（ibid.）ような場合には、そもそも「経験の事実」が成立しない。それゆえ経験の成立を保証するには、感性的直観はすべからく知性的に秩序づけられるということを示さなければならない。(12)

この課題に答えるべくカントは、一七七五年頃までの一連のいわゆるデュースブルク遺稿（RR 4674–4684 [XVII 643–673]）において、あらたに「統覚（Apperception）」の概念を中核に据えたカテゴリー演繹を試みている。[13] そもそも apperception とは、無意識的な微小知覚から区別して意識的な知覚を表わすためにライプニッツが導入したフランス語だが、それをラテン語にして広めたのはヴォルフである。[14]『経験的心理学』において「精神がみずからの知覚を意識しているかぎり、精神には Apperceptio が帰属する」[15] といわれるように、ヴォルフの apperceptio は、対象知覚のメタ知覚（ad + perceptio）によって、精神が知覚を自己に属するものとして意識することを意味していた。これを承けてデュースブルク遺稿のカントもまた、経験的直観としての現象が私に属する知覚として意識されるためには、「自己知覚（selbstwahrnehmung）」（R 4677 [XVII 658]）としての統覚のもとに立たなければならない、と考えるのである。「統覚とは思考の意識であり、すなわち表象の、それも心のなかで措定されているしかたでの表象の、意識である」（R 4674 [XVII 647]）。

　さらに、これらの多様な表象を意識する主観は単純な統一体であるが、この主観のもとへ多様なものを繋ぎとめるためには、それらを束ねて結合・統一せねばならない。この結合作用は感覚の受容性ではなく、思考主観の自発的で知性的な働きであり、「統覚の諸機能」（R 4674 [XVII 646]）である。こうして統覚はたんなる受動的な自己知覚あるいは内的感官ではなく、むしろ諸表象を自己へと関係づける自発性として捉えられることになる。カントはこの遺稿群で「自己感覚の諸機能」（R 4677 [XVII 658]）といった、成熟した批判期の用語法からは自家撞着にもみえる言い回しを用いるが、それは自己知覚から自発性へといたるこのような統覚概念の習得と変容の事情を物語るもののように思われる。

　これと並行して、たんなる経験的直観からは区別された意味での「対象」の概念が成熟してくる。対象とは、知性の「普遍的な規則にしたがって規定される」ことによって「普遍妥当的」に存立するものである（R 4675 [XVII 648]）。それゆえ「知覚の対象として考えられるすべてのものは、統覚すなわち自己知覚の規則のもとに立たなければならない」（R 4677 [XVII 658]）のであり、統覚あるいは思考主観の統一が対象の存立を保証するとみなされることになる。「表象が私の自我にパラレルな或るものに関係づけられる……ことがなければ、私は……現象を経験へと作りあげる（客観的に）ことはないだろう」（R 4675 [XVII 648]）、それゆえ「私がすべての客観の根源（original）である」（R 4674 [XVII 646]）、とカントは語る。ここにはすでに、対象と統覚とを超越論的な相関のなかで考える『批判』の超越論的演繹論の基本構想をうかがうことができるだろう。

だが、ここで対象概念をその根源として支えているのが、『批判』でいわれるような超越論的統覚の機能的な統一というよりも、むしろ素朴に思考主体の実体としての統一であるといわざるをえないことにも注意しておく必要があろう。カールの主張するとおり、デュースブルク遺稿のカントは、統覚の機能の統一を単純な「思考する物（res cogitans）」へと帰着させる、いわば「存在論的な基礎づけ」(16)を試みていた。「自我が規則一般の基体をなし、覚知はいずれの現象をもこの基体へと関係づける」（R 4676 [XVII 656]）といわれるように、この演繹の構想の大本には、基体としての自我実体がその諸偶有性としての諸表象と関係し、その関係を統覚が決定するという存在論的な構図が据えられていたわけである。

このような自我実体にもとづく存在論的な演繹モデルが一因となって、七〇年代のカントはながく合理的心理学の圏域に縛りつけられたままであった(17)。すでに早くから、思考作用の統一に着目して「自我は思考の作用の単数者（singularis）である！」（R 4234 [XVII 470]）と断定するような考察がみられるが、やはり七〇年代後半の『L1形而上学講義』にいたってもカントは、思考の統一から単純な精神実体を導く合理的心理学の推理に積極的に荷担している（ML1 XXVIII, 226 f.）。ここでも内的感官と統覚とは厳密に区別されず、「魂」と「厳密な意味での自我」とが同一視されている（ML1 XXVIII, 265）。カントはデカルト的な思考実体の自己直観への信頼を語るばかりで、合理的心理学への批判的な視座はみられない。「自我という実体的なものは、われわれが実体を直接に直観しうる唯一の場合である。……私は私のなかで実体を直接的に直観する。……自我が実体の根源的な概念なのである」(ML1 XXVIII, 226)。クレンメの表現をかりれば、精神実体が直観的な自己回帰性をもつという伝統的な「自己認識の直観的・観察的・分析的モデル」[18]が、この時期までのカントの思考の趨勢を支配していたといえるであろう。他方ではこれ以降『批判』の完成を目前に控えて、自我＝魂をめぐる形而上学的認識の可能性は、超越論的演繹論というカント哲学の中核的な課題の帰趨を決する問題として差し迫ったものにならざるをえなかった。

ただし付言しておけば、このように表象の関係を自我の統一のうえに基礎づけるという発想はなにもカントの独創ではなく、当時ひろく共有されていた考えかたであった。一例だけをあげれば、クレンメの指摘するように[19]、メンデルスゾーンの『フェードン』(Moses Mendelssohn, *Phaedon [...]*, 1767)の示唆にもとづいて、ヘルツはカントの『就職論文』の解説書『思弁哲学にもとづく諸考察』において、客観の「関係」は比較し包括する主観を前提するので、「比較をおこなうこの〔第一の〕主観は必然的に単純な実体でなければならない」[20]と主張し、ここから唯物論者に対抗して「魂の存在」[21]の証明を導いたのであった(cf. Br X 126)。カントの独自の境位はそれゆえ、自己直観的に確保される思考実体によって客観的認識を根拠づけようとする存在論的な構想から、批判的に離陸するところにこそ求められるべきであろうと思われる。その離陸の様子は次章であらためて見とどけることにしたい。

3　規則対立から理性推理へ――超越論的弁証論の形成

さて、一七七〇年の『就職論文』は人間精神の対立の源泉を、感性と知性という二つの認識能力の法則の不一致に求めた。このような規則対立の思考は、『批判』においてもアンチノミーが「純粋な経験論の原理」（A 466 / B 494）と「純粋理性の独断論」（ibid.）との対立として定式化されるように一貫したものであり、超越論的弁証論へ向けた沈黙の十年間における諸構想を領導していた思考図式である。以下では七〇年代における弁証論の形成過程をたどるべく、まずはこの規則対立の諸構想を跡づけてみよう。

第1節でふれたように、すでに六九年頃からカントは根拠系列の「限界概念」をめぐる対立に逢着していた。一方では出来事はつねにその根拠を必要とし、それゆえ無限な根拠系列が帰結するが、他方ではこの系列全体を思考するには、無制約的な第一者によって限界づけなければならない（e.g. R 3928 [XVII 350]）。カントはこのような対立を手がかりにして、われわれ人間の精神に孕まれる二つの異なった性格をもつ原理を摑みとろうと試みていた。たとえば、ある出来事にその根拠を求めるのは「現象の原理」としての「直観の根本概念」であり、第一根拠に遡ってそこから考えるのは「洞察の原理」としての「反省の根本概念」である（R 3976 [XVII 372]）。あるいは前者は「所与の系列における理解の根拠」であるのに対して、後者は「系列を完全に理解する、すなわち限界づけるための根拠」である（R 4179 [XVII 445]）。さらにまた、「純粋な理性の規則」にしたがえば第一原因は絶対的に必然的であるはずだが、「現象概念に根拠をもつ理性の規則」によればそれさえも偶然的であろう（R 4156 [XVII 437]）。

このような初期の規則対立の思考は、『就職論文』では客観的な知性的原理と主観的な感性的原理との対立として整理されるが、七二年頃には知性の実在的使用は深刻な懐疑に曝され、対立の構図は転回しつつあった。七〇年代中頃の一連の遺稿 RR 4756–4760 [XVII 699–713] は、このような初期の規則対立の思考の成果を集約している。同じころカントはすでに「理性のアンチノミー（Antinomie）は理性原理の相違にほかならない」（R 4742 [XVII 694]）としてアンチノミーという術語を導入しているが、この一連の遺稿では「弁証論（Dialectic）」の全体をアンチノミーの体裁に仕立てようとさまざまな目次立てを試みている。『批判』の四つのアンチノミーの主題はこの段階で定式化されて出揃った（R 4759 [XVII 709 f.]）。また『批判』の用語法（cf. A 296 / B 352）を彷彿させるように、反定立に相当する立場に「内在的原則」が、定立に相当する立場に「超越的原則」が帰せられ、前者は「現象の解明（exposition）の原理」であるのに対して、後者は「純粋理性の自発性の原理」であるとされる（R 4757 [XVII 703 f.]）。カントの思索は、人間精神の両極的な原理の振幅を保持しつつ、その両原理の対立がもたらす息づまる緊張のなかに定位している。

ここでの解決様式は『就職論文』で採用された分離的解決に等しいものであり、ふたつの原理の妥当領域を分断し、「現象の解明」による「経験統一」を「現象に」、「合理性あるいは総括の原理」による「理性統一」を「物一般に」割りあてることで（R 4759 [XVII 709 f.]）、両原理が混淆することを禁ずるものである。それゆえ、「純粋理性のみかけのアンチノミー」を避けるために、原理の混淆（取り違え）を防止する「規則（Regeln）」が再定式化される（R 4757 [XVII 704 f.]）。この時期までのカントはおそらく、すべてのアンチノミーについてこのような分離的解決を想定していた（e.g. RR 4271 [XVII 489], 4618 [XVII 610], 4717 [XVII 685]）。とはいうものの七二年の懐疑からデュースブルク遺稿での思索をへて、主観性と客観性の位置どりは『就職論文』とは逆転している。

「超越的原則は理性による認識の主観的統一の原則、すなわち理性の自己自身との合致の原則である。／客観的原則は可能な経験的使用の原則である」（R 4758 [XVII 706]）。ガイアーが強調したように、七〇年代の半ば頃のカントは、純粋理性の超越的原則はたんに主観的であると認めたうえで、それを理性の実践的な概念として救済するつもりなのである。[22]

ついで七〇年代の後半に入ると、カルターの指摘するように、[23]「弁証論」はたんに諸命題のアンチノミー的対立を意味するだけでなく、論理学の一分野に組みこまれて、分析論と弁証論という対概念が固まってくる。「超越論的分析論は知性が自己自身を考察する場合であり、超越論的弁証論は知性がアプリオリに客観について語る場合である。……真理の論理学と仮象の論理学」（R 4896 [XVIII 22]）。[24] 弁証論は、誤謬を防止するための方法論的な警告にとどまるものではなく、理性の仮象的な素質にかんする自己省察の課題として、超越論的哲学の焦眉のテーマとみなされるのである。

あわせて「仮象」が主題化されてくるが、「仮象は主観的なものと客観的なものとの混淆にもとづく」（R 5058 [XVIII 75]）という点は以前とかわりない。だが混淆の局面は「理性原則」に移っており、「超越論的な学問」では主観に由来する理性原則のうち、ある一部は「対象へとかかわって」真理を構成するが、べつの一部の客観化は仮象を惹起するので、「弁証論は知性の本性に属するものであり、それについての学問が可能である」（ibid.）とされる。知性の本性に由来するこの「超越論的仮象」は、不注意や「判断の欠如」に由来するものではなく、むしろ警告を発する「判断に対立して」でも成立する「自然な仮象」であり、「けっして根絶させられない」（R 4930 [XVIII 31 f.]）。このような仮象論は『批判』の弁証論の「緒論Ｉ 超越論的仮象について」（A 293 / B 349 – A 298 / B 356）において再現されることになる。[25]

さて、このころまで弁証論は心理学／宇宙論／神学という三本立ての構図ではなく、全体としてアンチノミー的な対立として構想されていた。[26] たしかにすでに「実在的関係」の三形式（根拠と帰結、全体と部分、実体と偶有）を手掛かりにして弁証論の諸テーマを導出することも試みられているが（R 4493 [XVII 571 f.], cf. R 4496 [XVII 573]）、しかしこれにあわせて心理学／宇宙論／神学へと分類されることはない。関係の三形式あるいはそれに倣った理性推理の三様式と三つの特殊形而上学との対応は、おそらく七〇年代末になってようやく獲得された洞察である。

七八年から八〇年頃と推定される R 5553 [XVIII 221–229][27] が、その新たな洞察を記録している。これは『批判』の弁証論の「緒論Ⅱ」から第一篇まで（正確には誤謬推理章の手前まで）（A 298 / B 355 – A 340 / B 398）の簡潔な準備草稿とみなしうるもので、[28] 最終段階の超越論的弁証論の構想を読みとることができる。これによれば、理性は被制約者から制約へと遡源して「無制約者」へと辿りつこうとするが、この「理念による理性統一」への過程はより高い大前提へと遡源する「前三段論法（prosyllogismen）」として理解される。このさい被制約者と制約との関係を表わす三つの「関係概念」が、前三段論法の定言的／仮言的／選言的の三様式を決める。「それゆえあらゆる理性認識は理性推理（Vernunftschlüsse）の三つの様式に並行せねばならない。そしてその三つ以上には不可能であろう」（R 5553 [XVIII 222]）。

さらにカントは、この理性推理の三様式に即して理念の三部門を設けるだけでなく、それぞれについて量／質／関係／様相の四細目へと分かつことを試みる。「超越論的理念の体系。1. 理性推理の三種類におうじて標題（titel）は三つある。四つのカテゴリーにおうじて弁証論的推理が四つある」（ibid. [XVIII 223]）。こうしたいささか形式主義的な考察に導かれて、カントの弁証論の構想は瞬く間に固まり、三×四の十二個の理念へと結晶することになった。ただし「純粋理性の理想においては、すべてのカテゴリーが一つの理念において共在しているので、それらを区別する必要がない」(ibid.)。すなわち、無限の神においては全体性や必然性が区別されずに等しく妥当するので、四つの理念は区別されない。たしかにカントの体系癖は悪名高いものだが、しかし事柄の機微に応じて自重することも知っているようである。もっとも、後年の断片でカントはふたたび神学的理念の四分類を試みて(R 6017 [XVIII 424])、「無益な試み」[29]とケンプ・スミスの嘲笑を買っている。

だが前三段論法によって無制約者へと迫るのはよいとしても、定言的/仮言的/選言的という三様式の理性推理を心理学/宇宙論/神学という三つの特殊形而上学に対応させるのは容易ではない。ここでカントは、一つの理性統一は三つの観点から捉えられるという論点をもちだす。すなわち表象の統一は、表象する①「主観の統一」であり、他方では表象されるものの「客観的統一」であるが、この客観は感性的に与えられる②「現象」と、知性的に考えられる③「対象一般」の二層に分けられる[30](R 5553 [XVIII 225 f.])。カントはここにさきの三様式の理性推理を重ね合わせ、まったく巧妙にも、①判断=思想の主語=主観(主体)へ求心化する定言的推理、②現象の根拠系列を遡源する仮言的推理、③対象一般のあらゆる可能性の全体を包括する選言的推理へと拡充し、魂/宇宙/神という三つの形而上学のテーマを導くのである。

この手続きによってカントはついに、長年にわたり取り組んできた無制約者論を、ヴォルフ以来の三つの特殊形而上学へと対応させることに成功した。これはあまりに目覚ましい成果であり、カントじしん、「きわめて逆説的(paradox)にみえる」(A 336 / B 393)と驚きを隠せないほどであった。もちろん、こうなると今度はこの手続きのほうが、それぞれの特殊形而上学のテーマを形作ることになる。ほんらい心理学か神学に属していた自由の問題が、根拠系列の起源(第一原因)の問いとして宇宙論へと移管されたのは、その一例である[第八章]。

あるいは理想論における宇宙論的証明の独特の問題構成も、ここに由来するだろう〔第九章〕。

さらに、このように弁証論を統一的な手続きで三つの部門へ分けることで、それらに共通して妥当する仮象批判の視座を獲得しえたことも付言すべきだろう。この遺稿ではすでに、被制約者があれば制約の無制約的全体もまた与えられていると考える「純粋理性の原理」（A 307 / B 364）が定式化され、ここに一般に弁証論的な仮象の由来が突きとめられている（R 5553 [XVIII 222 f.]）。また「誤謬推理」と並べて「超越論的取り違え」（ibid. [XVIII 223]）が導入されたことはすでに述べたが〔第一章第5節〕、これを敷衍して、主観的なものを客観化する取り違えによって三つの仮象を分析することが試みられる。すなわち心理学では「主観的なものである統覚の統一が物としての主体の統一とみなされ」、宇宙論では「感性とその条件の主観的規定が客観とみなされ」、神学では「理性による思考の普遍性が物の可能性の全体についての思想とみなされる」というわけである（ibid. [XVIII 224]）。心理学／宇宙論／神学という広大な形而上学の領野をその射程に収めるべく、カントは仮象批判の方法論を鍛えあげる。

ちなみに、規則対立の思考は宇宙論に限定して展開されることになった。同時期の遺稿でいわれるように、宇宙論が対象とする空間・時間的な現象においては、ほんらい「無制約者は見出されえない」にもかかわらず、理性はそれを要求して「客体そのものを作ろうとする」。「それゆえに、感官の対象の全体としての自然が考察される宇宙論においてアンチノミーが見出されるのである」（R 5552 [XVIII 221]）。これに対して「神、自由〔!〕、不死（精神的本性）」について「実践的に独断的な意図において考量する」（ibid.）場合には、アンチノミー的対立は惹き起こされない。

『批判』が教えるように、心理学や神学は魂や神といったもっぱらヌーメノン的な対象を問うために、定立に相当する「たんに一面的な仮象」(A 406 / B 433)をうみだすだけである。これに対して、ハイデガーのいいかたを借りれば、世界は無制約者として「現象を乗りこえる」が、しかし「現象の無制約者としてまさしく諸現象へと関わり戻される」[31](cf. A 420 / B 447)。それゆえ宇宙論においては、定立的な理性の「純粋理性の独断論」(A 466 / B 494)が系列の起源に無制約的な「第一者」を措定しても、理性はふたたび現象系列を遡源する作業に立ち戻るので、こんどは反定立的な理性の「純粋な経験論の原理」(ibid.)がその系列そのものを無制約的に「無限なもの」として捉えかえすことになる(A 417 f. / B 445)。『就職論文』とも七〇年代末の遺稿とも異なって『批判』のアンチノミーは、知性と感性との対立でも、無制約者を認める立場と斥ける立場との対立でもなく、第一者と無限者という無制約者についての二つの考えかたの対立である点に注意すべきだろう。規則対立の思考は、こうして『批判』への最後の一歩のなかで、宇宙論的理念を構想する二つの理性原理の対立として、すなわちアンチノミー章の標題に謳われる「純粋理性のアンチノミー」(A 405 / B 432)として結実したのである。

4 「理性」概念の成立[32]

こうして『批判』では「悟性(Verstand)」と「理性(Vernunft)」とが区別され、理性のほうが上位に立つという用語法が成立した。周知のとおり、比較し推理する「理性(λόγος / ratio / Vernunft)」よりも、全体を一挙に見通す「知性(νοῦς / intellectus / Verstand)」を尊重するのは古代ギリシアにまで遡る伝統であり、『批判』のカントはこれを逆転したといえる。以下ではカントにおけるこの逆転の現場に迫ってみたい。とはいうものの、この逆転はカントひとりの仕事というわけではなく、シュナイダースのいうように、通商や国家行政の拡大により計算的な理性が重んじられるようになる一方、近代科学の興隆とともに神を直観する知性の宗教的権威が失墜した、という近代の大きな趨勢が背景にある[33]。さらには、カッシーラーのいう啓蒙の分析的精神も絡んでいるだろう。啓蒙の時代には、神与の生得観念を直観する能力ではなく、むしろ自然を分析して法則を発見し、そこから自然をふたたび総合的に組み立てるという方法論的な能力が尊重されたのである[34]。

この動向はドイツ啓蒙の代表格であるヴォルフにもみることができる。『ドイツ語形而上学[35]』では、「知性」は「可能なものを判明に（deutlich）表象する能力」（DM § 277）として定義される。この知性の判明性の度がかぎりなく高まると、ついには神のごとき直観的知性に到るだろう（cf. DM § 963）。それに対して「理性」は知性の一部ではあるが、概念、判断、推理と続いたあとに「推理の技能」をうけて登場し、「真理の連関を洞察（einsehen）しうる能力」（DM § 368）として定義される。すなわち理性とは、概念を繋ぎあわせて「理性推理（Vernunft-Schlüsse）」（DM § 369）を辿ることで、根拠から（すなわちアプリオリに）真理を洞察する能力なのである。さて「学問（Wissenschaft）」とは根拠から証明する技能であり、証明は真理の連関に拠るので、「学問は理性からうまれる」（DM § 383）とされる。こうして理性はいまや学問の機関として知性を導き、認識諸能力の階梯の頂点に立つ[36]。

カントはこのようなドイツ啓蒙の用語法を熟知していた。たとえば一七六二年の『三段論法の四つの格』では、「判明な概念は判断によってのみ、完全な概念は理性推理によってのみ可能である」（Spitzfindigkeit II 58）としたうえで、推理とはより高次の間接的な判断であるから、「知性と理性、すなわち判明に認識する能力と理性推理をつくる能力」（Spitzfindigkeit II 59）は判断力の程度の差として理解される、と論じている。あるいは五〇年代の論理学のメモでは、「理性とは、物の連関をその根拠によって洞察するような、知性の能力であり」、この理性が「根拠をもっとも普遍的な認識概念にまで仕上げる」ときには哲学的認識にいたる、とされる（R 1726 [XVI 94]）。判断によって判明に認識（理解）する知性と、アプリオリに推理して洞察する理性との対概念は、じつは批判哲学にはるかに先立つ用語法なのである(37)（Cf. II 305 f.）。

これに対してカントに固有の「悟性」と「理性」との区別の諸徴表が獲得されるのは、おそらく七〇年代の中葉以降のことである。第一の徴表は、理性がかかわるのは無制約者であるという点に求められるだろう。さきに引いた、七〇年代中頃の規則対立論を定式化した遺稿のひとつでは、「合理性あるいは総括の原理」に立って定立的な「無制約者」を主張する諸命題について、「これらの命題は、認識の全体における理性使用の原理、多様な悟性認識の全体の統一の原理として、主観的に必然的である」（R 4759 [XVII 710]）とされる。いまや無制約者の領野は、悟性を弁証論的に駆動する理性の活躍と破綻の場として開かれるのである（cf. RR 4673 [XVII 641 f.], 4760 [XVII 713]）。

他方で「知性」は『就職論文』では無制約者へと実在的に使用されていたが、これが感性界に妥当するものへと批判的に限定されるのが第二の徴表とみなされうる。ただし坂部恵の指摘するように、すでにバウムガルテンにおいて人間の「知性（intellectus）」は神や天使のごとき知性的直観を削ぎ落として、感性的表象を加工する能力の側面に局限されており、徹底的に「啓蒙流の有限主義」に貫かれていた(38)。それゆえカントの「悟性」概念は、たんに人間知性の有限性をいたずらに強調するものではなく、むしろ新たな超越論哲学の構想のもとで、現象に内在しつつも先行する、悟性のアプリオリな規定性を際立たせるところにその特質があるというべきだろう。

すでにみたように、デュースブルク遺稿のカントはまさにそのような悟性の認識論的な機能へと迫りつつ、『批判』へ向けて用語法を整理するかのように、「直観の能力は感性であり、思考の能力は悟性であり、対象が与えられていない状態でのアプリオリな思考の能力は理性である」（R 4675 [XVII 651], cf. R 4677 [XVII 658]）と書きとめている。この場合、対象が「与えられる」感性的条件と、対象を「認識（理解）する」条件は客観的であるが、対象を「洞察する（理性によって認識する）」条件は主観的である（R 4292 [XVII 498]）。理性的洞察の主観的な性格は、悟性概念（カテゴリー）の経験的実在性を練りあげる過程で、いわばその裏側の影のように自覚されたのである。

第三に、これと並行してカント独自の「理念（Idee）」概念が、理性の本来的な境位として確立してくる。『就職論文』においてideaは、「プラトンの共和国のイデア」（Diss II 396）といった用例もあるが、たんなる「観念」として使われている例が多い。ヒンスケによればその後、論理学講義では早くも一七七二年の『フィリピ論理学講義』において、「一、repraesentatio すなわち表象。二、conceptus すなわち普遍的な悟性概念。三、idea すなわち理性の普遍的概念」（LPhilippi XXIV, 451）という整理がみられ、デカルトやロックの「観念（idea）」からの離反が試みられている。七〇年代半ばの論理学へのある遺稿では、さらに拡張したラテン語の整理が試みられ（R 2835 [XVI 536 f.]）、「最実在者」などの「超越論的理念」だけでなく、「正義の理念」や「学問の理念」など、思考を導き、基準を与え、体系の基礎となる理念の諸機能が解明される（R 2835 [XVI 537 f.]）[39]。同時期かすこし後の遺稿では、この「理念」が「理性概念（Vernunftbegriff）」と言いかえられ、これは「具体的に経験の対象をもつことはできない」が、「われわれの経験的な悟性使用の汎通的な連関の原理に役立つ」ものだとされる（R 2836 [XVI 539]）。

カントは数年後ここに、「理念は構成的使用でなく……統制的使用にのみ役立つ」（ibid.）と書きくわえる。カルターの指摘するように、悟性使用を無制約者の方向へと導く理性の「統制的」機能が自覚されたのは、おそらく『批判』の直前である[40]（cf. R 5602 [XVIII 247]）。この統制性の観点からみるときはじめて、仮象の巣窟である理性がなぜ真理の担い手としての悟性よりも上位に立つのかを理解しうるだろう。悟性が存分に活躍しうるのは、理性の統制的な指揮の麾下にあるときだけなのである。

最後に「理性推理」と「理性」との関連が洞察されたことを、第四の徴表として挙げうるだろう。これまでのところは、なぜ知性ではなく理性こそが無制約者にかかわって理念を担うのかが明らかではなかった。顧みれば『就職論文』では、総合（前進・合成）と分析（背進・分解）という二方向の精神作用の極点に世界と単純者という無制約者が見出されて（Diss II 387 f.）、そこに知性が実在的に使用される。これに類した無制約者の導出の手続きは七〇年代には数多くみられるが、これを改めて、理性推理の三様式に即して超越論的理念の体系を分類し、三つの特殊形而上学へと割りあてるという手続きが採用されたのは、さきに述べたようにおそらく七〇年代末のことである。理性推理を中核に据えたこの手続きによって、理性をめぐるカントの諸構想はくっきりとした概念的な統一を得たように思われる。すなわち、無制約者へと到るべき理性推理の能力であるからこそ理性であり、「理性推理の形式によって成立する」（R 5555 [XVIII 231]）からこそ理念は「理性概念」（ibid.）である。無制約的な理念は、直観的な（intuitiv）知性によって洞察されるのではなく、理性推理を遡源する論弁的な（discursiv）理性（cf. PRPölitz XXVIII$_{2/2}$ 1115）によって構成されるべきなのである。

ちなみにかつてヴレショヴェルが、このような「理性」概念の成立にかんしてテーテンスからの影響を指摘したことはよく知られている[41]。テーテンスは『人間本性とその発展についての哲学的試論』（一七七七年）において、精神の働きを「ふつうの人間知性」と「推理する（raisonniren）理性」とに分けて[42]、さらにどちらかが「無制約的に必然的だとみなされる[43]」場合には知性の常識と理性の理屈とが矛盾に陥るようにみえると論じていた。しかしながら、推理する理性はヴォルフ以来の伝統であり、人間精神の内的な矛盾は七七年以前からカントの一貫した関心事であった。テーテンスの『試論』は『批判』に取り組むあいだ「ずっとカントの机上に置かれて」[44]いたとも伝えられ、それを読んだことが『批判』の用語法や目次の機縁になったことはありうるだろうが、その真の動因は十年余りをかけたカントの手探りの試行錯誤のなかに求められうると思われる。

5 「原理の能力」としての理性

以上のような七〇年代の概念的作業をへて、『純粋理性批判』のカントはあらためて自覚的に「理性」に定義を与えている。緒論によれば、「理性とはアプリオリな認識の原理（Princip）を提供する能力である」（A 11 / B 24）。すなわち理性の本質は、原理にもとづいてアプリオリに認識することに存する。これはひとまずは、推理によって根拠から洞察するというヴォルフ的な理性の概念を継承するものであろう。さらに、真理の連関から学問を構築する理性というヴォルフの構想も、建築術的に認識を体系化する「学的な（scientisch）理性概念」（A 832 / B 860）として継承されている。

ただし、カントの理性はヴォルフよりもはるかに徹底的なものである。『ドイツ語形而上学』ではさきの理性の定義につづけて、ある行ないはそこから帰結する長期的な損得がよく考慮されている場合に「理性的」であるという例があげられる（DM § 368）。これはカントならば、仮言命法にしたがう実用的理性とでもいうべきものだろう。さらにヴォルフにおいては、理性は経験的な根拠から認識してもよい。ヴォルフの「経験と理性の結婚」[45]のプログラムは、経験を分析して根拠を発見し、こんどはその根拠から理性的に推理してくるというものである。これに対してカントは緒論での純粋理性の定義に、「端的に（schlechthin）アプリオリ」（A 11 / B 24）という強い規定を加える。これによって理性は、「端的にあらゆる経験に依存せずに成立する認識」（B 3）のための原理の能力へと、根源的に純粋化されることになる。[46]

弁証論への緒論では、理性はおなじく「原理の能力」（A 299 / B 356）と呼ばれる。ただしこの「原理」は、超越論的弁証論が切りひらく問題次元にそって捉えられなければならない。すなわち弁証論の理性は、所与の悟性認識からその大前提へと前三段論法によって推理して、制約の系列をどこまでも遡源する。こうして理性はついに「理性統一」（A 302 / B 359）を達成し、「無制約者へ、すなわち原理へと上昇し」（A 336 / B 364）つくすことになるだろう。「原理（Princip）」とは、この無制約的な大前提命題にして、制約系列の絶対的な起源（Ursprung）のことである。そして、起源となる無制約的な存在者から出発して下降してくることで、人間認識の第一原理を与え、分析論の理性を形而上学的に根拠づけるというのが、「原理の能力」たる弁証論的理性の、かなわぬ願いなのである。

こうして『批判』では、無制約的な原理の能力としての理性と、その指揮下で経験的認識にかかわる悟性という序列が確定し、理性に対する知性の伝統的な優位が覆されることになったのである。ただし檜垣良成[47]があらためて注意しているように、このような整理のしかたには一定の留保も必要である。というのも中世以来、論理学の文脈ではやはり概念、判断、推理の序列が確定しており、概念と判断の能力である知性に対して、推理の能力である理性のほうが上位に置かれていたからである。認識能力の位階を問う心理学的な文脈においては逆に知性のほうが上位であったのは、知性の直観性が尊重されたためである。ということは中世においても、認識能力の頂点に立つ直観的な知性と、概念・判断をさらに完成へと導く推理的な理性という、二重の文脈があったわけである。こう考えるとき啓蒙期からカントにかけて、たんに知性と理性の優劣が入れ替わったというよりも、心理学の基準による位階秩序から論理学の順序による位階秩序へと、体制が移行したというべきであろう。カントが七〇年代末に「理性推理」という論理学用語を中核にして「理性」や「理念」などの用語を固めたのも、この論理学的な新体制への準備であったとみなしうる。大きくいえばここで、ヴォルフ的な能力心理学の時代から、カント的な超越論的論理学の時代へと、哲学の潮流が変わろうとしているのである。

　さらにこれは『批判』の目次の構成にもかかわるだろう。アリストテレス主義の牙城であったケーニヒスベルク大学では、カントが一七四〇年に入学するほんの十年前まで、しばしば論理学はペリパトス学派にならって分析論と弁証論の二本立てで講じられており、カントにとってこれは自家薬籠中の枠組みであった[48]。アリストテレスのオルガノンに寄せていえば、分析論は『カテゴリー論』『命題論』『分析論前書・後書』に、弁証論は『トピカ』『詭弁的論駁』にあたる。およそこれに倣って『批判』の超越論的論理学は、カテゴリーと命題（判断）にたずさわる分析論のあとに、反省概念の多義性をあつかう場所論《トーピク》を挟んで、ただし推理については分析論から弁証論に移してから、理性の詭弁的論駁についての検討がつづく。この詭弁的論駁は、典型的にはアンチノミーの定立・反定立の証明のように反対の立場を対人的に論駁するものであるが、ひろくいえば「私は考える」に立脚して唯物論の論駁を試みる心理学の誤謬推理や、無神論に対抗して詭弁的な神の存在証明を夢みる理想論もふくまれるだろう。カントの弁証論は、このような理性の詭弁的な推理に対して、比類ない規模で展開された論駁である。

　ともあれ、カントの「理性」とは制約系列を推理によって遡ることで無制約者をめざすものであり、さらにそれが人間精神の頂点に立つのは論理学的な位階秩序を背景にしたものであることは、ここであらためて強調されてよい。人間精神の命運は、もはや真存在の内奥、その本質を見通す直観的な洞察にではなく、系列を遡って起源をつかみ、そこから全体を包括しようとする論弁的な運動に託されるのである。このようなカントの理性の論理的概念は、もはや巻き戻しえない不可逆の移行として哲学史に刻まれることになった。つづく世代のドイツの哲学者、たとえばヘーゲルは、よく知られるようにカント哲学を「悟性的」と貶めて「理性」の全体性を高らかに謳ったのだが、しかしその理性はもはや在りし日の知性能力の復権ではありえなかった。ヘーゲルは知性的直観を批判し、思想の「媒介する運動」(49)を対置して、理性の弁証法を際立たせてやまない。ヘーゲル的な理性は、たんなる十七世紀的な知性主義への回帰ではなく、むしろ啓蒙主義以来の論理学的な「理性」概念をさらに弁証法的に駆動した果てに登場したものなのである。

それにしてもカントが、近代的な理性の概念を定式化したまさにその場所で、理性に可能な三つの道行きを狙い撃ちするように長大な形而上学批判を敢行したことは驚くべきことである。『批判』の理性は、かつては直観的知性が与えていた存在と学問の究極的な根拠を、漸進的な遡源の果てに見出されるはずの無制約的な原理＝起源によって充填しようと試みる。知性が唯名論的に有限化されて、いわば世俗化したことで空位になった玉座を、近代的な理性が簒奪せんとする場面である。しかしこの簒奪がことごとく三日天下に終わることを、カントの弁証論はかつてない苛烈さで徹底的に論じる。「原理の能力」たるべき理性はしかし原理を与えることができない。原理へと遡る理性の問いは、ついに答えられることなく、ただ問いだけが残る。『批判』第一版の序文は、そのような「人間理性」（A VII）の「奇妙な運命」（ibid.）を確認するところから書きはじめられるのである。

おわりに――『純粋理性批判』へ

一七八一年、ついに『純粋理性批判』が出版された。『就職論文』から十年余り、六九年の「大いなる光」から数えれば十二年間にもおよぶ努力が結実したのである。カントはメンデルスゾーンに宛てて『批判』の執筆をつぎのように回顧する。「私はすくなくとも十二年にわたる思索の成果をおよそ四カ月か五カ月のあいだに、いわば飛ぶようにして、もちろん内容には最大限の注意を払いつつ、しかし読者のための論述のしかたや分かりやすい仕上げにはあまり念を入れずに、完成させたのです」(Br X 345)。『批判』は、十年以上をかけて少しずつ書きためられたのではないし、また天啓のごとき閃きを数カ月で慌ただしく書きおろしたものでもない。それは、過飽和状態の溶液のなかで結晶が瞬く間に成長するように、長い歳月のあいだに充満しきった思索が最後の数カ月でいっきに作品として形作られたものなのである。

もちろんここで、「十二年以上のあいだ途切れることなく注意深く考えぬいてきた材料」(Br X 338)がどの程度まで草稿として仕上がっていたのか、また数カ月での執筆のさいにそれらをどのように活用して「現在のかたちで紙に書きとめた」(Br X 272)のかは、議論の余地があるところだろう。しかし「内容には最大限の注意を払った」というカントの言を信ずるかぎり、それを「つぎはぎ細工(patchwork)」(50)といって貶めるには当たらない。ある草稿をべつの草稿へと繋いで論述しなおすとき、カントはその間隙にうまれる飛躍に「最大限の注意を払い」、その距離と方向を正確に測ったはずである。概念の積み木細工のようにまさに論弁的に展開してゆく『批判』のダイナミズムは、そのような思考の飛躍の加速度によって駆動されているとさえいえる。

およそ精神的な営為が作品として結晶化するときには、それまでの準備作業からは予測しえない、独自の結晶パターンと速度をもつであろう。『批判』もまた七〇年代までの資料からすべてが理解されうるわけではない。なにしろ四カ月か五カ月という『批判』の執筆の歩みは、遺稿などからはほとんど覗い知ることのできない、いわば失われた環《ミッシング・リンク》である。誤謬推理論の合理的心理学批判の大部分は、スケッチすら遺されていない。感性と知性との規則対立が理性の二つの原理の内的な対立となり、「純粋理性のアンチノミー」へと脱皮した地点は、おそらく特定しえない。理想論で展開される議論のほとんどが、実質的にはすでに一七六三年の『神の現存在の論証の唯一可能な証明根拠』で定式化された思想の再現であることはしばしば指摘されるとおりである[51]。だがそれらの前批判期からの論点が新たな超越論的観念論の立場と組み合わされたうえで、じつに整然たる歩みで伝統的な神学の存在論の陥穽を暴いてゆく理想論のテクストへと書きあらためられた作業過程は、杳として知られない。おそらく『批判』の完成に向けた最後の歩みは、もはや発展史的には追跡しがたい、巨人の一歩だったのである。

あるいは、『就職論文』では方法論の鍵として採用された「取り違え」概念が、『批判』では影が薄くなってしまった事情も推測の域を出ない。たしかに『批判』において、主観的なものを客観化するという一点でみれば、空間・時間的な現象を物自体とみなす超越論的実在論も、純粋悟性概念を感性的直観へと適用する演繹論や図式論の手続きも、理念を現象として構成する弁証論的理性の仮象も、すべて取り違えの構図のなかに収まってしまう。逆にいえば取り違えはもはや有効な術語ではなく、それぞれの位相や局面におうじて新たな諸術語を充てなければならないということであろう。われわれが知っているのは、最終的に『批判』で採用されたその新たな術語システムだけである。

もちろんこれは、超越論的弁証論の生成を解明することを課題とした第一～二章の成果をなんら損なうものではない。そもそも発展史研究は、ある思想をいわば進化論的に発生させることで解釈することを目論むものではないし、またそんなことは不可能である。むしろつつましく、完成された思想にその生成的な時間の奥行きを与えることで、テクストの見所を際立たせ、見失われがちな問題の伏線や繋がりを照らしだすことに、発展史のほんらいの役割があるように思われる。たとえ得られた成果が点と点をたどるものでしかなく、さらに最後のところには大きな断絶があったとしても、『批判』のテクストを立体的に読み解こうと試みる者には、それはまたとない手引きでありつづけるだろう。

第三章　理性批判と自己意識

――誤謬推理論の改稿をめぐって――

デカルトがその扉を開いた自己意識という迷宮は、近代の多くの哲学者を呑みこみながら、時をへて合理的心理学と呼ばれる形而上学の伽藍になった。それは「私は考える」を「唯一のテクスト」（A 343 / B 401）にして、そこから「考える物」としての私の魂を導きだし、その実体性、単純性、同一性、現存在という四つの特性を証明しようと試みる。魂の形而上学である。カントの誤謬推理論はこの合理的心理学の伽藍がじつは空中楼閣にすぎないことを暴くもので、自己意識という仄暗い迷宮の謎を解き明かすカントの犀利な分析力が遺憾なく発揮されている。他方で誤謬推理論は超越論的弁証論のなかの一章として、理念をめぐる超越論的仮象を批判するという弁証論的理性批判の一環であり、その点ではアンチノミー論や理想論と共通の課題と構造をもつ。だが誤謬推理論をあつかう研究ではこれまで、自我や自己意識をめぐる認識論的問題や、それが誤謬推理の形式的な誤謬性にいかに関わるかという点に焦点を合わせるあまり、弁証論の全体に通底する理性批判の論理にしばしば十分な注意が払われてこなかったように思われる。

しかし私のみるところでは、魂という理念に巣くう仮象を摘出することと、自己意識という事実に肉薄することとは、カントの批判的思考においては表裏一体となって連携していたのであり、この連携の観点から考察す（1）るとき、かえってカントにおける自己意識という問題の所在も明確になるだろう。自我あるいは〈私〉（das Ich）

という極限的な特異点において発生する形而上学的錯乱を正確に解剖することによってカントは、私が私であるという原初的な意識の成立する場にせまる方法を開発するのである。さらにこの誤謬推理論での洞察は、演繹論という表舞台でのカントの自己意識論の枠組みを背後から定めているように思われる。とりわけ第二版の演繹論で定式化される〈自己意識の総合モデル〉は、誤謬推理論の改稿と密接にかかわっているだろう。それゆえ本章の主たる目論見は、自己意識についてのカントの思索の動向と、超越論的仮象を批判する理性批判の論理とが、どのように関連しながら発展していったのかを、『批判』の二つの版の誤謬推理論と演繹論に即して跡づけることである。

誤謬推理章は第二版において、序論にあたる部分をのぞいて全面的に書き改められた。この改稿はひとつにはもちろん、カントの立場をバークリー的な観念論と断ずる「ゲッティンゲン書評」[2]（一七八二年）などの批判に応えるためである。そのためにカントは第一版の第四誤謬推理の議論の大半を撤回し、唯一の「本来の増補」（B XXXIX n.）として「心理学的観念論の論駁」（ibid.）を書くことになった。それでは、第一から第三誤謬推理にかんしては、カントじしんがそう述べているように、またこれまで大方の解釈者たちの同意を得てきたように、たんに「簡略さのため」（B 406）に改稿されたにすぎず、内容的には変更されなかったのであろうか。

私にはむしろ、「簡略さのため」というカントの口吻は、誤謬推理章を改稿せざるをえなかった哲学的な動機をみずからに隠蔽しようするものであるように思われる。やはり第一版の誤謬推理論には、小手先では是正しがたい自己意識の困難が含まれていた。第二版の誤謬推理論は、演繹論での自己意識論の拡充に呼応して、戦線を大幅に縮小することで困難を回避するのである。他方で第二版のカントは、理性批判の洞察を深化させつつ、〈私〉とは理念的対象として与えられた実体的な根拠ではなく、むしろ生きる活動から生成してくる統制的な理性である、と示唆しようとしていると思われる。私の自我の実体論的な基礎づけの破綻を見とどけたカントの思考は、このおのれのうちなる理性の深淵から踵をかえして、みずからを統制的に自己実現する方向へと転回する。第二版へのこのような動向を読みとることが本章の第二の目論見である。

なお、本章は誤謬推理論の全体としての洞察や動向を扱うため、個々の誤謬推理の内部に立ちいって検討することはできない。ただし誤謬推理とその批判の範型は、ひとまず「実体性の第一誤謬推理」、「単純性の第二誤謬推理」に求めたい。この二つはもっぱらカテゴリーの概念的な次元で問われる点に特徴があり、誤謬推理論におけるカントの洞察を読みとりやすいからである。「人格性の第三誤謬推理」、「観念性の第四誤謬推理」には、それぞれ時間と空間という感性的直観の形式の問題がさらに組みこまれることになる。第四誤謬推理についてはすでに触れた［第一章第4節］。第三誤謬推理については次章であらためて論じよう。

1　「私は考える」と統覚――第一版の誤謬推理論（1）

前章でもみたとおり、弁証論への緒論においてカントは、弁証論的な理性の一般的原理を、「制約されたものが与えられていれば、……諸制約の系列全体も、かくてそれじしん無制約的である系列全体もまた与えられている……」（A 307 f. / B 364）と定式化する。さらに第一篇では「理性推理の形式」（A 321 / B 378）に即して無制約者を三分することで、「主体における定言的総合の無制約者」（A 323 / B 379）、すなわち「思考する主体の絶対的（無制約的）統一」（A 334 / B 391）という理念が導出される。すなわち、私に去来するさまざまな「思想一般」（A 397）（デカルトのいう cogitatio）に対峙して、それらを「思考する主体」（すなわち res cogitans）としての「魂」が合理的心理学の対象として見出されるのである。そしてこの魂という理念をめぐる攻防が、つづく第二篇における「純粋理性の誤謬推理について」（＝誤謬推理章）のテーマであると展望されるわけである。

ところがその誤謬推理章（A 341 / B 399 ff.）に入ると、カントは一転して「私は考える（Ich denke）」という論理的な主観性へと論述を集中させ、無制約的理念としての魂は背景にしりぞく。誤謬推理論の理性批判としての性格は、たしかにこのいっけん不整合な議論の進めかたによって見通しにくくなっている。カルターの指摘するように、第一版のカントの論述の焦点は超越論的な主観性と理念としての魂とのあいだで「揺れている」(3)といえよう。しかしながら、デュースブルク遺稿における統覚的な自我を基体とする演繹論の構想［第二章第2節］を念頭におくなら、カントのこの動揺はかえって問題の奥行きを告げるものであると思われる。

すなわち一方でカントは、すでに超越論的演繹論でおおいに活躍した超越論的な主観性の思想に、「私は考える」というデカルト的な定式を与えて、この誤謬推理章に再導入する（第一版の『批判』ではこの定式はここが初出である）。他方でカントは、この「〈私は考える〉という唯一の命題」（A 342 / B 400）が主語方向へと無制約化されたときには、そこに避けがたく考える物（res cogitans）が措定され、さらにはその「考える物（Ding）」はいかなる性質なのか」（A 398）という本質規定がまことしやかに問われることになる、という合理的心理学の帰趨を睨んでいる。それゆえ誤謬推理章の「私は考える」は、いわばデカルトのコギトに孕まれていた可能性と陥穽とをあわせて表示するものであり、超越論的演繹論と合理的心理学との結節点にして分岐点なのである。

さてこの誤謬推理章の冒頭では、「私は考える」につづけて「統覚」の概念もまた再導入される。そしてこの統覚の概念にも、誤謬推理論の由来と課題が刻みこまれているように思われる。

「この内的な知覚は〈私は考える〉というたんなる統覚にほかならない……。……というのも内的な経験一般、そしてその可能性は……、経験的な認識ではなく、経験的なもの一般の認識とみなされなければならないからである。そしてこれはあらゆる経験の可能性の探究に属することであり、もちろん超越論的なものである。」（A 343 / B 401）

すでにみたように［第二章第2節］、統覚（apperceptio）を「知覚の知覚」あるいは「内的な知覚」として捉えるのはヴォルフ以来の伝統である。だがカントはここで内的知覚の対象を、あれこれの個々の経験的な知覚ではなく、「経験的なもの一般」だとすることで、ヴォルフ的な経験的統覚の伝統から距離をとり、統覚概念をみずからの超越論的探究のプロジェクトに組みこもうとする。すなわち超越論的統覚は、あらゆる意識的な知覚をまさに意識化する原理であることによって、経験一般の可能性の超越論的な条件なのである。

カントにいたるまでの「統覚」や「意識」の思想史をふりかえるなら、ヴォルフのapperceptioは知覚という内的な諸状態についての意識であった。またそこに含まれる意識についても、『ドイツ語形而上学』で定式化されるように(4)、われわれはまずもって外的な諸事物を区別し、さらにそれらの諸事物からみずからの区別の精神作用を区別することによって、はじめて自己自身を意識するのであり、自己意識は外的な諸事物の意識を前提する、とされる。ヴォルフはデカルトの独我論的な立場を斥けて、むしろ外的な諸経験とそれを成立させる精神の諸作用とに依存する、いわば派生的な自己意識の理論を構想したのである(5)。このヴォルフ的な路線は、バウムガルテンやマイアーをはじめ、多くのヴォルフ主義者に受け継がれることになる(6)。

これに対立して、たとえばクルージウスは「われわれは諸物を区別するがゆえに諸物を意識するのではなく、われわれが意識するからこそ諸物をはじめて区別しうるのである。意識は本性からいえば区別に先立つ(7)」として、反ヴォルフの旗を揚げた。またティールの一連の研究(8)が教えるように、ヒスマン（Michael Hißmann）やマイナース（Christoph Meiners）は一七七〇年代の諸論考で統覚と自己意識とを区別し、統覚は諸表象の意識だが自己意識は自我の存在の意識あるいは感情だとした。さらにメリアン（Johann Bernhard Merian）は諸表象の統覚と自我存在の統覚とを区別し、後者の統覚をいっさいの認識活動に先行するものと捉えて、これを『批判』に先立って「根源的統覚（ursprüngliche Apperzeption）」と呼んだのである。[9]

これに照らしてみれば、内的な「諸表象」の意識と「思考する主観一般」の意識とをたんに並列させるデュースブルク遺稿のカントの統覚概念は、ヴォルフとメリアンに代表される二つの路線をいささか混乱したまま受容していたことがわかる。これに対してうえに引いた誤謬推理章の冒頭や、さらには演繹論（cf. A 106 f., B 153）で強調される内的感官と超越論的統覚との峻別は、この二つの流れを自覚的に継承し、批判哲学の体系のなかで位置づけなおしたものだといえよう。

統覚概念を超越論的に位置づけようとする試みは、自己意識の「循環（Cirkel）」を印象的にえがくつぎの箇所からも覗われる。

「われわれはこの超越論的主観のまわりをたえず循環するばかりである。なぜならこの超越論的主観についてなにか判断しようとすれば、われわれはいつでもすでにその表象を用いざるをえないからである。この不都合は超越論的主観から取り除きえない。なぜなら意識じたいは、特殊な客観を区別する表象であるというよりも、むしろ表象が認識と呼ばれるべきであるかぎり表象一般の形式だからである。」（A 346 / B 404）

「規定する自己」（A 402）を私が規定しようとすれば、さらに「規定する自己」が前提されてしまう。この「不都合」を取り除くことができないのは、「意識」が「特殊な客観を区別する表象であるというよりも、むしろ表象が認識と呼ばれるべきであるかぎり表象一般の形式だから」なのだと、いささか回りくどい言いかたでカントは説明している。

この「というよりも、むしろ（nicht sowohl … sondern）」という表現、そして「べき（sollen）」と「かぎり（sofern）」の使いかたは、『批判』第二版の緒論における「超越論的」の周知の定義を想起させる。「私は、対象一般に関わるというよりも、むしろ対象一般についてのわれわれの認識様式――この認識様式がアプリオリに可能であるべきかぎりにおいて――に関わるところのすべての認識を、超越論的と名づける」（B 25）。このうち「というよりも、むしろ」という表現は第一版の定義（A 11 f.）にも共通するものである。これらの表現が、ヒンスケ[10]や久保元彦[11]の解するように、まずもって一般形而上学の基礎づけが方法論として先行し、そのあとに対象一般の認識つまり形而上学そのものが来るという批判的な序列関係を表現するものだとすれば、さきの誤謬推理論の箇所も同様であろう。すなわち統覚的な意識とは、〈認識が可能であるべきかぎりにおける表象一般の形式〉であり、さらには〈超越論的主観という特殊な客観を区別し特定する表象〉でもあるが、前者が先行して後者の根拠となっているという序列関係が指示されているのである。超越論的統覚は、認識一般を可能にするアプリオリな形式であることによって、認識の論理的な主観性として表象される。われわれはここに、自我実体の直観にもとづく自我論からの、カントの鮮やかな批判的転回の一端を見とどけることができよう。

しかし合理的心理学においては、この超越論的な主観性が誤って端的に一つの客観として認識されるのである。つづく個々の誤謬推理は、主観的な理念として働く私の主観性を対象化することで、客観的な自己認識を拵えるさまざまな欺瞞的な試みであるといえる。それらの試みは「主観的原則を客観的原則だとしてすり替える……錯覚」（A 298 / B 354）にもとづくもので、宇宙論や神学にも共通する超越論的仮象の宿痾に由来する症候である。すでにふれた「総括」［第一章第5節］においては、「思想の総合における統一を、この思想の主体における知覚された統一とみなす仮象」（A 402）に合理的心理学の誤謬は根づくのであり、これは「実体化された意識（実体的な統覚）という取り違え」（ibid.）であると言いかえられる。こうして「取り違え」という仮象批判のモチーフは、私の自己意識の無制約的統一という主観的な理念と、絶対的に単純な自我実体の客観的な認識とを区別し、その混淆を戒めるために用いられて、合理的心理学批判の道具として定着するのである。

2　カテゴリーの超越論的対象――第一版の誤謬推理論（2）

主観的理念の客観的実体化を批判するというこの枠組みのなかに、カテゴリーの使用をめぐる問題が位置づけられる。たとえば第一誤謬推理では、直観をともなわない「実体というたんなる純粋なカテゴリー」（A 349）と、対象の持続性を基礎とした「実体についての経験的に使用可能な概念」（ibid.）とが区別されて、合理的心理学は自我についての「立ち留まる直観」（A 350）をもたないにもかかわらず、カテゴリーを誤って後者の経験的な意味で使用している、と批判される。このような誤ったカテゴリー使用は、弁証論への諸論において「カテゴリーの経験的使用」から区別されて、「カテゴリーの超越論的な使用あるいは誤用」（A 296 / B 352）と呼ばれたものである。このカテゴリーの超越論的な誤用を摘発することに、誤謬推理批判におけるカントの努力の多くは注がれている。

グライアーは、無制約者の理念を客観化する「超越論的仮象」と、カテゴリーの超越論的使用という「誤謬」とを明確に区別したうえで、前者の仮象から後者の誤謬に到るためには超越論的実在論という別の論点が加わることが必要だと論じている。すなわち、理念が対象として与えられていると考えるのは理性の「自然で避けがたい錯覚」（A 298 / B 354）であるが、超越論的実在論者は、対象がわれわれの認識の対象になるための感性的条件を度外視することによって、この理念的な対象を純粋なカテゴリーによって規定し、客観的に認識することができると考える誤謬に陥るのである。(12)

たしかにこのグライアーの解釈はカントの弁証論の設計図を見通すための適切な視角を与えてくれるが、しかしすでに論じたように［第一章第5節］、まさに超越論的仮象の要求から超越論的実在論の立場が生成するということを考慮に入れるべきであろうと思われる。すなわち理性は、カテゴリーを無制約化して理念をつくりあげ、さらにこの理念が構成的に実在化されうる領域を求めて、経験の感性的な条件を度外視したあげく、現象を物自体に仕立てあげてしまう。理性の超越論的仮象が駆動する「超越的原則」（A 296 / B 352）は、経験の限界を告げる「境界標を踏みたおして、なんらの境界設定をも認めないまったく新しい地盤〔＝物自体〕を要求するよう、われわれを唆す」（ibid.）のであり、この超越論的実在論への教唆に誑《たぶら》かされてカテゴリーは超越論的に誤用されることになる。

ちなみにカントはこの「超越論的な使用あるいは誤用」の由来を、「批判によって適切に制御されていない判断力のたんなる過誤」（ibid.）として特定している。弁証論への「付録」でも、理念を超越的に使用するという「取り違えの過誤」（A 643 / B 671）は「悟性や理性にではなく判断力の欠陥に帰されるべきだ」（ibid.）とされる。第一章［第5節］でみた統制的理念の構成化による「超越論的取り違え」は、構成された超越的な対象に理念を誤って適用するという「取り違えの過誤」におのずから陥ることになるだろう。しかしここで訓練し矯正すべきは、無制約者への理性のやみがたき希求がうみだす超越論的仮象ではなく、それに誑かされて超越論的実在論を信じこみ、カテゴリーあるいは理念をそのまま対象へと適用する未熟な判断力である。すなわちカントは、理念をめぐる超越論的仮象から、超越論的実在論をへて、カテゴリーの超越論的誤用へと到る、弁証論的な理性の一貫した動向を睨んで、判断力の適切な制御によってこの流れに楔を打ちこもうというのである。そもそも原則論の緒論でいわれるように、超越論的論理学の仕事が「……悟性概念の使用における判断力の過失（lapsus judicii）を防ぐための批判」（A 135 / B 174）であったことを、ここで想起すべきであろう。

さて、このようにカテゴリーを超越論的に使用することによって理性は無制約者を認識しようとするが、このとき理性は「感性的直観」を超出して、「知性的直観」を認識の手掛かりにすることになる。それゆえ理性による認識の妥当性の問題は、人間における直観のありかたの問いへと収斂する。われわれの直観の受容性と形式という感性論の問題が、理性批判という弁証論の企図にかかわってくるのはこの地点である。一七七〇年には叡知的存在者の救済という方法論のなかに位置づけられた時間・空間の観念性の教説は、理念的対象の認識不可能性をあばく理性批判のための基軸として、『批判』での新たな位置づけを得るのである。

このような直観の様式をめぐる問題は、誤謬推理におけるカテゴリー使用を考えるうえで重要である。カントは一方ではカテゴリーの超越論的使用を批判するが、他方で誤謬推理の解決ともいえるくだりでは、「内的感官の超越論的対象」（A 361）としての「魂」は純粋なカテゴリーの対象として理念の領域において思考されうる、というからである。たとえば第一誤謬推理は、「この〔実体としての魂という〕概念は、たんに理念における実体を表示するのであって、実在性における実体を表示するのではない」（A 351）と締めくくられる。さらに第二誤謬推理では、「合理的心理学のこの基本命題には、（純粋なカテゴリーにもとづく）たんなる理性判断の純粋な意味においてはあらゆる客観的実在性が承認される」（A 357）が、このことはこの命題を「客観的使用という実在性を欠いた、たんなる理念の領域に放擲した」（ibid.）のも同然である、と述べられる。

このように純粋カテゴリーによる魂の思考を容認するという態度は、そもそも誤謬推理批判が、いっさいの直観を欠いたカテゴリーそのものの使用をではなく、むしろ知性的直観であるかのように臆断された直観をともなうカテゴリーの使用こそを咎めようとするものだった、ということを示唆している。『L１形而上学講義』のカントは、外的感官の直観は「感覚的（sensuell）」であり不確実であるのに対して、私のうちなる内的感官の直観は例外的に「知性的」直観と同様の直接的で絶対的な確実性をもつと考えていた[13]（ML1 XXVIII, 206）。いうまでもなくこの立場は、「統覚」を「自己知覚」（R 4677 [XVII 658]）として捉えるデュースブルク遺稿の思考圏と並行するものである。これに対して『批判』のカントは、このように曖昧なままで信頼されていた内的直観をあらためて知性的直観として特定することで、その架空の内的な親密性にメスを入れるのである。他方で第二版の感性論への新たな註解（B 66 ff.）では、人間における自己直観の感性的なありかたがさらに徹底的に調べられることになる。

さて、純粋カテゴリーと知性的直観とのこの区別は、もちろんすでに「フェノメナとヌーメナ」章でくわしく検討済みの事柄である。その章でカントは、「知性的直観に……与えられうる」（A 249）積極的なヌーメノンから、「感性的直観のあらゆる形式を捨象した、たんに或るもの一般の思考にすぎない」（A 252）消極的なヌーメノンの概念（これは第一版では「超越論的対象」（A 253）と呼ばれる）を区別している（cf. R CXXX [XXIII 36]）。この用語法でいえば誤謬推理批判は、積極的ヌーメノンとしての魂の認識を斥ける一方、消極的な超越論的対象としての魂を理念の領域において確保するという、二重の手続きを並行して進めているわけである。

自己意識論という観点からみれば、一七八一年のカントは超越論的な自己意識の可能性を、超越論的な主観が自己を純粋カテゴリーの客観一般として思考するというモデルで考えているといえる。たしかにこれは、一七七〇年代のデカルト的な自己直観モデルとはおおきく異なる自己意識である。内的感官は知性的直観のような直接性をもつという想定から脱却したカントはあらたに、超越論的主観のカテゴリー的思考と、その「相関者（Correlatum）」（A 250）としての「超越論的客観」（ibid.）とのあいだで、超越論的な自己意識を捉えなおそうとしているのである。

たとえば第二誤謬推理において、「私は単純である」という命題は純粋カテゴリーの意味でなら認められるといわれるとき（A 357）、それは私が私を単純性という純粋カテゴリーの対象として思考するということを意味している。すなわち、「内属の主体が、思想にともなう〈私〉によって……超越論的に表示（bezeichnen）される」（A 355）ことによって、私とこの主体とが表示的な関係に立つ。この主体はたんに「或るもの一般（超越論的主観）」（ibid.）を意味するから、「いささかの多様性をもそのうちに含んでおらず」（ibid.）、それゆえ単純である。この単純性はもちろん現実的な認識ではなく、「純粋なカテゴリー」（A 356）において「思考」（ibid.）されているものにすぎない。

以上のいささか錯綜した誤謬推理の批判と解決を支えているのは、主観的自我の客観化という取り違えの構図と、純粋カテゴリーの直観への適用という実体化の構図とが重なりあうという洞察である。客観化された自我＝魂に直観をともなうカテゴリーを実在的に適用するという誤謬のちょうど裏側に、主観的自我を純粋カテゴリーによって思考するという解決をカントは位置づける。クレンメの指摘するように、第一版のカントは、カテゴリーはそれだけで或るもの＝Xを指示することによって、その「超越論的な内容」（A 79／B 105）あるいは「超越論的な意味」（A 248／B 305）をもつ、という考えに与していた[14]。いっさいの直観を捨象した純粋な主観性のなかでもカテゴリーは、その志向的な意味としての超越論的対象を表示するというしかたで機能しうる。そして、カテゴリー的に思考する超越論的主観と、カテゴリーの超越論的対象としての魂とは、ともにたんなる超越論的な或るもの一般＝Xとして、超越論的な地平においては区別されずに合致し、それによって私の主観性は保持されるのである。

第二アンチノミーの反定立への註解でカントは、「内的感官の対象、すなわち思考する自我は端的に単純な実体である」（A 443 / B 471）という命題を再検討しているが、そこであらためて注記されるのも、「或るものがたんに対象として思考され、その直観のなんらかの総合的規定が加わらないかぎり」、「〈私〉という裸の表象」においては「なんの多様なものも……知覚されない」（ibid.）ということである。このような純粋な自己思考的な意識においては、「思考する主体は、同時にそれ自身の客体であるから……自己自身を分割することができない」（ibid.）。というのも「自己自身にかんしてはいかなる対象も絶対的な統一である」（ibid.）からである。[15] 自己を直観の多様から切り離して純粋な思考の対象として確保すること、そしてこれによって自我主体と自我客体との差異を消去して超越論的統覚の絶対的な一点にまで集約することへと、カントの議論はすすんでいる。

3　論理的機能における自己意識――第二版の誤謬推理論（1）

しかしながら、純粋カテゴリーによる自己思考を容認するこの立場はある疑惑を招き、第二版での誤謬推理論の全面的な改稿をカントに余儀なくさせる一因になった。すなわち『批判』第一版に対して合理論者の陣営から、もしカテゴリーによって超越論的対象が思考されうるというなら、ヌーメノンとしての魂を客観的に認識することへはほんの一歩のはずだ、というカント批判が展開された。かつてエルトマンが跡づけたように、このようなヌーメノン的な自己認識の可能性を完全に遮断することが、書き改められた誤謬推理論の目的のひとつなのである。[16] 代表的なカント批判書のひとつであるウルリッヒの『論理学・形而上学講義』[17] に即してシュルツがいうところでは、「超越論的意識はたんなる現象であって物自体ではない」というカントの見解は説得的ではないし、「カントはカテゴリーの超越論的使用を否定しているが、にもかかわらず多くの箇所でカテゴリーを物自体に述語づけている」。[18] カントは第二版の誤謬推理章の一節で、もし叡知的でアプリオリな自己認識によって「ヌーメノンの領野のうちへと踏みいる」ことができるなら、それは「われわれの全批判に対する巨大な、それどころか唯一の躓きの石」になるだろうと吐露しているが（B 409）、これはカントが直面していた問題の深刻さを伝えるものである。

それゆえ、クレンメも指摘するとおり、第二版の誤謬推理論の基本的な性格は、純粋カテゴリーを手引きにして超越論的主観を語ることを放棄するという点にある。カテゴリーの意味対象としての超越論的な或るものという考えかたは、第二版では『批判』からほとんど姿を消す。演繹論や「フェノメナとヌーメナ」章なども含めて、第二版であらたに書かれた文章からは、「超越論的対象」の語も「超越論的主観」の語も拭いさられている。これにかわって、カテゴリーは判断のたんなる「論理的な機能」であって、超越論的な意味対象を表示しない、という見解が支配的になる。[19] 書き改められた誤謬推理論のつぎの二つの文章は、第二版のカントの考えかたの方向性をよく表わしている。

「……思考じたいにおける自己意識のあらゆる様式（modi）は、まだ客観の悟性概念（カテゴリー）ではなく、たんなる論理的機能にすぎず、思考になんら対象をも認識させず、それゆえ私じしんをも対象として認識させるものではない。」（B 406 f.）

「……カテゴリーの主観は、カテゴリーを思考することによって、カテゴリーの客観としての自己自身について概念を得ることはできない。というのも、カテゴリーを思考するためには主観はみずからの純粋な自己意識を根拠に置かねばならないが、しかしこの自己意識こそが説明されるべきものだったからである。」（B 422）

第一版の議論は、超越論的対象としての魂に対して、どのようなしかたでカテゴリーを適用するか、つまり直観をともなって適用するか、それとも純粋に適用するか、という点に批判と解決との分岐点をみていた。だが第二版ではむしろ、〈私〉はいかなる意味でも（すなわち経験的意味でも超越論的意味でも）対象として表象されず、むしろカテゴリー的な思考機能の活動そのものとして捉えられることになる。自我に対象的な性格を残すかぎり、超越論的対象があやまって積極的なヌーメノンとして構成される危険は排除できないからである[20]。

ホルストマンはこのような誤謬推理論の二つの版の違いについて、つぎのように的確に対照させつつ解釈している。すなわち第一版が、対象としての自我や魂がどのように認識されるか、という論点を中心とする「対象関連的な説明」であるのに対して、第二版はむしろ、「魂が認識不可能なのは、魂はいかなる仕方でも客観として（あるいは、疑似客観として概念化される或るものとして）考えられることができず、むしろ行為、作用として捉えられなければならないからである」という論点をうちだす「作用・活動性指向の把握」なのである[21]。さらにクレンメはこれを敷衍して、「魂（Seele）」から「〈私〉（Ich）」へ、という用語法の推移を指摘している。すなわち、第一版が内的感官の対象としての魂をめぐる議論であるのに対して、第二版では自己を対象的に思考することが撤回されることによって魂が背景に退き、端的に主語的な〈私〉が前面に出ることになる[22]。

このような解釈をふまえれば、合理的心理学の三段論法の誤謬性のありかについて第二版のカントがくだす診断の意義を、いっそう際立たせることができる。第一版の場合には、大前提ではカテゴリーが「超越論的」に、小前提では「経験的」に使用されている点に「媒概念の両義性の虚偽」が認められた（A 402）。だが第二版では、大前提は直観一般に与えられうる「客観一般」に関わるのに対して、小前提は「主観」あるいは「自己意識」に関わり、「そこではいかなる客観も考えられず、ただ（思考の形式としての）主観としての自己との連関が表象される」（B 411 n.）。それゆえ大前提は「物について」（ibid.）、小前提は「思考について（すべての客観を捨象することによって）」（B 412 n.）語っている、という点に推理の形式的な誤謬が見とどけられる。対象としての魂への関わりかたの如何ではなく、むしろそもそも〈私〉は思考作用であって対象的な所与ではないということが、誤謬推理批判の中心に据えられるのである。[23]

自己意識論としてみるなら、第一版の誤謬推理論における純粋カテゴリーによる自己意識モデルは、かつてヘンリッヒが指弾した自己意識の「反省理論[24]」のアポリアを結局のところ逃れていないように思われる。この反省的な自己思考において、自己はもちろん経験的認識の意味での客観ではないにしろ、カテゴリーの超越論的な対象ではある。すなわち自己は、現象学的にいえば、カテゴリー的機能がもつ志向的な意味としての対象性であり、あるいはシュトゥルマの用語をかりれば、内的な意識作用の指示的な相関者として働く、独特の「疑似客観（Quasiobjekt）[25]」である。

では、このように自己意識が思考主観とその超越論的な疑似対象へと開いたとき、その両者の自己の同一性はいかなる知によって保証されるのであろうか。ふたたびカテゴリーによって私と私の同一性を保証するというなら、カテゴリー的に判断する第三の私が措定されることになり、無限後退を避けられない。だがこの純粋な思考の地平にとどまるかぎり、それ以外に何があるというのか。もちろんこれに対してただちに、超越論的な疑似対象の自己思考においては、いっさいの直観が捨象されることで直接的な自己同一性が確保されているはずだ、と提案されるのだろう。しかしこの提案は、私を考えている私の足下にすでに開いてしまった乖離を覆うには、手遅れといわなければならない。誤謬推理論全体にわたるあらゆる批判的警告にもかかわらず、自己をカテゴリーの超越論的対象として思考するとき、超越論的な次元に移されたこの自己思考論をふたたびアポリアへと引きずりこむ反省理論の回路が、すぐそこに待っていたのである。

第二版の誤謬推理論における、思考のたんなる論理的機能を手引きにした自己意識論は、カテゴリーがその純粋性にもかかわらず惹起してしまう、自我を対象化する表示的な距離を廃棄して、「純粋な自己意識」を、主観という働きの根源に触れる場面で確保しようとする試みであるといえよう。「規定するものの意識」（B 407）はカテゴリー的な表象の対象とはならず、むしろたんに思考という「自発性の作用」（B 132）が働いているその現場として捉えられる。すなわち思考機能がそこに映しだされる相関者としての極点はもはや登場せず、自我はその働きの内側から体験されるにとどまる。このように体験される自我は、第二版で増補された「魂の持続性についてのメンデルスゾーンの証明に対する反駁」で示唆されるように、単純な点であろうと複合体であろうと、外延量をもつ存在者として対象的に表象されることはありえない。自我はむしろ、規定する力のもつ「内包量あるいは度」（B 414）に擬えられる。その内側から体験されるとき、魂とは自己意識の作用力が支配する場であり、その力の強度の感覚なのである〔第五章第5節〕。

また、内的感官の超越論的対象としての「魂」について心理学的な諸述語によって語ることは避けられて、むしろ端的に私というありかたが問題になる。そして「私は実体である」や「私は単純である」などの諸命題は、「思考の概念」にすでに含まれるたんなる同一的あるいは分析的な命題であるとされる（B 407 ff.）。すなわちカントは、自我を対象化して魂として捉えるための媒介的な反省を入念に排除して、活動性のさなかで私の自我を内在的に確保しようと試みるのである。

カントの思索の方向は主観性の極点をめざして揺るがない。しかしまた、ここでカントはことばに窮しているといってもよい。第一版も第二版も総じていえばその闘争目的は等しい。しかし第一版での道具立てを切りつめた結果、第二版では合理的心理学はその病巣を批判的に診断されるまえに門前払いされ、自己意識論にもほとんど消極的な規定しか残っていない。カテゴリーから論理的機能への撤退はたしかに誤解を避けるには有効であったにせよ、カントに沈黙を強いる結果にもなったように思われる。じっさい、カテゴリー的対象を相関者としないたんなる論理的機能は、みずからの働きを知る手掛かりを欠いており、それゆえ自己意識としてはもはや機能していないのである。しかし『批判』を俯瞰して見るなら、他方で演繹論のカントは、誤謬推理論で行き詰まったのとは別のルートをえらんで、この私という意識へと迫ろうと試みていた。第二版の誤謬推理論の洞察の深度をさらに探るべく、われわれもこの別ルートへと迂回してみよう。

4　自己意識の総合モデル——第二版の演繹論[26]

カントの新たな自己意識論は、最終的には第二版の演繹論における、統覚の分析的統一はその総合的統一を前提する、というテーゼへと収斂することになる。まずはこのテーゼへといたる道程を『批判』の手前から跡づけておこう。一七七〇年代の演繹論の構想では自我実体の統一がいっさいの根拠になることはすでに見たが［第二章第2節］、その後一七八〇年の遺稿[27]（LBlKrV B 12 [XXIII 18–20]）に、カントは新たな演繹の構想を書きとめている。注目すべきは、統覚の統一が「想像力（Einbildungskraft）」の総合作用との関わりのなかで捉えられていることである。すべての私の現象は想像力の総合によって結合されることで統覚に属しうるのであって、「想像力の超越論的総合はたんに、想像力による多様一般の総合における統覚の統一へと関わる」（ibid. [XXIII 18]）。統覚の統一は、自我実体の統一に依拠するのではなく、むしろ多様を総合する想像力の統一的な働きとの関わりにおいて現われる。

このような統覚の捉えかたは『批判』第一版の演繹論でさらに明確になる。演繹論では超越論的統覚が不動の繋留点として活躍するが、この超越論的統覚の自己同一性の意識はどこに由来するのだろうか。自己の同一性の根拠を自我実体の同一性に求めるような伝統的な手続きがすでに断たれた選択肢であるならば、カントはここで新たなモデルを模索しなければならないであろう。さて、一七八〇年の遺稿における洞察は第一版の演繹論ではいわゆる「三重の総合」（A 97）へと発展し、「統覚の超越論的な統一」と「想像力の産出的な総合」（A 118）は総合の重層的な構造として理解されることになる。それではここで、超越論的統覚はみずからの同一性をいかにして意識しうるのだろうか。想像力の働きは多様なものに広がるので、総合され統一されたものをそのつど意識することによっては、統覚は自己が同一であることを保証できない。とすれば総合されるものにではなく、総合する働きそのものに着目するほかなかろう。

「この意識の統一は、多様なものを一つの認識において総合的に結合する機能が同一であることを……心が意識しうるのでなければ、不可能であろう。〔中略〕……覚知のすべての総合……を超越論的統一のもとに服せしめる……ところの心の働きの同一性に着目しなければ、心はその諸表象の多様性における自己自身の同一性を……考えることはできないであろう。」（A 108）

内的な諸知覚の意識にでも、単純な自我の意識にでもなく、そのあいだを繋ぐ機能の同一性の意識に、カントは同一性の根拠をさぐる。これは二つの伝統の狭間をゆく第三の道であるといえよう。たんに多様な諸知覚の集合的意識ではなく、諸知覚を集約せしめる機能の同一性の意識が必要である。また、自己の同一性を単独で自己確証できる統覚がその諸機能の同一性を保証するのではなく、逆に諸機能の同一性が意識されることによって諸機能の働く場として一なる統覚が証示されるのである。さらにカントはここで、対象化すると循環に巻きこまれてしまう、誤謬推理論での空虚な自己の表象をも乗り越えようとしているといえよう。「機能」という自発性を媒介することによって、私という原初的な意識が非対象的に成立する場面へと、カントの分析は及ぼうとしているのである。

　この第一版の考えかたは第二版の演繹論においてさらに徹底されて、第十六節での総合的統一のテーゼへと収斂することになる。すなわち、根源的かつ超越論的な統覚の同一性は「総合の意識によってのみ可能である」（B133）。しかもこの総合の意識とは、たんにそれぞれの表象に私の意識を伴わせることではなく、「私がひとつの表象にほかの表象を付けくわえて、それら諸表象の総合を意識する」（ibid.）ことなのである。

> 「……私が所与の諸表象の多様を一つの意識のなかで結合しうることによってのみ、私がそれらの諸表象のなかでの意識の同一性をみずから表象することが可能なのである。すなわち統覚の分析的統一はなんらかの総合的統一を前提してのみ可能である。」（ibid.）

すなわち、多様なものは意識において総合的に統一されることによって私の表象たりうるのであり、それらの私の表象を貫く同一性として私という意識は生まれる[28]。私という意識は、向かいあった空虚な自我極どうしの透明な反射関係に委ねられるのではなく、総合作用がそこから発現し、総合された諸表象がそこへと統一されるその意識において、諸表象の総合的統一という厚みを媒介にして立ち現われるのである。

ここで「統覚の分析的統一」といわれているのは、つまるところ〈私は私である〉という自己同一命題である。カントは脚註（B 133 n.）のなかで、「赤」などの「共通概念」の成立を例にあげている。「赤」は赤い薔薇や赤い夕日などの諸表象から抽象されて、それらの諸表象における共通の徴表として意識されることで成立する。だがカントにいわせれば、そのためには赤い薔薇や赤い夕日の表象があらかじめ総合的に統一されて成立していなければならない。このとき統覚の分析的統一は、ペイトンの誤った示唆[29]とは異なって、たんに諸表象から共通の徴表を分析して抽象してくる能力ではない。なぜなら、客観のがわで共通の徴表がまさに共通であるためには、その徴表を表象する私の共通性（すなわち「意識の同一性」）が主観のがわで同時に表象されていなければならないからである。そして、このような主観と客観における二つの共通性（分析的統一）の同時相関的な成立は、主客を包括する一つの可能的経験の全体をつくりだす「なんらかの総合的統一」を前提するわけである。

ちなみに『ムロンゴビウス形而上学講義』（一七八二―八三年）でも、カントは「統覚によって概念はいかにして可能なのか」（MMron XXIX$_{1/2}$ 889）と問い、「私が多くの表象のなかでの私の統覚の同一性を表象することによってである」（ibid.）と答えている。この「多くの表象のなかでの私の統覚の同一性」が「統覚の分析的統一」（ibid.）といわれる。「統覚の総合的統一」（ibid.）は「一のなかの多（vieles in einem）」（ibid.）であり、多様を一つの客観表象へと総合することによって「一なるものに含まれているかぎりでの多なるもの」（ibid.）に関わる。これに対して分析的統一は「論理的な機能」（ibid.）として、そのようにして成立した諸表象を普遍的に貫く単一性を表示するのであり、したがって「多のなかの一（eines in vielem）」である[30]（cf. R 5930 [XVIII 390]）。

このように統覚の総合作用によって私という分析的意識が生まれるが、しかし私に自覚的に表象される順序という点では後者の私の意識が先行することに注意しておこう。諸表象を総合する認知的過程は、私を欠いた無主体的な活動として自覚されるわけではない。総合的な認知的過程は、その産物が「私の表象」となり、あわせて認識主体としての私が自覚されることによってはじめて顕在化するのであって、そうでなければ「私にとって無である」（B 132）。この意味では、カント倫理学の核心に見出される、「自由はたしかに道徳法則の存在根拠（ratio essendi）であるが、道徳法則はしかし自由の認識根拠（ratio cognoscendi）である」（KpV V 4 n.）という「循環」（GMS IV 450）にも似た構造が、ここには認められるだろう。たしかに存在根拠からいえば、統覚の総合的統一が私の意識を生みだすのだが、認識根拠の秩序では、私という分析的統一の意識のほうがアプリオリに先行することによって、この統一を生成せしめる認知的な総合活動が可能になるわけである[31]。

いうまでもないが、この第二版の演繹論でのカントの自我論の構想は、たんに私の諸表象を総合した集合体が私であるというヒューム的な「知覚の束[32]」論とは異なる。経験主義的な自我モデルの致命的な弱点は、それらの表象が私の表象であるといえるのはなぜなのか、という問いに答えられないことである。だれのものでもない無主物の表象を想定しておいて、あとからそれを私が束ねたところで私の表象になるわけではない。これに対してカントであれば、諸表象の総合的統一によって成立する私の意識が、表象をまさに私の表象として成立せしめるのだと答えられるだろう。

ここで、私であるということの意味の根源は、この動的な循環を駆動している総合作用の自発性に求められる。感覚などの経験的表象は、私の自発性に依存せずに「与えられる」ものである。空間・時間というアプリオリな形式でさえも、感性という受容性に属するかぎり、私の自発性に由来しない〈他なるもの〉にすぎない（cf. B 162 f.）[33]。これに対して悟性の自発性は、光が光源から発するように、かならず私から発して〈私のもの〉になる。

逆に、私が私であることの根拠は、私が自発性の発現の中心であり、同時にその認知でなければならないという点に存する。統覚が「自発性の作用」（B 132）であり、同時に「自己意識の統一」（ibid.）であるのは、このような自発的作用の発現点における自己同定についての最終審級的な権能が、統覚に託されているからにほかならない。

だが他方、人間の有限な統覚作用は被作用項との関係なしには発現せず、照らしだされるものなしには照らしだす光とその光源も認知されない。かつてハイムゼートが強調したように、統覚をその客体としての諸表象から孤立させて、いわばその生から切り離すならば、統覚は合理的心理学における「空虚で死せる抽象物」[34]になってしまう。諸表象を総合し、総合された諸表象にみずからを照らしだすことによってのみ、統覚は生ける自己の働きを意識しうるのである。それゆえにカントは自己意識を、諸表象の総合的統一という回り道をへて定立する。「私は、表象一般の多様の超越論的総合において、したがって統覚の総合的かつ根源的統一において、自己自身を意識する……」（B 157）。

このようなカントの構想は、カントそのひとの用語法にそって、〈自己意識の総合モデル〉と名づけられよう。カントは自己意識論のディレンマの角のあいだの、ひとすじの隘路をさぐっていた。すなわち、一方では合理主義的な思考実体の自己直観、あるいはその解決としての純粋カテゴリーによる自己思考という誘惑に陥ることなく、他方では内的に知覚された諸表象の束という経験主義的な自我論に屈することのない、あらたなモデルを模索していたのである。この努力は、自発的な総合作用による諸表象の統一というダイナミズムの現場で、私という原初的事実を成立させる、新しい自己意識論の構想として結実する。統覚の統一はたんなる〈一のなかの一〉なのではなく、多様から表象を総合的に統一することによって、はじめてそれらの諸表象を貫く同一性でありうるのであり、いいかえれば〈一のなかの多〉を成立させることによって、それらの〈多のなかの一〉となりうる。すなわち統覚とは、多と一とを孕んで鼓動する、いわば〈一のなかの多のなかの一（Eines in Vielem in Einem）〉なのである。

ちなみにヴンダーリヒは、おもに十八世紀ドイツ哲学の意識の諸理論を綿密にたどりつつ、カントがじつはヴォルフ的な意識論におおきく依拠した、いわば新ヴォルフ主義者であったことを明らかにしている。論点は多岐にわたるが、自己意識の総合モデルとして定式化したカントの構想は、「自己意識は対象意識を前提するというヴォルフ的なテーゼの再定式化」(35)であると位置づけられる。——たしかに、合理的心理学の閉ざされた反省的自己認識論を超克すべく、むしろ意識の対象連関性を重んずるヴォルフの経験主義的な精神に範を仰ぐのは、カントにとっては当然の選択肢であったと思われる。しかしカントの超越論的統覚は、ヴォルフ的な経験的統覚とは異なって、あくまでも経験の可能性のアプリオリな条件として、いっさいの対象経験に先行する原理である。カントの独自性は、このアプリオリな自己意識が、しかし可能的経験の多様一般の総合的統一を媒介にしてはじめて成立するという、超越論的な機制を洞察した点にこそ求められるべきであろう。

5　統制的理念としての私——第二版の誤謬推理論（2）

演繹論を通るいささか長い回り道だったが、これによって第二版の誤謬推理論におけるカントの訝しい消極性の背景の一端がうかがわれるだろう。すなわち第二版のカントは、演繹論において自己意識の総合モデルという革新的な思想を定式化することに成功したことによって、むしろ誤謬推理論においては合理的心理学に対する批判という文脈のなかで語るべき独自の自己意識論を見失ってしまったのである。しかし他方では第二版のカントは、こうして誤謬推理論の戦線を縮小しつつも、演繹論での戦果をふまえて、〈私〉という理念のあらたな可能性を模索していたように思われる。

その模索の方向性を探りあてる手掛かりとして、まずは理念としての魂をいかなる意味で認めるかという点に着目して、誤謬推理論の第一版と第二版との違いをさらに際立たせてみよう。第一版では、ヌーメノンと超越論的対象とが区別され、魂の諸性質は純粋なカテゴリーの意味において認められた。たとえば魂の実体性は、「実在性における実体」（A 351）ではなく「理念における実体」（ibid.）を表示するものとしては、その客観的妥当性を承認されたのである。

このような区別は、「超越論的弁証論への付録」における、「なにかが私の理性に、対象そのものとして与えられるか、それとも理念における対象として与えられるかという区別」（A 670 / B 698）に相当するものである。「付録」においてカントはさらに、理念の統制的使用と構成的使用（A 644 / B 672）、理性の論理的原理と超越論的原則（A 648 / B 676）、発見的概念と明示的概念（A 671 / B 699）などのさまざまな区別を駆使して、理念的対象の積極的な意味を探りあてて演繹しようと試みている。心理学についていえば、理念における魂とは、「われわれの心のあらゆる現象、作用、感受性を……、あたかも心が単純な実体……であるかのように結合する」（A 672 / B 700）ために想定され投影された疑似対象だとみなされる。このような疑似対象は理性の統制的原理の「図式」として機能するが、それを「対象そのもの」として構成するところに、純粋理性の弁証論が胚胎する。第一版の誤謬推理論は、このような弁証論全体の構図のなかに置くとき、その理性批判としての十全な意義と射程を明らかにするだろう。

しかし第二版の誤謬推理論に目を転ずると事情は一変する。そこには、魂という思弁的理念の積極的な意味を示唆するような文言は見当たらない。それにかわって、『基礎づけ』の道徳的形而上学を背景に、実践的理性が理念の積極的使用を可能にするという注意が付される（B 430 f.）。しかし逆に思弁的な場面では、理念を対象的に想定することは徹底的に排除され、理性が活躍するための手掛かりが拭いさられている。それはとりわけ、「私は単純である」などの諸命題は「すでに思考の概念のなかに」（B 407）含まれる同一的あるいは分析的な命題だ、とされるときに際立ってくる。理念としての魂の意味は、演繹論における一連の統覚論で確定済みの事柄へと回収されてしまうようにみえる。このような理念の空白性は、たしかに一面では、純粋カテゴリーからたんなる論理的機能への第二版での撤退がもたらした体系の歪みではあろう。

しかしこの空白地帯の前後のコンテクストを補えば、自己意識の総合モデルの洞察を深化することによって、統制的な理念として〈私〉を理解しようとする方向性をそこに読みとることができるように思われる。すなわち自己意識の総合モデルによれば、私を意識する統覚の分析的統一は、諸表象を結合し、私の経験へと統一する統覚の総合機能によって可能になる。この機能は「私は考える」と表現されるが、ここでは思考に先立って「考える物」としての私というものが措定されているのではなく、むしろ思考の活動態から私であるという分析的意識が遡行的に析出されるのである。そして第二版でのメンデルスゾーン反駁でいわれるように、このように成立する「自己自身を意識する能力もまた」（B 414 f.）、無限の段階にわたって変化しうる「度」をもち、成長と「衰弱」（B 414）の連続的変化の過程にある。すなわち私という分析的意識の度は、私の総合活動の範囲と統一性に応じてつねに生成の途上にある。いわば〈私〉の輝度は、私が生きる場の広さによって上下するのである。

ところでかつてツォッヒャーの指摘したように、「付録」における理念には微妙な二義性があり、根源的な

「疑似対象」へと関わる理念と、思考をさらなる統一へと導く「純粋な方向」としての理念という二つの理念解釈のあいだでカントは揺れている[36]。後者の方向概念としての理念は経験の「体系的な統一」を指示するもので、カントはそれを「観察者の観点」からの「地平（Horizont）」（A 658 / B 686）という例で示している[37]。より高い観察点に立って見れば、より広い地平が開かれ、経験の体系的な統一は増大する。このような果てなき地平拡大を、したがって私の観点のさらなる上昇を指示する概念として、理念は統制的に機能する。このような運動は、第一アンチノミー解決［第七章第５節］でいわれるように、「いっさいの遡源に先立って客観においてそれ自体として与えられているものを予料しない」（A 509 / B 537）だろう。そのような「予料」はあの「超越論的取り違え」（ibid.）の誘惑にほかならない。それゆえ理性の体系的統一の遡源的運動は、その到達点としての私という根拠をあらかじめ算入することなく、「無際限へと（in indefinitum）」（A 511 / B 539）進む。

理念をめぐるこのような批判的思考は、〈私〉をその見かけの所与的な固定性から解き放ち、総合活動のさらなる統一へと遡行しつづける私の生成的な途上性を明らかにするだろう。第二版の誤謬推理論がその沈黙によって教えるように、〈私〉とは先取りされた理念的な疑似対象ではなく、むしろ統一の方向性としての思考活動そのものである。経験という拡大する地平を前に生きて私は、わが内なる統一へと背進をつづけなければならない。それゆえ「私とは何か」という問いは、すでに「与えられている（gegeben）」答えを求める問いではなく、その探求が「課せられている（aufgegeben）」（A 498 / B 526）問いである。この問いを身をもって生きるということが、私であるという「課題（Problem）」（A 508 / B 536）なのである。

第四章　人格と時間
――第三誤謬推理のコンテクスト――

第三誤謬推理は魂の人格性を主題として、「魂はその現存在するさまざまな時間にそって数的に同一であり、すなわち（数多性ではなく）単一性をもつ」（A 344 / B 402）ことを論証しようとするものである。この第三誤謬推理とその批判は第一版でもわずか五ページほどの短いものであるが、これこそが「もっとも難しく、誤解されている誤謬推理」(1)だとアメリクスも嘆くように、玉虫色の謎めいたところを孕んだテクストであり、カントが何を問い、だれを批判しているのかさえ読みとりにくいことがある。この謎めいた外見はひとつには、さまざまなコンテクストが絡みあっていることに由来するように思われる。第三誤謬推理には、前章でみた誤謬推理論一般の基本的な骨格のうえに、さらに思想史的な回顧や、独断的な思考方法のパロディーや、あらたな超越論的哲学の洞察などの色々な糸が織りこまれており、それを正しく解きほぐすためには、標的となる形而上学の主張とその成り立ちをふまえてカントの批判を読む、いわば文脈感覚のようなものが必要であろう。それゆえ本章では、第三誤謬推理のテーマである「人格」の思想史的なコンテクストを遡ることで、合理的心理学の問題設定と、それに対する批判哲学の洞察を再構成することを試みたい。

また、人格同一性（personal identity）の問題はここ半世紀ほどの形而上学や心の哲学において大きく進展したテーマであるから、この観点からカントに接近することも試みられ、新鮮で豊かな成果をあげている。だが、たしかに現代哲学はカントを捌くための新手の刃物を提供してくれるものの、かえってカントというせっかくの大魚を現代人の口にあう切り身に下ろして賞味することになっている嫌いもある。第三誤謬推理は〈私〉という問題を「時間」の観点から論じるものであり、演繹論の超越論的統覚の自己意識論はもちろんのこと、さらには感性論での時間論や第二版の観念論論駁などの、カント哲学の中核的な諸テーマへと連絡しているため、間口は狭いが奥に入ると厄介である。それだからこの短い一節から現代的な人格同一性の問題にかかわるところだけを切り出して料理したくなるのも無理はないが、しかしやはりそのテクストの前後に繋がるカント哲学固有のコンテクストをふまえて、カント哲学の全体的な洞察の方向性を生かして読み解くことが、料理人の心得としては大切であろう。

本章では最後に、ロックとの対比を補助線にして、カントの超越論的な思考の哲学史的な奥行きを探ることを試みる。このような理念的な哲学史の再構成は、なにも歴史のなかで頭の体操をするためではない。むしろ私には、カントからの逆光によってはじめて浮かびあがる哲学史の筋道があるように思われる。カフカの作品は文学史を修正して「みずからの先駆者を創り出す」(2)のだというボルヘスの示唆は、ときには哲学史にも当てはまるだろう。そして、こうして創られた先駆者との対話のなかでこそ、われわれはカントの洞察の射程をより深く測ることができるのではないだろうか。

だが、さまざまなコンテクストへと第三誤謬推理を解きひらくまえに、ひとまずは第三誤謬推理のテクストの概要をスケッチするところから着手すべきだろう。

1　第三誤謬推理

第一版における「人格性の第三誤謬推理」は、カントが省略した部分を補えば、つぎのような三段論法として示される。

〔大前提〕さまざまな時間においてみずからの自己の数的な同一性を意識しているものは、そのかぎりにおいて人格である。

〔小前提〕さて、魂はさまざまな時間においてみずからの自己の数的な同一性を意識している。

〔結論〕したがって、魂は人格である。（A 361）

総じて合理的心理学の誤謬推理の誤謬性は媒概念の両義性に求められる（cf. A 402）。そこでこの場合にも、「さまざまな時間においてみずからの自己の数的な同一性を意識している」という媒概念にひそむ両義性を暴露することが批判の鍵となるはずである。

「第三誤謬推理に対する批判」は六つの段落からなる。第一段落は「私が外的対象の数的な同一性を経験によって認識しようとする場合」（A 361）の手続きを確認するところから始まる。外的な対象の場合には、時間のなかで諸規定が変易してゆくにもかかわらず、その主体は一貫して持続していることを観察するという通常の手続きがとられるだろう。しかしここで「内的感官の対象」（A 362）としての「私」についても同様の手法で、時間の流れるままにさまざまな表象が心に移りゆくにもかかわらず、それらの諸表象に一貫して「私は考える」が伴うことから、「あらゆる時間における数的に同一の自己」（ibid.）が認識されていると論を進めるのは、不当な手続きなのである。というのも時間とは、私のなかで諸表象が変易することを私が意識するための「内的感官の形式」（ibid.）にすぎず、「私のなかにある」（ibid.）ものである。それゆえ私が私の時間的な同一性を意識するというのは、私が私のなかで私を意識しつづけるということにすぎないのである。

「このような観点に立つと、魂の人格性はけっして推理されたものとはみなされえず、時間における自己意識のまったく同一的な命題とみなされなければならないであろう……。というのもこの命題がじっさいに主張するところは、私がそのなかで私じしんを意識している全時間において、私はこの時間を私の自己の統一に属するものとして意識している、ということにほかならないからである……。」（ibid.）

このような私と時間との自家中毒的な絡みあいを脱して、客観的な意味で私の同一性を認識するために、第二段落は対比的に、「他者の視点から（その他者の外的直観の対象として）私を観察する」（ibid.）という想定をもちだしてくる。第一段落でいわれるように「統覚においては時間はほんらい私のなかだけで表象される」（ibid.）のに対して、第二段落の「この外の観察者がはじめて私を時間のなかで考量する」（ibid.）。たしかに「私のなかの時間」において私は「完全な同一性をともなって」（A 363）存在しているが、しかし客観的に「時間のなかの私」として考察された場合には、それはなんら「私の自己の客観的な持続性」（ibid.）を保証するものではない。「邯鄲の枕」の故事にあるように、栄華を極めた一生でさえ、夢から醒めれば一炊のときにも満たない儚いものにすぎない。主観的に連続して流れる時間は、客観的にみれば一瞬かもしれないし、あるいは飛び飛びに連なっているのかもしれないわけである。

第三段落はさらに、通時的な自己同一性の意識が複数の主体（Subject）のあいだを跨いで成立しているかもしれない、という可能性にまで踏みこむ。脚註においてカントは、衝突する「弾力性の球」（A 363 n.）のあいだで運動が伝達されるという例をもちだす。このような運動量保存則からの類推で、ある主体の諸表象がその意識とともにつぎの主体へと「転移（übertragen）」（A 364 n.）されると想定することもできよう。この意識の転移という想定下では、自己意識の質的な同一性にもかかわらず、私の精神実体の数的な同一性は保存されないのである。こうして第四段落のいうように、万物流転のただなかで、「この〈私〉（たんなる思想としての）」（A 364）もまた諸実体を転々と渡り歩くように「流れている」（ibid.）のではないか、という疑いは拭いさることができない。

ここで第三誤謬推理における媒概念の両義性について整理しておこう。私がみずからの通時的な同一性を意識するためには、過去の自分を客観的な時間の諸時点に位置づけることが必要である。大前提はそれを一般的な次元で人格の要件として定義するものであるが、これを経験的に履行するためには、ほんらい私はカレンダーや時計の時間のなかで同一の自分が生き延びてきたことを思い出さなければならないはずであろう。だが小前提は、このような「時間のなかの私」の同一性の観察を、「私のなかの時間」における同一的な意識へと読みかえてしまう。これによって、一人称的には通時的自己同一性が欠けるところなく意識される一方で、それが三人称的にみてどれほど持続するのか、あるいは同一の実体上を推移しているか否かは、まったく未決定のまま放置されるわけである。

第六段落はさらに、このような一人称的な通時的意識の「循環」を「私の比較の相関者（Correlatum）」（A 366）という観点から解明している。客観的時間における私の同一性を意識するためには、第一類推（A 182 / B 224 ff.）が教えるように、持続的な現象を時間の基体として前提して、その基体上を変易していく諸規定と自分とを比較せねばならないはずである。たとえば庭の草木の四季の移ろいに沿って折々の生活を思い出すように、持続する庭や木を基準にして、その変化に過去の諸時点の自己を繋ぎとめるわけである。

　しかし合理的心理学者はいま、死後の魂の状態へと推理すべく、いっさいの経験的な自然物体を排除して、たんなる内的感官の対象としての魂に立脚しようとするのであるから、ここではいわば目を閉じなければならない。だが目を閉じて、「私がたんなる〈私〉というものをあらゆる表象の変易において観察しようとするとき、私の比較のための相関者として私が有するのはこれまた〈私〉じしんにほかならない」（A 366）。すなわち、内省的にみずからのなかを探すとき、すばやく継起する諸表象の流れのなかで、唯一、持続的かと思われるのはこの〈私〉だけであろうから、私は私の「立ち留まる直観」（A 350）をもっているのだと早合点する。こうして、主語的につねに随伴する〈私〉という思想が持続的な対象へと「すり替え（unterschieben）」（ibid.）られて、いわば私という時計として現われることになる。

　だがこれは、「知ろうと求めていたことを前提してしまう」（ibid.）循環論法であろう。というのも、主語たる私がある時間のあいだ同一的に持続しているかどうかを問い合わせるための相関者としての私は、その時間のあいだ同一的に持続していることが前提されなければならないが、しかしまさにその私がそのあいだ同一的に持続しているのかどうかということが、そもそもの懸案の事項だったからである。こうして比較の相関者を私の内側に折りこむことで、時間は二つの私のあいだに呑みこまれ、通時的な自己同一性の意識は合わせ鏡のなかで戯れるようなトートロジーに陥るのである。

2　合理的心理学の「人格」概念

以上のように第三誤謬推理とその批判は、カント哲学の術語や枠組みを駆使しており、その議論を思想史的なコンテクストに位置づけるのは一筋縄ではいかない。しかしなにはともあれ、人格同一性をめぐる近代哲学史のなかで画期的な重要性をもつのは、ジョン・ロックの『人間知性論』第二巻第二七章の議論であろう。[3] よく知られるようにロックは、実体と人間と人格という三つの観念を区別し、人格とは自己を「さまざまな時間と場所において」（EHU II.xxvii.9）意識する知性的存在者であると定義したうえで、「この意識が後方へ過去の行為や思想に拡がりうるその範囲にまで、その人格の同一性は及ぶ」（ibid.）と述べて、通時的な意識によって人格が構成されることを説いた。ロックのこの議論は、デカルト的な伝統を受け継いで自己の中核に「意識」を据えつつも、「思考実体」の可知性を経験主義的に否定したうえで、むしろ意識の一人称的な観点から開かれる人格というものの独自の様相を際立たせたところに特質があるといえよう。「ロックの主観主義的な変革」[4] とティールが呼ぶ所以である。

カントの第三誤謬推理がロックへの応答を含んでいることは難なく見てとれる。大筋でいえばロックもカントも、意識の及ぶかぎりで同一的な自己は成り立つのであり、しかもそれはどのみち知られざる実体の同一性の如何とは無関係である、ということを洞察していたといえよう。統覚による自己の確立と、物自体の不可知性という点では、カントはロックの忠実な継承者である。ちなみにカントはここではロックの名を挙げないが、すでに一七六〇年代から講義では、ロックの人格同一性論におけるソクラテスの生まれ変わりの例に言及している（MHerder XXVIII, 43, cf. EHU II.xxvii.14）[5]。第三誤謬推理でも、たとえば第三段落の脚註における弾力性の球の例は、意識が精神実体のあいだを「転移（transfer）」（EHU II.xxvii.13）すればどうかというロックの思考実験を、いわば戯画的に過激化したものであろう。さらにカントは第二版では、人格の「分割（Teilung）」や「融合（Zusammenfließen）」といった思考実験にまで大胆に踏みこんでおり（B 415 f. n.）、人格同一性をめぐるロック以降の論争状況にある程度は通暁していたことが覗われる。

しかし他方でロックは、このような意識の転移を「神の善性」（EHU II.xxvii.13）に委ねて封じつつも、たとえ転移があっても人格をつくるのはやはり「同じ意識」（ibid.）だけだと認めて、意識による人格構成という洞察を先鋭化してゆく。それに対して弾力性の球の例のカントは、通時的に自己同一性を意識している精神実体を人格と呼んだうえで、実体間で表象や意識が転移された場合には、自己同一の意識にもかかわらず人格実体の同一性は保存されないとして、意識による人格構成を否定するのである。しかしそもそもロックの論点は実体とは異なる位相にある意識的な人格の独自性にあったのだから、人格について意識の同一性と実体の非同一性との齟齬を論《あげつら》うというカントの論法は、ロック批判としてはかなり頓珍漢であろう。

それゆえ第三誤謬推理の背景として、直接的なロック批判だけを想定することはできない。むしろカントの視線は、魂の不死性（immortalitas / Unsterblichkeit）をめぐって展開されてきた、デカルト以降の人格概念の思想史に向けられているといえる。さかのぼればデカルトは、コギトから思考実体へと推理したうえで、思考実体たる人間精神は動物機械とは異なって非延長的であることを根拠にして、精神の不死性を展望していた[6]。これに対してロックは実体の不可知性を対置したが、しかし「復活」（EHU II.xxvii.15）の教義と「最後の審判の日」（EHU II.xxvii.22, 26）における賞罰の正当性とを守るには、実体とは別の次元で、たんに意識と記憶によって成り立つ人格という局面を確保せねばならなかったのである。アリソンの整理するように、この観点からみるときロックの人格同一性論は、経験主義的な不可知論のもとで「道徳と宗教の大目的」（EHU IV.iii.6）を保持するための議論であったことがわかる。(7)

さて、ライプニッツはこれに十年ちかく先立つ一六八六年の『形而上学叙説』において、むしろスコラ的な実体形相論を継承しつつ、デカルトとは異なって動物にも不可滅の魂を認めたうえで、さらに叡知的な魂はその自己認識によって「自己」となり、「この自己の記憶あるいは認識」によって「同一の人格（personnage）」が成立し、ここに「道徳と宗教で求められる不死性」は立脚するのだと論じていた。(8)

この立場は、ロックとの対話篇である後年の『人間知性新論』でもおおよそ継承される。だがこの『新論』ではさらに、ロックの「知覚」や「意識」などの新しい諸概念との交錯のさなかで、モナドにおいて無意識的に推移している「微小知覚」から区別して、とくに自覚的な知覚を表示するために apperception という術語が鋳造されて（ここでは「意識知覚」と訳しておく）、人格同一性はつぎのように整理されることになる。「〔微小〕知覚のこのような連続と連結が同じ個体を実在的につくりあげるが、意識知覚（すなわち過去の感覚を意識知覚する場合のことである）はさらに道徳的な同一性を証明し、実在的な同一性を現象させる」。(9)『弁神論』でも同様に魂の不死性には、不可滅の魂がさらに「意識、すなわち自分が何であるのかについての内的で反省的な感覚」(10)によって「人格性」を保持することが必要だと論じられる。この立場では、モナドの実在的な同一性の一部がその意識的な覚醒度の高まりによって人格的な同一性として現象するのであって、実体的な基盤から離れた人格性は自然的にはありえない。

精神実体の不可滅性と意識的な人格の不死性というこの二段構えの構図は、十八世紀ドイツの講壇哲学にも受け継がれた。たとえばヴォルフの『ドイツ語形而上学』[11]はその巻頭第一章を、「われわれはわれわれに属する物と他の物とを意識している」ゆえに「われわれが存在することは明白である」（DM § 1）というデカルト的なコギト命題から始めて、第三章でこのような意識をもつものとして「魂」を導入する（DM § 192）。そして第五章（合理的心理学）において、動物の魂もまた不可滅であるが、人間はさらに理性と言語によって過去の自己と同一であると意識しうることで「人格」となり（DM § 924）、この「人格の状態をつねに保持するかぎり」（DM § 926）人間の魂は不死的である、と論じられるのである。バウムガルテンの『形而上学』でも同様に、「魂」とは「なにか或るものを意識しうる存在者」（BM § 504）であって、さらに「知性的記憶すなわち人格性」（BM § 641）については、「死後にも知性的な人間の魂は、この世の生におけるみずからの状態を判明に想起するかぎりで、人格性をも発揮する」（BM § 783）とされる。[12]

なお最近では、カントの第三誤謬推理の背景はロックの人格同一性論にではなく、ヴォルフやバウムガルテンをはじめ、マイアーやメンデルスゾーンなどの不死性をめぐる議論にこそ求められるべきだとするダイクの解釈も出ている。[13]しかしこれは、そもそもロックの人格同一性論がやはり「道徳と宗教の大目的」に応えるものであったことを想起すれば、架空の標的を射るものであるように思われる。ロックからドイツ啓蒙にいたるまで、人間精神の不死性を目標にしていたという点では人格同一性論の課題は一貫していた。他方また、ティールの指摘するように、ヴォルフやバウムガルテンの人格論は、たしかにロック的な言い回しで意識（記憶）と人格性との関わりを語ってはいるものの、しかし意識が人格同一性を構成するのではなく、むしろ精神実体の同一性を前提として、それが意識されることで人格が成り立つとするのであるから、本質的な点で親ライプニッツ的、あるいは非ロック的であることに注意しておくべきであろう。[14]

ともあれ、カントが第三誤謬推理において理念型として見すえているのは、このヴォルフ学派の合理的心理学の人格概念である。いささか類型的にまとめておくなら、合理的心理学はデカルト的な精神実体を前提しておいて、そのうえにロック的な記憶や意識の回路を付けくわえることで、人格性を構成しようとするのだといえよう。[15] さて、いっけん錯綜した印象すら与える第三誤謬推理批判の第五段落は、「なにも重要なことを含んでいない」[16] というケンプ・スミスの放言とは異なって、以上のような合理的心理学の人格概念の成立史を見抜いたうえで、そこに鋭利な批判を加えるもののように思われる。あまり注目されてこなかった箇所でもあるので、整理のために記号を振りながら引用して分析してみよう。論証はAからEへと進むはずであるが、ただし枝分かれのD'は行き止まりである。

「しかし注目にあたいするのは、人格性〔E〕と、その前提としての魂の持続性〔C_1〕、したがって魂の実体性〔C_2〕が、ここではじめて証明されなければならない、ということである。というのも、もしわれわれがこれ〔C〕を前提しうるとすれば、たしかにそこからはまだ意識の恒常性〔D'〕は導かれないが、ある留まる主観において意識が存続するという可能性〔D〕は導くことができ、人格性〔E〕にはそれですでに十分である……。しかしこの持続性〔C_1〕は、同一的な統覚〔A〕から導かれる〔はずの〕われわれの自己の数的な同一性〔B〕に先立っては、なにものによっても与えられず、ここ〔B〕からはじめて導かれる……。さて〔しかし〕この人格の同一性〔B〕は、私がそのなかでみずからを認識する全時間についての意識における〈私〉というものの同一性〔A〕からはけっして導かれないのである……。」（A 365）

デカルトそのひとであれば、私は思考を止めれば存在しないかもしれない、と言い放つであろう。[17] しかしすでに思考実体なるものを信奉するデカルト派にとっては、ロックが口を割らせているように、思考実体はつねに持続するにせよ、やはり睡眠や気絶のあいだもずっと実際に思考を意識している〔D'〕とまでは言いにくい（EHU II.i.11 f.）。しかしともかく思考実体の持続性〔C〕を前提することができれば、睡眠や気絶を挟んだ断続的な意識状態は、その留まる主体＝実体に繋ぎとめられて推移するのだから、あとから想起して連結させることは可能なはずであり、それゆえ可能的には継続している〔D〕と考えうるだろうし、常識的にいってもこのようにして人格性〔E〕は成り立つのであろう。このように実体性〔C〕から意識の存続の可能性〔D〕をへて人格性〔E〕へとすすむ推理が、第三誤謬推理のおもてだった動きである。

しかしこの推理には、前提となる魂の持続的な実体性〔C〕の証明が欠けている。この持続的実体がなければ、断続的な意識の諸状態は糸の切れた凧のように散り散りになるだけだろう。こうして「注目にあたいする」ことに、第三誤謬推理はここで「実体性の第一誤謬推理」の再審査にまで踏みこむことになる。さて、そもそも魂の実体性〔C〕を証明するには、まずその魂が同一だという確認〔B〕が必要である。というのも、実体性は時間的な持続性によって認識されるが、しかし持続性といっても別々の似たものが次々と現われて持続しているように見えるというのでは意味がないからである。この私の魂の同一性の確定〔B〕は、自分の魂を外的な対象として観察しえないからには、つまるところ「同一的な統覚」〔A〕というコギトの確信に、あるいは全時間にわたって私は私であるという通時的な自己同一性の意識〔A〕に、依拠するほかないだろう。しかしあの弾力性の球の例が教えるように、この意識〔A〕は実体間を転移しても保存されるのであり、なんら精神実体の同一性〔B〕を保証するものではないのである。

それゆえ、たとえ意識の存続の可能性〔D〕とそれゆえに人格性〔E〕が自覚されていても、その人格性の意識は別々の精神実体を転移しながら成立したものかもしれないわけである。こうして、いっけん通時的に継続しうる意識〔D〕というロック的原理に立脚するかにみえた推理はその擬態を見抜かれ、同一の統覚〔A〕という隠れたデカルト的原理へと遡ったうえで、いっさいの実体論的な効力を剥奪されるのである。

3　疑似記憶と時間の超越論的実在性

さて第三誤謬推理の仮象とその批判にさらに迫るために、ここで迂回して現代的な解釈の傾向を一瞥しておくことにしよう。おそらくベネットの『カントの弁証論』(一九七四年)を嚆矢として、シューメイカーの論文「人格とその過去」(一九七〇年)における「疑似記憶」の概念を第三誤謬推理の解釈に援用することが、現在にいたるまで常套になっている。

シューメイカーによれば、たとえば「私は窓ガラスを割ったのを憶えている」という一人称的な記憶は、「窓ガラスを割ったのは自分だ」という自己同定をその内側に含んで思い出される。それゆえまた、はっきりした自分の行為の記憶は、「割ったのはじつは自分ではなかった」というような一人称の誤同定による誤謬を免れるという特権性をもつ。したがって一人称的記憶は過去と現在にわたる同一の自己の同定を前提として成立するのであって、逆に記憶によって人格同一性を定義し構成するのは循環ではないだろうか——。この批判に応えるためにシューメイカーは、記憶から人格同一性の要件を抜いて、「その過去の状態がその後に知識をもつことになるまさに同じ人格の状態であるということを含んでいない」ような「疑似記憶(quasi-memory)」[18]の概念を導入する。たとえば先の例の疑似記憶ならば、窓ガラスを割ったのを憶えているが、だれが割ったのかは思い出せないということである。

ベネットがこの「疑似記憶」概念を援用して論定するには、私は誤ってだれかの経験を自分のことのように記憶していることがありうるので、「私の記憶と思われるものは、その同一性要素がときに誤っているために、疑似記憶にすぎないと判明するかもしれない」[19]と指摘するところに、カントの第三誤謬推理批判の眼目は存するのである。たしかにこれは、同じ私という意識は別の主体から転移したものでもよいのであって、通時的な自己意識はいささかも実体の同一性を保証しないのだ、というカントの批判の核心をうまく言いあらわしているように思われる。いってみれば統覚は「疑似統覚（Quasi-Apperzeption）」にすぎないというわけであろう。

だが疑似記憶の概念を援用した解釈は、アクセントの置きかたを間違えるとカントの意図を真逆に捉える危険性がある。第三誤謬推理の文章のなかには、私の記憶がじつは疑似記憶のようなものかもしれないと示唆するところはない。疑似記憶をもっとも匂わせる弾力性の球の例でさえ、記憶は否応なく自己同定をともなうが、しかしそれは実体的な同一性とは関わらないということを示すものである[20]。すなわちカントの批判の力点は、私の記憶はじつは疑似記憶なのかもしれないという認識論的な可謬性にあるのではなく、むしろ私の記憶は不可避的に私の行為の記憶として自己同一性を前提するにせよ、しかしその自己同一性は実体の裏打ちを欠いているかもしれないという存在論的な空虚さにあるといえよう。

これはつまるところ、誤謬推理の仮象がどこに根ざすのかに関わる問題である。この仮象の根のありかを探るには、第三誤謬推理を取りまくカント哲学の布陣に目を配って、カント哲学の洞察の方向性を見定める必要があろう。そのさい留意すべきは、分析論におけるカントの超越論的な洞察と、弁証論において批判される独断的な主張とを正確に区別するという至極当然の、しかし閑却されがちな用心である。超越論的演繹論においてカントは「自己自身の同一性の根源的で必然的な意識」（A 108）として超越論的統覚を導入するが、これは合理的心理学者が口吻を真似て語る「さまざまな時間においてみずからの自己の数的な同一性を意識しているもの」（A 361）とは似て非なるものである。しかしここに正しく区別の線を引くには、合理的心理学の人格性の推理が立脚している時間論の境位を考慮に入れなければならないように思われる。

第三誤謬推理の人格は、私の内的な諸変化を流れる時間のなかで私そのものは同一だと意識しているのであった。このような「内的感官の形式」（A 362）としての時間は、まさにカントが感性論で論証した時間であるようにみえるかもしれないが、やはり似て非なるものにすぎない。第三誤謬推理でカントが想定しているのは当然ながら合理的心理学者の時間論であって、これは典型的には、時間の絶対的実在性を拒否する『感性界と叡知界の形式と原理』（一七七〇年）の時間論に対して、ランベルト（cf. Br X 107 ff.）やメンデルスゾーン（cf. Br X 115 f.）、シュルツ[21]といった蒼々たる「具眼の士たち」（A 36 / B 53）から異口同音に投げかけられた非難に表われたものである。すなわち超越論的感性論の第七節で再現されているように、具眼の士たちは空間の観念性については沈黙しつつも、時間については、「われわれじしんの表象の変易」（A 36 f. / B 53）が魂のうちなる諸変化の現実性を証明しているのであって、それゆえ内的な変化の形式としての時間は絶対的に現実的である、とカントに迫ったのである[22]。

十年越しの応答をカントは書きつける。すなわち、このような論難の根底に巣くっているのは、「外的な対象の現実性は厳密に証明できないが、われわれの内的感官の対象（私じしんおよび私の状態）の現実性は意識によって直接に明らかだ、という観念論」（A 38 / B 55）である、と。空間の絶対的実在性の想定が経験的観念性（＝「観念論」）へと転落する論理は、すでにみたとおりである［第一章第４節］。空間も外的現象も、もはや観念論者にとっては確かなものではない。しかしまだ「私じしんおよび私の状態」は絶対に確実なものとして残っている――これが観念論の最後の砦である。思考実体の外にひろがる空間は私の表象とその対象たる物自体とを遠ざけて、私の認識になんの確実性も許さないが、しかし思考実体の内側では「私じしん」と「私の状態」とが分かたれずに、物自体と現象とが融合し、そのすべてを時間が包みこむのである。観念論者が時間の超越論的実在性に執着するのは、つまるところこの主客未分の親密な特権的領域を温存するためである。そしてひるがえって、第三誤謬推理において私と私とを比較する自己愛的な合わせ鏡のなかで人格性という欺瞞的な仮象を育んでいたのは、このように空間的な世界の流れから撤退して、隔離された私の内面性のなかだけで流れる時間という想定だったのである。

　感性論のカントは、この時間の超越論的実在性の主張に対して、すでに述べた空間に対する手続き［第一章第3節］と同様の両面作戦をとる（A 38 / B 55）。すなわち一方では「私じしん」を時間の拘束から解放すべく、「それ自体として考察された」（ibid.）主観そのものへの時間表象の妥当性を否定しつつ（＝時間の超越論的観念性）、他方では時間表象の妥当領域を「現象」（ibid.）へと感性的に制限して、内的感官の対象として直観される「私の状態」への時間の妥当性を認めるのである（＝時間の経験的実在性[23]）。

　これに対して第三誤謬推理のカントは、時間をめぐる合理的心理学者の誤謬を、その発生機序に即して解明することを試みているといえる。アメリクスは正当にも、第三誤謬推理の誤謬は、時間は感官の形式だという超越論的な主張と、時間は個人的な感じかたにすぎないという経験的な主張とを混同するところに端を発すると指摘している[24]。この混同はさらに、第三誤謬推理の時間論に着目するブルックが教えるように、時間はほんらい私が表象する形式であるにもかかわらず、いま表象の対象もまた私であるために、時間が表象される私の形式になってしまうという反転の構造に由来するのであろう[25]。しかしアメリクスもブルックも、このような混同や反転を導く回路のなかに、時間の超越論的実在性という段階が組みこまれていることを見逃しているように思われる。

第三誤謬推理の論理は、その時間論に即してたどるなら次のように再構成できるだろう。すなわち、時間はほんらい超越論的主観としての私から開示される諸現象の形式であって、それゆえこの私そのものは時間的な流れの手前で超時間的に存立しており、ここに時間は妥当しない（＝時間の超越論的観念性）。しかしその私が、「実体化された意識という取り違え」（A 402）によって、実体的に存立する自我客体へと「すり替え」（A 366）られてしまう。そしてこのとき、自我の内側に瀰漫《びまん》している主客未分の親密性を頼りにして私は、時間はまさに私から私へと関わるのだから、私の実体的な魂とその諸表象の変易に対して絶対的に妥当している、と考えることになる（＝時間の超越論的実在性）。しかしこのように私の魂の諸時点へと展開された私という時間は、ただちにウロボロスのごとくみずからのうちへと収縮して呑みこまれ、たんに私の魂のなかで個人的に経過するにすぎない「私のなかの時間」へと転落するだろう（＝時間の経験的観念性）。

これは譬えていえば、緑色のサングラスをかけて鏡を見て、まっすぐに自分と目があうとき、まわりが見えないその自己直視のなかで自分の目はまさに緑色なのだと誤解したあげく、しかしだとすれば眼球が緑色なだけで、まわりはほんとうは緑色ではないのではないか、と疑いだすようなものである。第三誤謬推理とは、このような取り違えと収縮の回路をへて辿りついた内面的な時間性のなかで魂が陥るナルシシズム的な微睡《まどろ》みであり、カントの批判は目覚めよと呼ばわる外からの声なのである。

『批判』第二版のカントは、第三誤謬推理の時間の自閉性と空虚さを摘出すべく、あらたに増補された「観念論論駁」（B 274–279）において時間論のさらなる拡充に取りかかることになる。蜜蠟の比喩が教えるようにデカルトの「思想」は時間的に変化していく[26]のだから、観念論者もまた意識の時間性を認めているはずである。観念論論駁が証明するのは、そのような「たんなる」時間的な意識であっても、じつは空間中に持続する外的対象を前提としてはじめて成立するのだ、ということである。「註解 二」でいわれるように、〈私〉という「知性的な表象」（B 278）はなんら「内的感官における時間規定の相関者として役に立つ」（ibid.）ものではありえず、時間の相関者は空間的な「物質」のほかにはありえない。このように私の時間を外へと開いてゆく観念論論駁と比較するとき、人格性の誤謬推理とは、観念論的に分離した内的な時間のなかでも私はみずからを時間的に規定して意識しうると独断的に主張するものであったことがわかるだろう。

さて、第三誤謬推理批判の最後の第六段落でカントは、うえのような合理的心理学の考えかたとは区別して、人格性の概念は「たんに超越論的であるかぎり」（A 365）は容認してもよい、と注記する。苛烈にすぎた批判のあとの無節操な懐柔のようにもみえるこの注記は、しかし人格の通時的な自己意識をめぐるカントの洞察と批判とを正確に区別するものである。たんに超越論的な人格性の概念とは、「主観の諸規定に統覚による一貫した結合」をもたらすというほかには「われわれに知られざる」主観の、その「統一」を指示する概念である（ibid.）、とカントは付けくわえる。いうまでもなくこれは、演繹論において「内的な諸現象の……流れのなかで立ち留まる自己」（A 107）として導入される、超越論的統覚の概念と等しいものである。

この超越論的統覚の統一と合理的心理学の人格性とは、やはり時間への関わりかたで区別できる。すでに〈自己意識の総合モデル〉として論じたように、演繹論の超越論的統覚は、諸時点にひろがる諸表象を総合する機能であることによって、分析的な統一性をもつ［第三章第4節］。いいかえればこの統覚の分析的統一は、時間的に流れるあらゆる表象に伴いうる主語の〈私〉として、時間的な多様に関わりつつも、時間を離れた論理的な同一性を保つ。このように超越論的統覚は、時間を超えて時間に対峙しており、超時間的に同一であるといえる。これに対して合理的心理学の人格は、内面的な時間にわたってみずからを想起（意識）しつづけて、私の長さを時間的に延ばしてゆくことによって、通時間的に同一なのである。すなわち超越論的な人格が時間を垂直に超えて等しく臨在するのに対して、合理的心理学の人格は時間を水平に流れて等しく存続するといえよう(27)。

カントはつづけて、この超越論的な人格性の概念は「実践的使用にとって必要にして十分である」（ibid.）と付言する。これは「人格の尊厳」といった後のカント倫理学の思想圏を遠望しつつも、直接的には第三アンチノミーの自由論［第八章］に繋がるものだろう。時間的に継起する経験的因果性に対して、理性の格率に立脚して垂直的に介入する叡知的原因性の思想は、この超越論的人格性の概念をまっすぐに継承している(28)。

ここで第二版の第三誤謬推理についても、ひとこと触れておこう。すでに述べたように［第三章第3節］、総じて第一版の誤謬推理論が対象としての自己の捉えかたの当否にかかわるのに対して、第二版ではむしろ自己は端的に思考作用とみなされる。第三誤謬推理ではここに時間の論点が組みこまれる。そこで第一版の第三誤謬推理の戦略とは、超越論的対象としての〈私〉について、一方ではその自我あるいは魂を内面的な時間にわたって通時的に意識しつづける合理的心理学の人格概念を斥けつつ、他方では諸現象の時間に対峙してこの〈私〉を超時間的に意識する超越論的な人格概念を提起することである、と定式化できよう。

しかし第二版の第三誤謬推理ではカントは議論を大幅に切り詰めて、主観を実体的な客体として与えるような「主観についての直観」（B 408）を端から斥けつつ、そもそも人格性とは「〈私は考える〉という命題からのたんなる分析」（ibid.）にすぎないと突き放す。ここでは、時間や相関者といった概念を駆使して合理的心理学の歩みを分析する第一版の努力は切りすてられ、むしろ超越論的な自己意識の概念をいきなり前面に立てることで、合理的心理学の試みを門前払いするといった風情なのである。前章［第3節］でふれたウルリッヒなどのカント批判に鑑みれば、たしかに第一版でのように合理的心理学者に擬して内省的に自己の同一性を語るふりをみせればカントじしんの立場だと誤解されかねず、あるいは下手に超越論的な人格性を容認でもすれば合理的心理学の二番煎じと早合点されかねない、とカントに思われたとしても無理はない。失地は棄てて、堅く自陣を守ることをカントは選んだのである。

4　ロックとカント――超越論的な思考の系譜

さて、以上で第三誤謬推理を取りまくカント哲学のコンテクストをたどることができたとすれば、以下ではあらためてその哲学史的な奥行きを照らしだすべく、ロックの人格同一性論に対するカントの応答を理念的に再構成してみることで、さらに考察を試みよう。

すでに述べたように、同一の意識は実体の同一性を保証しないというカントの批判は、人格と実体との峻別を説くロックに対する批判としては頓珍漢である。むしろカントのロック批判は、意識による人格構成そのものの孕む無秩序さに対する批判として理解されるべきであろう。ロックによれば、過去の行為の意識を現在に反復できるかぎり、過去の行為は「自己意識（self-consciousness）によって今の私へと専有される（appropriated）」（EHU II.xxvii.16）。しかしこのような一人称的記憶による過去の専有は、なんの基準も監査もない私の独善的な収奪と支配にすぎないであろう。にもかかわらずロックは、もっぱら記憶という私秘的な手続きのみに基づいて、だれにでも過去の所有権（property）を野放図に認めてしまうのである。内面的な時間のなかで陥る自己陶酔的なエゴイズムへと合理的心理学の人格を追いこんでゆくカントの批判は同時に、いわば合理的心理学者ロックのアナーキズムにも向けられているといえよう。

逆に、時間の意識を外の世界へとひらく観念論論駁は、ロックの人格同一性論を経験的な地盤のうえで健全に再構築することを試みるものだといえる。ロックが人格に想定している時間的に規定された意識の経過は、じつは空間的な持続物の経験と不可分である。というのもロックのいう過去へと及ぶ意識は、過去に行なった行為の意識を含むかぎり、行為する身体やその場所などの空間的現象から切り離せないはずだからである。それゆえにカントは人格性を、ロックのように死後の魂にも広げることなく、身体的に世界を経験するこの「生（Leben）のなかに」（B 415）限るのである。もちろんこの立場は、ライプニッツのように世界を映すモナドの実在的な同一性のうえに人格を根拠づけようとするものではない。あるいは現代的にいいかえれば、人格同一性は身体の客観的な時空的連続性によって決定されると説く、いわゆる身体基準説を意味するものでもない。むしろカントにおける人格は、一人称的な記述様式で開かれる空間的世界の歴史を形成することで、そのパースペクティヴの原点に生きる身体の履歴としておのれの同一性を構築するのである。このような客観的な空間経験を欠く人格は、閉ざされた木箱のなかでさまざまなメロディーが反響しあって飽和するように、ついには時間的な意識さえも失い、混乱のなかで沈没するであろう。

もちろんロックの人格同一性にも客観的な基準があることは付言しておくべきだろう。夢遊病者や酔っ払いの犯行は、たとえ主観的にはまったく忘れていても、客観的な物証や証言にもとづいて人格同一性が確立され、法廷で裁かれる、とロックはいう（EHU II.xxvii.22）。だがこの世では、この社会的観点からの客観的な人格構成は意識的観点からの主観的な自己同一性とついに整合せずに、抗争状態のままで放置され、二つの観点の収束は最後の審判の日の神の法廷にまで延期される。これに対してカントにおいては、一つの客観的な世界経験からすでに経験的な人格同一性が明らかになっている。私は一つの経験を生きることで、一つの私をいわば眼前に見ているのである。

さて他方で第三誤謬推理には、ロックの人格概念に潜在的に含まれていた洞察を超越論的に先鋭化したといえる側面があるように思われる。ロックからカントへと繋がるこの系譜を明らかにするために、疑似記憶のところに戻ってから話を進めよう。疑似記憶の概念による解釈に対して、むしろカントの洞察は、実体の裏付けは欠くものの私の記憶には不可避的に私の同一性が前提として意識される、という点にこそ求められると述べた。一人称的記憶と自己同一性との関わりについてのカントのこの洞察は、哲学史的に際立った意義をもつもののように思われる。

シューメイカーによれば、記憶には人格同一性が含まれるという論点はバトラーの『宗教の類推』（一七三六年）におけるロック批判に由来する。(29) すなわちシューメイカーは、「人格同一性の意識は人格同一性を前提するのであって……構成することなどできない(30)」というバトラーの反論に、一人称的人格の特異性をめぐる先駆的な洞察を見たのである。このようなバトラー礼賛はシューメイカーだけでなく、おそらくフリュー(31)以来、前世紀に人格同一性を論じた諸家にひろくみられる傾向であろう。しかしこれは過剰な読み込みから始まった、疑わしい流行であるように思われる。

ヌーナンの指摘するとおり、バトラーは一人称的記憶をめぐる洗練された洞察を語っているのではなく、むしろ物事の「真理」をその「知識」から決定してはならないという一般的な考察にもとづいて、人格の同一性を、それが意識にどのように知られるかという観点から定義してはならないと説いているにすぎない。(32) ティールの判定も同趣旨であり、バトラーは人格をあいかわらず実体として捉えたうえで、まず同一的な人格実体が前提として存在するからこそ、ついでそれが想起され意識されうるのであって、逆に記憶や意識のほうに人格の構成機能を付与するのは循環だと主張しているのである(33)。バトラーのロック批判はつまるところ、実体と人格とのロック的な峻別を端から認めずに、一人称的な意識から開示されるべき人格をも三人称的な存在論の角度から把握しようとする通俗的な態度の表われである(34)。

さて以上のバトラー評が正しければ、一人称的記憶の特異性をめぐる洞察の先取権の候補者として、「人格の同一性は私じしんの意識のうちに不可避的に見出されなければならない」（A 362）と喝破した第三誤謬推理のカントが浮かびあがってこないだろうか。『人間学』においてもカントはつぎのように語り、問題の所在を精確に示している。

「人間は、心のさまざまな内的な変化（その記憶の変化や心が受け容れる原則の変化）があるとき、この変化を意識していながらもなお、やはり（魂について）まさに同じ人間であると言いうるのかという問いは、支離滅裂な問いである。というのも、人間がこのような諸変化を意識することができるのはただ、さまざまな状態においてみずからを一つの同じ主体として表象することによるからである……。」（Anthr VII 134 n.）

カントがいうのは、つぎつぎと記憶は消えてゆくし原則（性格や格率）も変わるけれども、それが私の変化として意識されるのは、通時的に一貫した同じ私が異なった記憶や原則をもつと意識するからだ、ということである。これは記憶の成り立ちに即していいかえるなら、私がみずからの過去の行為を思い出しうるのは、それをしたのは現在の私と同じ私だったとして、過去の行為を通時的に同一の主体へと関連づけるからだ、という論点を含んでいる。

だがこれは、記憶は持続的な自我実体をまず前提して、そこに諸表象を集めて帰属させることで成立する、という立場ではない。そのような〈実体+属性モデル〉の意識論はまさに、バトラーやリードをふくむ合理的心理学者の立場である。カントの積極的な洞察はむしろ、超越論的統覚としての私は、諸時点にわたる諸表象を私の諸表象として集約することによって、それらの私の諸表象の時間的な貫通軸として意識されるにいたるのだ、という点に求められるだろう。たしかに記憶は同一の私への関連を前提するが、しかし逆にその私は記憶をつうじてはじめて意識される。記憶による自伝的な認識とみずからの同一性の端的な自覚とは共軛的に制約しあう。いうまでもなくこのような記憶と同一性の相関性は、〈自己意識の総合モデル〉[第三章第4節]と名づけた、諸表象の総合作用と分析的な自己意識との相補性という超越論的演繹論の洞察からの、ひとつの派生にほかならない。一人称的記憶の特異性をめぐる先取権の問題は、ひろく構えれば、このようなカントの超越論的な思考の哲学史的な位置づけにかかわる問いだったのである。

さて、カントのこの超越論的な観点から振りかえるとき、あらためてロックの人格概念に孕まれていた潜在的な洞察が見えてこないだろうか。ロックによれば、過去の行為は現在に意識されることでただちに私へと親和化(appropriate)される。記憶のこの自動的な自己帰属性によって、過去から現在にいたる人格が構成される。もちろんここで、私がした行為のみが真正な記憶として思い出されるのだから、記憶から私の人格をつくるのは循環しているだろう。この伝バトラーの循環批判に応えるべく、疑似記憶の概念をもちこんで、ロックのいう記憶はたんに内側から思い出されるという特異性をもつだけであり、過去の行為者が現在の私と同一人格であるという記憶は含まれていない、とするマッキーのようなロック解釈も出てきた(35)。これがロックの記憶説を整合的に解釈する有力な手立てであることは疑いえないだろう。

しかしロックの『人間知性論』で語られるのはじつはたんに「記憶(memory)」ではなく、過去の行為が表象として現在に反復して「意識（conscious）」されるということである。そして、現在の意識は不可避的に「自己（Self）」の意識をともなっているだろう。「あらゆる感覚、推理、思考の働きにおいて、われわれは自分自身の存在をみずから意識している」（EHU IV.ix.3）からである。それゆえ過去の行為を現在に意識するとき、私はその行為者を「内的な不可謬の知覚」（ibid.）によってこの同じ私として直観してしまうだろう。それだからほんらいロックのいう記憶は、内側から開かれる特異な疑似記憶ではなく、むしろ過去に拡がった自己意識であり、自己の同一性の意識をすでに不可避的に含んでいるのである。だとすればロックの記憶説なるものはやはり循環しているといわざるをえないが、しかしロックがこの循環によって身を挺して教えるのは、われわれにはこの一人称的記憶と人格同一性との循環を内側から突破する道は開かれていない、ということにほかならない。

たしかにロックは意識の「転移」を語るから、ここからさらに記憶の融合や分裂といった想定を組み立てるのは容易であろう。しかしここで肝心なのは、競合するさまざまな記憶から内容的にもっとも蓋然性の高い経歴を選びだして自伝を物語ることは私には許されず、むしろその記憶があるというたんなる事実によって私はただちに人格同一性に貫かれてしまうということである。罪を犯したという意識は否応なく私を罪人にしてしまうのであり、アリバイなどの他の記憶をもちだして抵抗しても手遅れでしかありえない。それゆえにこそロックはただ「神の善性」に縋るほかなかったのである。

こうしてわれわれはカントの超越論的な思考の原型を、ロックの人格概念のなかに見とどけることができよう。総合的な客観的認識と分析的な自己同一の意識との相補性というカントの洞察は、過去に及ぶ意識（記憶）と人格同一性との不可避的な循環というロックの陥った苦境を、肯定的に再定式化して洗練させたものである。

さてここで、ロックに対するカントの多面的な態度をあらためて振りかえってみれば、カントはロック的な人格同一性を自閉的なナルシシズムへと追いつめて、ロックの洞察の陥穽を示しつつも、一方ではその洞察の真実を超越論的に洗練させて引き出したうえで、他方では経験的な地盤のうえに健全に再構築することを試みたのだとまとめられるだろう。このように跡づけるとき、カントこそがはじめてロックを理解した、と言ってみたい思いに私は駆られる。

すでにみたように、ロックの主観主義的な人格概念は当時いっこうに理解されず、ライプニッツやバトラーなどの実体主義的な人格論からの批判に曝されつづけた。なぜロックは理解されなかったのだろうか。ロックの人格概念は、デカルトの意識的な思考実体を脱実体化したうえで、通時的な意識によって再構成したものである。コギトから始めていっさいを「私の認識の順序」(36)で構築するというデカルトのメッセージを承けて、半世紀をへてロックは余人に先駆けてさらなる一歩を進めたが、それゆえにまた批判を集めたわけである。さらに一世紀をへて、カントが「私は考える」を、一方では「合理的心理学の唯一のテクスト」(A 343 / B 401) として仔細に検討しつつ、他方では「あらゆる私の表象に伴うことができるのでなければならない」(B 131) 原理として演繹論の中核的な位置に再導入したとき、コギトから開かれた近代哲学の命運はひとつの収束点を見出したように思われる。そしてこの地点から振りかえるとき、はじめてロックの人格同一性論のもつ真実と陥穽とが正確に見分けられるにいたったのである。

最後に逆向きに視点をとって、ロックからカントに対する批判を想像してみよう。カントにおいては、客観的な現象認識と自己同一性の意識とが超越論的に制約しあう。この共軛的な相関性こそ、カントの超越論的な探求の錨がついにそこで反りかえる岩盤である。だがロックはこの岩盤を割って進む。すなわちロックは、意識の転移や錯誤の可能性を認めたうえで、すべてを「神の善性」に委ねてしまうのである。これは逆にいうなら、たとえ私と世界を包括する整合的なひとつの経験が成立しても、その全体が神の欺きかもしれない、ということであろう。これは道徳哲学の場面でもいえることである。カントの倫理学が理性の自律によって自足的に基礎づけられるのに対して、一ノ瀬正樹の指摘するように[37]、ロックは『統治論』において「戦争状態においては天に訴える(appeal [...] to heaven) ほかに途はない[38]」と述べて、自然状態の保全を究極的には神に委ねてしまう。このロックからみればカントの超越論的な議論は、一定の真なる経験や理性の道徳性という事実を想定する、いわば緩い議論にすぎない。全世界的な虚偽やまったき戦争状態は、カントの事実とその超越論的前提をまとめて破壊しつくしてしまうであろう。だが啓蒙の世紀をへてカントには、神に訴えて後ろ楯を得るという手段はもはや許されていない。

おわりに——私の魂の両極的な本性について

ここで誤謬推理章を全体として見渡すなら、カントは「私は考える」を唯一の出発点にして、そこからの四つの帰結として、魂の持続的な実体性、非物質的な単純性、時間的な人格同一性、空間的な離存性（＝観念論）を列挙し、いわばデカルトから始まる問題別の近代哲学史を編纂してみせたといえよう。おそらく当時としては斬新な構想であったこの哲学史のページは、しかしまさにカントとともに終わる。カントの四つの誤謬推理批判は、この合理的心理学の時代を終結させ、あらたな批判の時代を切りひらくための各個撃破の砲列である。本書では主題的には第三誤謬推理にしか立ち入ることができなかったが、カントの批判の照準は四つの誤謬推理を貫いて揺るがない。すなわち合理的心理学とは、いっさいの経験や実践に先んじて、静謐な炉部屋に閉じこもって構築された魂の形而上学である。カントが一貫して問うのは、このように世界から分離した孤立のなかでおのれの魂だけを認識しようとする態度にほかならない。

『批判』の緒論のまさに冒頭でいわれるように、「すべてのわれわれの認識は経験とともに始まる」（B 1）。私の自己認識もまた、感覚的な諸経験に揉まれるなかで覚醒してきたものである。一般にカントの超越論的な探究は、経験の事実からその必要条件へと分析するのであって、所与の要素を十分条件として経験を構成するものではない。私の魂への探究も同様である。すなわち私は経験から始めて、その感覚的素材の「分離（Absonderung）」（ibid.）によって、〈私〉という知性的表象に「注意を向ける」（ibid.）にいたったのである。そして、このような分離の過程が理性によって遡源的に推し進められるとき、ついには無制約化された主語＝主観としての魂の理念が登場することになる。すでにみたように［第三章第5節］、この理念は経験の地平から私の視点が生成する運動を駆動しつづけ、統制的理念としての私というありかたを表示するだろう。

しかし「心理学の誤謬推理の解決の結論」が教えるように、このように〈私〉を「抽象化（Abstraktion）」（B 427）する運動を、はじめから「分離された（abgesondert）」（ibid.）ものとして私の魂を認識することと「混淆（verwechseln）」（ibid.）してはならない。たしかに私の諸経験から「思考する存在者一般」（B 426）へと遡源する運動が極点にまで辿りつけば、そこで分離された「純粋な叡知者」（ibid.）としての〈私〉が認識され、そこから出発してふたたび経験へと前進してくることができよう。しかし人生のなかで私の結晶化が完結することはない。そこで、弁証論の「付録」にもあるように、「顚倒した理性（perversa ratio）」（A 692 / B 720）はこの果てしない探究に見切りをつけて、ひそかに極限の付近で「転回（umkehren）して、そこから開始する」（ibid.）という近道をえらぶ。すなわち合理的心理学者はみずからの人生から逃れた密室のなかで、すでに結晶化した私の魂なるものを捏造し、その魂をアルキメデスの点にしていっさいの私の経験を支えようと試みるのである。——ちなみにこのような「転回」の思想は、のちにみるように神学的な理想に典型的なものであるが〔第九章〕、やはり心理学の理念でも取り扱いは「きわめて似ている」（A 696 / B 724 n.）とカントは注記している。

たしかに純粋な私の理念は、経験的に生きる私という現象から見上げるとき、目も眩むほどの距離で隔てられている。第三誤謬推理でいえば、通時間的な人生の履歴と超時間的な我の自覚とは、私の両面をなすとはいえ、やはり一息に体験することは難しいであろう。この意味では私は、経験と理念とのあいだで引き裂かれているというほかない。しかしこの経験と理念との往還の運動から離脱して、どちらかの極に固着するとき、残るのは原理なきまま集積した表象の群れか、現実の生気を欠いた抜け殻の精神にすぎない。むしろ私の魂の全貌は、この引き裂かれた両極間の振幅を生きることに成り立つのである。

このような私の魂の両極的なありかたは、つづく第四誤謬推理で導入され、アンチノミー論で再登場する「超越論的観念論」の奥行きを予告するものであろう。すでに述べたように〔第一章〕超越論的観念論とは、超越論的な物自体に対してわれわれの現象は観念的なものだとする立場である。だが物自体と現象とを隔てるこの距離は、なにも外の世界にだけ広がっているのではない。それは私の魂の奥行きとしても刻まれている。コギトの内面性に瀰漫《びまん》するまやかしの親密性が、すべての誤謬推理の温床であった。それだからカントは内的感官と超越論的統覚とを分離し、その隔たりを明示することで誤謬推理の解決とする。第三誤謬推理の超越論的な人格性の概念もまた、超時間的な自己同一性の自覚として、流れゆく諸現象とそこに身を寄せる経験的な私のありかたに対峙するものである。だがここで逆に、私の内的な諸経験のほうからその根拠としての純粋で自己同一的な統覚へと遡ろうとするとき、その理性の遡源は無際限につづき、私はみずからの胸中のどこにも安住の地を見出さないのである。理性の深淵はそれゆえ、私の内側にも穿たれているといわなければならない。理想論における「私はどこから来たのか」（A613／B641）という神の独語は〔第九章第6節〕、この私の独語でもある。

第五章　カントの Cogito ergo sum 解釈

「私はある」[1]と『省察』で書いたときデカルトは、精神実体としての自我の存在といったことに、はるかに先立つ場所で考えていた。それはいわば、〈私の生あること〉を私が最初にとらえる場所である。[2]どこで私は〈私は生きている〉といえるのか。「私が考えるかぎり」[3]――それがデカルトの見出した場所だった。私は考える、私はある、私は考えて生きている。だがこの存在覚醒の明るみの場所は、おそらくデカルトじしんにとっても、すぐさま塞がれてしまう。というのは、当然にもつぎに問われる「私は何であるのか」に答えて、私はみずからを思考実体あるいは精神として規定することで、私の本質規定をみごとに達成するが、しかしこれによって私は、私の実存在《エクシステンツ》の最初の明るみをみずからの手で外側から覆い隠すことになるからである。

私の生あることを私の内側から問う試みは、すぐにことばの罠に絡めとられてしまう。ことばはつねになにか或るものを語るものであり、内側から内側に語るものではないからである。もちろんそんなことは、一度でもこの問題の深みで考えたことのあるひとなら骨身に沁みて知っているだろう。カントの思索もまた、「私がある」ことをその内面性から語ろうとしながら、自我を対象化して語る陥穽につねに曝されていたように思われる。そしてカントにおいてその危うい道程は、自己意識というものをどのように構想するか、という課題と軌を一にしていた。それゆえ本章の課題は、すでにみてきた自己意識論の諸構想に呼応して、カントによる Cogito ergo sum（以下ではコギト命題と称する）の解釈の諸段階をたどることである。

もちろん誤謬推理論の主たる企図は、前章で第三誤謬推理に即して見とどけたように、「私は考える」から「考える物」へと推理する合理的心理学の誤謬の諸相を暴くことである。これに対して、カントのコギト命題解釈はこの批判的な企図のいわば裏面をなすもので、「考える物」へと進む手前で立ちとどまる「私はある」を、端的にその内側から語りだそうとする試みであるといえよう。しかしその試みは体系的に定式化されたわけではなく、あちこちに断片的に書きのこされているにすぎない。とりわけ、コギト命題をめぐって第二版の誤謬推理論の脚註に書きこまれた文章（B 422–423 n.）は、その不分明さでこれまで多くの解釈者を惑わせてきたものである。そのテクストを読み解き、私の存在覚醒のほの暗い場面へと迫ろうとした、カントの哲学的な努力の痕跡を探りあてることを、本章の最終的な目標としよう。

1　超越論的主観の現実性――第一版の誤謬推理論まで

カントは『批判』第二版において「〈私は考える〉は……経験的命題である」（B 422 n.）という主張を前面に打ちだすことになるが、じつはこのような主張じたいはすでに一七七〇年代にも見出される。一七七〇年代後半のものと推定される『L 1形而上学講義』の「心理学」において、カントはつぎのように述べている。

「根底にあって内的感官の意識を表わす基体は自我の概念であるが、これは経験的心理学の概念にすぎない。〈私はある〉という命題はデカルトによって明証的な第一の経験命題として認められた。というのも……私は自己自身を直観し、自己を直接的に意識するからである。」（ML1 XXVIII, 224）

すでに述べたように〔第二章第2節〕、一七七〇年代のカントの思考はクレンメのいう「自己認識の直観的・観察的・分析的モデル」の圏内にあった。そこでは自我の存在は、概念的な推理によってというより、自我実体がみずからを直観的に観察するという経験によって知られるものだとされる。「宇宙論」でも同様に、「私は私じしんを感じる、〈私はある〉と私は確かに知っている」（ML1 XXVIII, 206）、あるいは「私はある、このことを私は感じ、私を直接的に直観する」（ibid.）とくりかえされる。

　このような経験的命題としての自我存在という見解は、カント固有のものではなく、十八世紀ドイツ哲学の標準的な見解であった。魂の存在の問題は、ヴォルフにおいては『経験的心理学』で取り扱われるし、バウムガルテンの『形而上学』でも同様に「経験的心理学」の章に配される。この『形而上学』のドイツ語訳者であるマイアーによる『論理学綱要』（これはカントの論理学講義の教科書であった）においても、「感覚とは現在的な事物の表象である」と定義されたあと、「たとえば〈私は考える〉ということは感覚であり直接的な経験である[4]」といわれる。また遡れば、かの「有名なロック」（A IX）の『人間知性論』では、「経験によってわれわれは自己自身の実存在の直観的な知識をもち、〈われわれはある〉という内的な不可謬の知覚をもつと確信する[5]」と明確に述べられている。

　カントはこのようなコギト命題にかんする標準的解釈を受け容れているのである。この解釈の要諦は、反省モデルにもとづいて私が私を自己回帰的に経験するとし、さらにこの反省的経験は直接的な直観の次元で成り立つとする点にある。ただしすでにふれたとおり〔第三章第2節〕、ここでのカントの「直観」の位置づけは曖昧である。外的感官の直観が感覚的であり、現象の根底に存する基体にかんして不確実であるのに対して、内的な直観はむしろ知性的直観のような確実性をもち、例外的に「内的感官の信頼性は確実である」（ML1 XXVIII, 206）とされる。批判期にくりかえし指摘される内的感官と超越論的統覚との区別がいまだ確立されていないこの段階では、自己意識の担い手を総じて直観に求めて（そのさいこの直観は感覚とも知性的直観とも定まらないまま信頼される）、これによって自己の存在を経験的かつ直接的に確証するという手続きは当然の帰結であった。

このような一七七〇年代の立場と対比するとき、一七八一年の『批判』第一版の誤謬推理論でのコギト命題の解釈の独自性を際立たせることができる。『批判』においては超越論的統覚と内的感官とが区別され、さらに超越論的統覚に対して実在的にカテゴリーを適用する誤謬推理が戒められる。だが他方でカントは、超越論的に成立する自己意識を、超越論的主観が自己を純粋カテゴリーの客観一般として思考する、というしかたで確保しようとしていた。こうして統覚は、経験的な次元での自己直観から、超越論的な地平で成立する自己思考へと変貌したのである［第三章第2節］。

この動向は第一版におけるコギト命題の解釈にも反映している。

「だが私じしん（魂としての）の単純性はじっさいまた、〈私は考える〉という命題から推理されるのではなく、すでにいかなる思想そのもののうちにも存することなのである。〈私は単純である〉という命題は統覚の直接的な表現とみなされなければならない。それは、誤って推理とされたデカルトの〈私は考える、ゆえに私はある〉(cogito, ergo sum) がじっさいにはトートロジーであるのと同様である。というのも〈私は考える（私は考えつつある）〉(cogito (sum cogitans)) は現実性を直接的に表現しているからである。〈私は単純である〉が意味するのは、この〈私〉という表象がいささかの多様性をもうちに含んでおらず、絶対的な（ただしたんに論理的な）単一性である、ということ以上のなにものでもない。」(A 354 f.)

デカルトの命題がじっさいには推論ではなくトートロジーであり、sum cogitans（私は考えつつある）という単一の命題であるという解釈（いわゆる同一説）は、すでにホッブズ[6]やスピノザ[7]にみられる。あるいはライプニッツの『人間知性新論』でのつぎのコメントも、フランス語ではあるが、カントのいう sum cogitans の源泉の候補にあげられるだろう。

「「私は考える、ゆえに私はある」と言うことは、厳密には思考によって実存在を証明することではない。「考えること（penser）」と「考えていること（estre pensant）」とは同じことだからである。「私は考えている（je suis pensant）」と言えば、すでに「私はある（je suis）」と言っているのである。[8]」

cogito が sum cogitans と同義であれば、*cogito*, ergo sum は *sum cogitans*, ergo sum ということになり、これは一目瞭然トートロジーである。のちに論ずる第二版の誤謬推理の脚註の冒頭で「私の実存在は……〈私は考える〉という命題と同一である」（B 422 n.）といわれるのも、このライプニッツ的なコギト命題解釈が背景にある。

だが源泉はともあれ、この第一版の誤謬推理論でのカントの考えかたは、前後の文脈を考慮すれば独特の奥行きをもって再構成しうる。『L1形而上学講義』ではカントは、コギト命題を自己直観に根拠づけていた。誤謬推理を発見したあとのカントは、思考と存在とを一挙に確保するこのような素朴な自己直観を放棄したのであるから、コギト命題はある種の概念的な推論だとみなさざるをえないが、しかしこの推論説が維持しがたいことはすでにデカルトの当時から明らかである。とすれば「私は考える」と「私はある」との結びつきは、推理的ではない直接性をもった、しかし直観的な経験でもない場面で、確保されなければならない。

コギト命題が「現実性を直接的に表現」しているのは、「私は単純である」が「統覚の直接的な表現」であるのと同様だとカントはいう。私がなにごとかを考えるとき、その考えられた「思想のなかに」は、考えの主体としての私、すなわち「思想にともなう〈私〉」（A 355）が「超越論的に表示されている」（ibid.）。このように表示される〈私〉はたんに「或るもの一般（超越論的主観）」（ibid.）であるから、「いささかの多様性をもうちに含んでおらず」、それゆえ単純である。ただしこの単純性は「純粋なカテゴリー」（A 356）によって思考されるものにすぎず、現実的な認識ではない。

このような「統覚の直接的な表現」としての単純性に呼応するかたちで、コギト命題を再構成すれば次のようになるだろう。「私は考える」とき、その「思想にともなう〈私〉」がつねに「超越論的に表示されている」。こうして「或るもの一般」として表示される「超越論的主観」は、経験的な意味での「現実性」をもつものではないが、「現実性」という純粋なカテゴリーの対象として思考されうる。クレンメのいうように、「主観の現存在の根拠は、〈私〉というたんなる表象が超越論的主観へと関係することのうちに存する」[9]。すなわち統覚の現実性は、私が私を超越論的に示し、しかもこの表示においてカテゴリー的に思考する主観と純粋カテゴリーの対象としての主観とが合致するような、超越論的な地平において成立するのである。

付言しておけば、デカルトが Cogito ergo sum を推論とみなしていたというのは、デカルトの『省察』からはにわかには首肯しがたい事柄であろうが、スピノザやライプニッツにもみられるように当時の通俗的見解であった。――ちなみにカントの遺産目録のなかにはラテン語版『省察』（第三版、一六五〇年）が記されているが[10]、カントがどれほど綿密に『省察』のテクスト（とりわけ「反論と答弁」の部分）を読んだかは定かではない。

コギト命題にかんする『L 1形而上学講義』と第一版の誤謬推理論との見解の相違点はもちろん、コギトを経験的な直観の次元で捉えるか、それとも超越論的な思考（表示）の次元で捉えるかという点にある。だが他方では、すでにみたように［第三章第3節］、私が私を直観または思考するという「反省理論」を前提している点で両者は共通の構造をもち、それゆえ「循環」の難点を免れない。また、このようなカテゴリー的自己思考はヌーメノンとしての魂を認識するに等しい、というウルリッヒなどの批判を招くことにもなった。そこでカントは第二版の誤謬推理論においては、純粋カテゴリーの対象としての超越論的主観という考えかたを撤回し、カテゴリーは「たんなる論理的機能」であり、カテゴリーの対象としての自己の概念を与えるものではない、という撤退を強いられることになった。

だがこの撤退によって、超越論的主観の実存在を告げるべきコギト命題はその拠り所を失うことになる。もはや純粋なカテゴリーによる自己思考によって私の現実性を表示することはできない。このような窮状から、第二版の誤謬推理論におけるいくつかの試みが開始されるのである。だがその試みの意味を明らかにするためには、ひとまず演繹論におけるコギト命題の解釈を検討しておかなければならないだろう。

2　叡知者と現象――演繹論の二分法

誤謬推理論での純粋カテゴリーを手引きにした自己意識論と並行して、カントは演繹論において超越論的な自己意識の新たなモデルを模索していた。それは反省モデルの手前で、私という原初的意識が非対象的に成立する場面に迫ろうとする努力であった。その努力の結実が〈自己意識の総合モデル〉であることは、すでに論じたとおりである［第三章第4節］。しかしこの解釈に対しては、ただちにつぎのような反論が寄せられよう。すなわち、まさに第二版の演繹論の第二五節において、カントは超越論的統覚を「私が私を考える」（B 158）という純粋な自己思考として提出しているではないか、という反論である。少々長くなるが、演繹論第二五節を冒頭から引用する。

「……私は、表象一般の多様の超越論的総合において、すなわち統覚の総合的で根源的な統一において、私じしんを意識する。この意識は、私が私に現われるように（wie ich mir erscheine）意識するのではなく、また私が私じしんにおいてあるがままに（wie ich an mir selbst bin）意識するのでもなく、ただ私があるということ（daß ich bin）を意識するのである。この表象は思考であって直観ではない。さて私じしんの認識のためには、……思考の作用のほかに……一定の様式の直観が必要であるので、たしかに私じしんの現存在は現象ではない（ましてやたんなる仮象ではない）が、しかし私の現存在の規定はただ内的感官の形式にしたがってのみ……行なわれうる。……〔中略〕……私とは異なる客観を認識するためには、客観一般（カテゴリーにおける）の思考のほかにも……直観が必要であるのと同様に、私じしんの認識のために私は、意識、すなわち私が私を考えるということ（daß ich mich denke）のほかに、さらに……私のなかの多様の直観を必要とする。そして私はたんにみずからの結合能力を意識する叡知者（Intelligenz）として実存在するのであるが、しかし結合すべき多様にかんしては、内的感官と名づける制限的な条件に従うのである……。」（B 157–159）

一見したところ第二五節は全体として、批判哲学の読者にはお馴染みの二分法が自己意識論に適用されているだけのようにみえるだろう。すなわち、われわれは超越論的統覚においては叡知者として自己のたんなる現存在を意識し、他方で内的感官においては自己の現存在の現象を認識する。このような自己意識と自己認識との対比は、思考と直観、あるいは純粋なカテゴリーと直観に適用されたカテゴリー、あるいは客観一般と現象、あるいは表象一般の多様と内的感官の形式にしたがう感性的直観、といった批判哲学の概念枠を駆使して幾重にも踏みかためられて、超越論的統覚と経験的統覚という二分法を強固なものにするであろう。

だがわれわれは、このような強固な二分法をその背後で駆動している論理を見逃すべきではあるまい。カントは冒頭で自己意識の総合モデルを再確認するように、「私は、表象一般の多様の超越論的総合において、すなわち統覚の総合的で根源的な統一において、私じしんを意識する」と始めている。ここで超越論的に総合される対象は、「表象一般の多様」あるいは「あらゆる可能な直観の多様」(B 157)である。他方で自己認識を成立させるには、総合されるべきものとして、「内的感官の形式にしたがった」「一定の様式の直観」が必要であり、そこにカテゴリー的規定が加えられる。つまり、総合されるものの性格に応じて統覚のありかたが二分されているのである。

もちろん、この超越論的な総合という問題は、解釈上いまだ見通しのきかない多くの謎を孕んでいる。だがともかく、なぜ超越論的総合がたんなる自己思考になり、たんなる現存在の意識へと固定されるのかについては、つぎのように再構成しうるように思われる。すなわち、たんなる多様一般を総合することによって成立するはずの自己意識は、総合されるべきものとして感性的なものを含まないために、いわばただちに透明になって、手掛かりを欠いたまま中心点へと空転してゆく。そしてこの極点において、被作用項の脱落した、「たんにみずからの結合能力を意識する」自己意識になる。多を孕んで鼓動すべき総合モデルは、超越論的な自我極にピンで止められることによって、まるで機能しなくなる。

そして同時に、この被作用項なき「結合能力を意識する」ことは、直観をともなわずに「自己を思考すること」になる。そもそも「意識」は、自我あるいはその自発性(思考)への直接的かつ非対象的な接近方法を表示するための特殊な術語である。ところがその「意識」は、非感性的であるゆえに、純粋な思考作用であるとみなされる。知性的直観を排除したあとのカント哲学の体系のなかでは、非感性的な表象様式といえばとりあえず概念的な思考しかなかったからである。こうして自己意識の総合モデルは、ふたたび自己思考という反省モデルへと転落し、第一版の誤謬推理論で逢着した諸困難のなかに引き込まれてゆくのである。

では、このように「私が私を考える」ことによって見出される私の存在とはどのようなものか。「私はたんにみずからの結合能力を意識する叡知者として実存在する」とカントはいう。だがこのとき、叡知者としての私の実存在を私はどのようにして意識するのであろうか。この問いは目下の第二五節においては、「私じしんの現存在」の存在性格の問題として論じられることになる。私という現象は私の感性的直観の多様がカテゴリー的に統一されることによって認識されるのだから、たんなる超越論的統覚において意識される「私じしんの現存在は、現象ではない（ましてやたんなる仮象ではない）」(11)。だがカントは否定を並べるだけで、これ以上の積極的な規定を与えない。

第二五節に付された長い註は、この問題に答えようとさらに論を進めている(12)。「〈私は考える〉は私の現存在を規定する作用を表わしている。それゆえ現存在は〈私は考える〉によってすでに与えられている……」(B 157 n.)。カントは現存在を統覚のなかに取りこもうとする。現存在は、規定作用の被規定項として規定作用のなかに「すでに与えられている」というのである。だがこの註の続きでは、規定作用の意識と規定される感性的な現存在の認識という二分法がふたたび貫かれる。すなわち、「私はたんに私の思考の、すなわち規定作用の自発性を表象する」(B 158 n.) という自己意識と、「私の現存在はつねにただ感性的なもの、すなわち現象の現存在として被規定可能なものにとどまる」(ibid.) という自己認識とが截然と区別される。「私の現存在」はあくまで時間の形式にしたがう感性的多様であり、思考に外側から与えられる〈他なるもの〉である。では、この〈他なるもの〉が与えられる以前に「すでに与えられている」「私じしんの現存在」とは、いったい何であろうか。

すなわちこの第二五節で不問に付されているのは、総合作用そのものの存在の意識、あるいは「自己活動的な存在者としての私の現存在」（ibid.）の意識はどこから得られるのか、という問いである。知性的直観によって可能になるような自己のあるがままの認識と、感性的直観の制約のもとでの現象としての自己認識とのはざまで、「私はある」を意識するという自我存在意識への問いが埋没してしまっている。私がみずからの現存在を意識するためには総合作用の手掛かりとなる素材が必要だが、しかしそのような素材は感性的直観しかないように思われる。となると、超越論的な総合作用そのもののなかに感性的な受容性とその所与がすでに含まれていることになるが、それでは叡知者の存在意識には不適当であろう。そこで叡知的な自我の存在への接近方法は空転し、「叡知者として実存在する」という断定に終始することになる。

3　「ある現存在の感情」――『プロレゴメナ』

このような演繹論での二元論的な思考は、超越論的統覚としての私の現存在のありかを求めるカントの手探りの思索が、批判哲学の概念体系というプロクルステスの寝台に押しこめられた結果であったように思われる。というのも、『プロレゴメナ』や『批判』第二版の誤謬推理論などには、このような超越論的統覚と経験的統覚との安定した二分法を逸脱するような思考の痕跡が書きとめられているからである。すなわちカントは『プロレゴメナ』において、統覚の表象は「ある現存在の感情」であると言い、第二版の誤謬推理論においては「私は考える」は「経験的命題」であると言う。これらの箇所はこれまで批判哲学の体系にそぐわない異様な論点だとみなされ、さまざまな解釈の試みが繰りかえされてきた。だが私は、〈自己意識の総合モデル〉がたどらなければならなかった理路を明らかにすることによって、『プロレゴメナ』から第二版の誤謬推理論にかけての、はげしい振幅をえがくカントの議論を読み解くことができると考えている。

『プロレゴメナ』（一七八三年）の第四六節にカントはつぎのように書きとめている。

「……〈私〉とはいかなる概念でもなく、（＊）われわれがこの自我をいかなる述語によってももはや認識しえないかぎりにおいて、内的感官の対象を表示するもの（Bezeichnung）にすぎない。」（Prol IV 334）

「（＊）統覚の表象、すなわち〈私〉が、それによってなにか或るものが考えられるようなひとつの概念であれば、それはまた他の物の述語としても使われうるであろう……。だがそれは、いかなる概念も欠いた、ある現存在の感情（Gefühl）にすぎないのである……。」（ibid. n.）

カントはまず、〈私〉は或るものを思考するための概念ではなく、それゆえにまた述語によって認識されるものでもないことを確認して、概念的な自己思考モデルを斥ける。そのうえで〈私〉とは、内的に与えられる或るもの（「内的感官の対象」）を表示する記号にすぎないとしつつ、それは具体的には「ある現存在の感情」として与えられるという。いっけん唐突にみえるこの「感情」ということばに、カントはなにを託したのだろうか。

『批判』において「感情」とは、「感覚の結果として」（A 29）惹き起こされる経験的で主観的な心の状態である。『判断力批判』でいわれるように、感覚はその客観に関わるが、「快と不快の感情」においては「表象はもっぱら主観へと、しかも……その生の感情へと関係づけられ」（KU V 204）て判定される。すなわち感情によっては「客観におけるなにものもまったく示されず、主観は表象によって触発されるとおりに自己自身を感じる」（ibid.）のである。

それゆえこの『プロレゴメナ』での「感情」には、二つの含意があると思われる。ひとつは、総合モデルの素材に抵抗感のある手掛かりを提供することである。すなわち、たんなる可能な直観一般の多様を相手にする総合では私は私の現存在を感じることができないのであって、自己を感じるためには、圧迫と抵抗をともなう感覚的ななにかが総合作用に必要なのである。もうひとつの論点は、対象的な表象作用によって自我存在が意識されるという反省モデルにかえて、いわば中動相的な、主観的作用と志向的内容とが同一であるような表象様式を特定することである。感情は客観について実在的ではなく、たんに内的に感じられる主観的な状態である。しかもその感情の状態においては、感じることと感じられるものとが区別されない。超越論的統覚の概念的な自己指示関係と、経験的統覚の現象としての自己認識との狭間にあるはずの、私という存在との内的な接触の場面へと、カントのことばは向けられている。

だが、このように自我との接触を「感情」に求めるという思想は、なにもカントの独創というわけではなかった。そもそもデカルトのコギトの議論に対して、たとえばマルブランシュは、ひろく知られるように、「われわれは自分の精神について明晰な観念をもたず、ただ意識すなわち内的感情をもつのみである[13]」と述べ、私にはコギトの昏い存在は感じられても、その本性は認識されえないとして、いわゆる「コギトの失効」（ゲルー）を宣言していた。

そしてフランクの詳細な研究『自己感情（Selbstgefühl[14]）』が教えるように、自我存在のありかを「自己感情」や「内的感覚」に据えるという考えかたは、近代哲学史上、頻繁に登場する発想であって、むしろ陳腐にすぎるほどなのである。それはたとえば『百科全書』の「序論」や「内的感情」の項目にも現われるし、その他にも『批判』以前にかぎれば、ライプニッツ、ヒスマン、メリアン、マイナースなど、すでに統覚概念にかんして言及した哲学者ばかりではなく［第三章第１節］、リニャック、ズルツァー、ロック、ルソー、プラトナー、テーテンス等々、「自我存在の感情」という論点になんらかのしかたでコミットした哲学者は数知れない。ひとつだけ例をあげれば、一七七二／七三年の『コリンス人間学講義』でカントはルソーの『エミール』から「私という感じ（le sentiment du moi）」（ACollins XXV, 12）を主題とした箇所を原文で引用しているが、その箇所の二行前ではルソーは、「私は自分の存在のある特有の感情（un sentiment propre de mon existence）をもっているのだろうか、それとも自分の存在をただ自分の感覚によって感じているだけなのだろうか」と問うていた。[15]

しかし、このようなさまざまな自己感情論と、カントの「ある現存在の感情」とを同一視することはできない。これらの自己感情論はカントが一七七〇年代まで与していた自己直観説につながる議論であって、経験的な反省モデルにもとづくものだからである。たしかに自己感情論は、反省モデル以前にある、認識の対象にならない私というものを語り出そうという努力によって、ひそかに動機づけられていたといえる。フランクの論じるように、その努力はノヴァーリスの『フィヒテ研究』（一七九五年）において顕在化して頂点に達することになる。だがこのような議論は、感覚（感情）という、表象作用と表象内容とが渾然一体となる場面で自我との触れあいを探ろうとするものであり、いわば水平的な次元で動くものである。だが批判期のカントの努力は、超越論的統覚という離在的な頂点がいかにして感覚的な実在の地平に着地しうるかという、垂直的な関係を問うものである。そのかぎり、両者の議論はその構造において決定的に異なるとみなければならないだろう。

では、批判期のカントの「現存在の感情」の構造をいかに理解すべきだろうか。感情はここでは、外側の感覚から到来するものではなく、私の統覚の働きが私を襲うことによって私がそのなかに置かれる状態のことであり、まさに私の知性的な内奥から湧き出てきて感じられるものである。それゆえこれは、『基礎づけ』や『実践理性批判』における「道徳法則への尊敬（Achtung）の感情」と構造的に相似していると思われる。「尊敬は、感情とはいうものの、影響によって感受された感情ではなく、むしろ理性概念によってみずから惹き起こした感情であって」（GMS IV 401 n.）、「知性的な根拠によって惹き起こされる感情」（KpV V 73）である。すなわち尊敬の感情とは、理性の自律的な立法行為が、あるいはそれによって賦与される道徳法則が強制的な原因となって、「良心」の痛みのように、われわれの感性的な心に刻みこまれて感じられる痕跡である。道徳的な立法作用が感性に刻印する感情が道徳的行為の動機として役立つという、この道徳意識の構造は、統覚の総合作用が主観における多様を触発することで私じしんの現存在が感情として意識されるという、自我存在意識の構造と類比的である。また、ドイツ語の尊敬（Achtung）がそもそも「注意作用（Aktus der Aufmerksamkeit / attentio）」を意味し、そのかぎり、自己触発する統覚と同じであるという事情を付けくわえることもできよう[16]（cf. B 157 n.）。

4　経験的命題としての「私は考える」――第二版の誤謬推理論（1）

『批判』第二版の誤謬推理論においてカントは、「私は考える」あるいは「私は考えつつ実存在する」という命題は「経験的命題」だとする一連の議論を書きくわえている。主要なテキストはB 420 f. / Anmerkung B 422–423 / B 428–430の三箇所である。「私は考える」が経験的である基本的な理由は、総合作用のかかわる多様なものが「経験的直観」だということであって、これは三箇所に共通する見解である。経験的な直観が思考作用の発動の条件として指定される。これによって思考という知性的作用そのものが経験的になるわけではないが、しかしその思考作用の認知（つまり「考える私」の成立）は経験的になる。こうして「私は考える」は、経験的な直観の素材を媒介とする総合の働きのただなかで、「私はある」という自我存在の自覚を成立させる。

それゆえ、このコギトの経験的命題説は『批判』の新たな自己意識論を踏まえたものであって、自己を反省的に直観的経験の対象とする一七七〇年代の立場とは、たとえ「経験的命題」という字面は同じでも、その内実は異なる。むしろ第二版の経験的命題説は、『批判』のシステムに対する自己省察の試みであるといえよう。『批判』の哲学は〈私〉という事態の成立について、分析的な捨象による「孤立化の手続き（Isolationsverfahren）」[17]によって感性的な所与と知性的な作用とを分かち、分割された自我のありかたに内的経験と超越論的統覚という名を与えた。だがこの手続きによってカントは、私という根源的で唯一の出来事を語るためのことばをかえって失うことになった。それゆえ久保元彦の示唆するように、第二版のこれらの議論が標示するのは、「切り離されたコギトと内的経験の方から、私の存在が真に原初的に了解される次元に向かって、彼が反転し始めるまさしくその場所[18]」であって、問いの眼差しは批判哲学そのものを射程に収めるものなのである。

さて、上述の三箇所を一連の一貫した議論とみなすかぎり、第二版の誤謬推理論の基本的な戦略は、演繹論から観念論論駁へと架橋するという大きな戦略の一部をなすものであろう。すなわち約めていうなら、統覚の発動とその認知の条件として経験的な素材を据えることによって、私の現実性を意識し表示する権限を経験的意識に限定して、そこから外界存在という前提条件を析出しようというのである。演繹論第二五節の註の論点を引きついで、「〈私は考える〉という命題は、それが〈私は考えつつ実存在する〉ということと同じことを言うものであるかぎり、……実存在にかんして主体……を規定する」（B 429）とされる。それゆえその規定作用はすでに、「時間における私の諸表象にかんする私の現存在の規定可能性を含む」（B 420）。これは、私を「現象として提供する」ところの「内的感官なしには成立しない」（B 429）。そして観念論論駁でいわれるように、このような私の現存在の経験的に規定された意識は、空間的にある持続的物体を前提にして成立する（B 275 f.）。したがって私の実存在の意識は、外的な現象の経験に繋ぎとめられてはじめて可能なのである。――ちなみに、このように時間的な自己意識を外的な諸経験へと開くという戦略がじつは第三誤謬推理批判の舞台背景であることは、すでに前章［第3節］でみたところである。

以上のように整理すればカントの意図が、「私は考える」という超越論的な論理的機能を――それが「私はある」を含むかぎりでは――経験的な直観の地平に着地させることにあるのは明らかであろう。そしてそのかぎり、カントはコギト命題を人間の生のなかで、さらには身体との関連のなかで捉えようとしているのだという、しばしば提案される解釈は正鵠を射るものだろう。だがこのような解釈において見落とされているのは、そもそも「私は考える（cogito）」が「私はある（sum）」を含み、それゆえ「私は考えている（sum cogitans）」と同一であるという議論の、まさに最初の一歩の意味である。どうして超越論的統覚の働きがその存在の自覚であることができるのか。この超越論的統覚の存在自覚を自明なものとみなしておいて、そのうえでこの自覚が実現する条件として経験的直観を指定し、そこから私の現存在の経験的意識へと架橋するとき、議論はふたたび奇妙なかたちで、演繹論でみた二元論と同じ構図へと陥ることになる。

すなわちB 428–430では、「たんに考えるものとして私を意識する」さいの「存在体（Wesen）そのもの」としての私についての議論から、内的感官の受容性を根底に据える現象としての私の存在についての議論へと、カントの論述は整然と進められる。さらに観念論論駁では、存在意識についての二元論的な取り扱いがより強化される。すなわち、観念論論駁の戦略をになう「私じしんの現存在のたんなる、しかし経験的に規定された意識」（B 275）から、「ある主観の実存在を直接的にそのうちに包含する」「〈私はある〉という表象」（B 277）が区別されて温存され、さらに序文に書きくわえられた註でも、「私の現存在の経験的な意識」（B XL n.）に対して、「〈私はある〉という表象における私の現存在の知性的な意識」（ibid.）が手つかずのまま認められている。だが、現存在の現実性をいかなる直観をも欠いたままで保証する手立てはほんらいカント哲学のなかにはないはずであり、それゆえこのような知性的な現存在意識はやはり「謎めいた」[19]ものでしかありえないだろう。

つまりこのような解釈の見取り図のなかで見過ごされているのは、超越論的統覚が独語する「私はある」という存在の事実がどこで成立しているのか、という問いである。問われるべきは、いっさいの経験に先立つというコギトの存在、そしてそれが「直接的に包含する」という実存在である。この実存在はまたしても、第一版の誤謬推理論でのコギトの現実性と同様に、或るもの一般の超越論的な表示という次元で理解されるべきなのだろうか。だとすれば、経験的自我の現象的存在と超越論的自我の叡知的存在という二分法が、第二版の誤謬推理論にも貫徹しているのであろう。そのときにはカントの文章の異様さは霧消し、われわれはいわゆるカント哲学の体系のなかに安住することができるのであろう。

5　「未規定的な経験的直観」——第二版の誤謬推理論（2）

だが、カントのテクストがほんとうに異様に映るのは、このような馴染みの二分法を突き崩し、超越論的統覚そのものを経験的ななにかへと直結させようとしているからなのである。そしてこれこそが、Anmerkung B 422-423がその仄暗いことばで抉り出そうとしているものである。カントの眼差しは、cogitoはsumを直接的に含み、sum cogitansと同一だという同一説の、その根拠に集中している。カントはコギト命題の推論説を却けてひとまず同一説を定式化しておいて、つぎのように続ける。

「〈私は考える〉という命題は、ある未規定的な経験的直観、すなわち知覚を表現している（したがってこの命題が証示しているのは、感覚が、それゆえ感性に属するものが、すでにこの実存在命題の根底に存しているということである）。だがこの命題は経験に先行する。経験は知覚の客観をカテゴリーによって時間にかんして規定すべきものである。そして実存在はここではまだカテゴリーではない。すなわちカテゴリーが関係するのは、未規定的に与えられる客観ではなく、それについてわれわれが概念をもっていて、それがこの概念の外でも措定されるか否かをわれわれが知ろうとするような客観のみである。ある未規定的な知覚がここで意味しているのは、与えられた、しかも思考一般に対してのみ与えられた或る実在的なものにすぎない。したがってそれは、現象としてでもなく、事物自体そのもの（ヌーメノン）としてでもなく、じっさいに実存在する或るものとして、そして〈私は考える〉という命題においてそのようなものとして表示される或るものとして、与えられた或る実在的なものである。」（B 422–423 n.）

論述の糸は錯綜し、暗がりに手を伸ばすように手触りの荒いことばが並ぶ。ケンプ・スミスが指摘したように、ここでカントは「……超越論的自我を現実的なものとして措定すると同時に、この自我へのカテゴリーのいかなる適用可能性をも否定することを可能にするような定式化の様式」を探しもとめて、「通常の術語法から完全に離れて」ゆく[20]。現象的自我を実存在として規定する手前にある、そして純粋カテゴリーによる自我存在の思考へと失われない、超越論的自我の「私はある」をめがけてカントは、いったんは完成しかけた批判哲学の形式構造をみずから破壊するのである。

思想史的にさかのぼれば、おそらくこれは『省察』の最後でデカルトが逢着した問題と構造的に類似している。第六省察のデカルトは精神と物体（身体）との実在的区別を定式化する一方で、その心身が結合するという矛盾的な事実から生まれる、ある独特の不分明な感覚に迫ろうと試みていた。たとえば飢えの感覚は、たんに私の身体機械の栄養不足を報告するのではなく、「なにかわからぬ胃のいらだちのようなもの」[21]で私を襲い、心を浸す。第六省察のこの洞察は、私の身体的な生の次元におけるコギト命題の再来を告げている。純粋精神でも幾何学でも捉えられない、理性の内奥でただ触れられるこの生きる身体の存在感を、しかしデカルトは端的に「根源的な概念」[22]のひとつとして認めて、それ以上の哲学的な分析を拒んだのである。

さらに限定的に十八世紀の自己意識論からのコンテクストに沿っていえば、カントの苦境の源泉はつぎのところに求められるだろう。すなわち、他なるものを前提し、そこから己を区別するヴォルフ的な統覚と、いっさいに先行する自我存在の自覚としてのメリアン的な統覚とを、いったんはカントは経験的統覚と超越論的統覚として区別して受け継いだ。だが、超越論的統覚を〈自己意識の総合モデル〉［第三章第4節］をもとに構想することで、ヴォルフ的な統覚の構造が〈他なる多を孕む一者〉としての超越論的統覚のなかでも縮小再生産されることになる。ところがこの統覚の存在覚醒のためには、その総合作用がかかわる他なる多は純粋な多様一般ではなく、経験的な感覚素材でなければならない。それゆえここに、不動の繋留点たるべき統覚が経験的な広がりになりかねない、という軋轢が生じてしまうのである。

それゆえこの軋轢を解消すべく、註のつづく文章ではただちに、だからといって「この命題における〈私〉が経験的な表象であるということではなく」、私そのものは「純粋に知性的」であって、経験的なものは思考作用の「素材」であり、「純粋な知性的能力の……使用の条件にすぎない」、というかたちで一定の解決が図られる（B 423 n.）。だがこの解決はそれじたいとしては、困難の深みには遙かに及ばないというべきだろう。〈私〉という知性的な表象を前提したうえで、その自覚の条件として経験的なものを指定するというのでは、すでに問題の核心を逸している。というのも、〈私はある〉という自覚なしにはそもそも〈私であるということ〉が成立しない以上、〈私〉という知性的な概念の核には自己の存在の自覚が、それゆえに経験的な素材がすでに組みこまれているということこそ、カントがここで逢着しつつある困難の本質だからである。知性的表象としての〈私〉はみずからの存在覚醒から経験的要素を捨象することによって成立するのであって、あらかじめ分離された抽象的な〈私〉が先行するのではない。

では引用した Anmerkung B 422–423 のテクストを読みほどいていこう。表象一般の多様を媒介とする総合は、透明で概念的な自己思考の関係へと転落した。それゆえ自我存在の自覚をもたらす総合作用の「素材」（B 423 n.）は、「直観の様式をなんら考慮しない」（B 429）ような「たんに可能な直観の多様」（B 428）ではなく、「感性」のうちに与えられる「未規定的な経験的直観」でなければならない。だがそれが「経験的」なのは、「感性」の形式としての「時間にかんして規定」されうるからではなく、「感覚」という「触発される」こと（A 19 f. / B 34）だからである。統覚がみずからの実存在を自覚するには、触発が感性に刻みこむ不透明な素材が必要なのである。

このような未規定の知覚は、まだカテゴリー的に規定されていないものであるから、「経験」すなわち経験的認識に先立つものである。ここで「現象としてでもなく」というのは、自我はカテゴリー的に規定された経験的対象ではないということを意味していると思われる。またこの知覚は、〈それが何であるか〉という「概念」を欠いた「未規定的に与えられる客観」であるから、いずれ実存在のカテゴリーによって概念の外に規定的に措定されるものでもない。だが他方では、自我はいっさいの概念を欠いており、また知性的直観を望むべくもないので、「事物自体そのもの（ヌーメノン）」でもない。

このような否定的な規定を重ねたその最後で、カントはぎこちなく、「思考一般に対してのみ与えられた或る実在的なもの（etwas Reales）」、「じっさいに実存在する或るものとして、そして〈私は考える〉という命題においてそのようなものとして表示される或るものとして、与えられた或る実在的なもの」と語る。自我に向けた特定の思考の働きではなく、一般に総合作用を発動するかぎり、総合は感覚的なものを集約し、「或る実在的なもの」になる。いわば、透明なエーテルをではなく、重さと抵抗のある〈他なる多〉を孕んで鼓動することによって、私の活動性は受肉し、みずからの生の覚醒に達するのである。

こうして覚醒した実在的なものはしかし、物自体でも現象でもカテゴリー的対象でもない、カントの哲学体系のなかでは明示的な名前をもたない或るものである。おそらくそれは、いちどは感性論の冒頭で原初的な被触発体験における「経験的直観の未規定的な対象」（A 20 / B 34）として「現象」と名づけられはしたが、しかし「現象」の名称はその後、分析論をへてカテゴリー的に規定された経験的対象のほうに占有されることになり、それゆえもとの未規定的な現象はみずからの名前を失ったのである。また、「じっさいに（in der That）」という表現にフィヒテの「事行（Tathandlung）」を連想する必要はない。カントはたんにことばに窮しているにすぎない。「表示される（bezeichnet）」という表現は、第3節で引いた『プロレゴメナ』（Prol IV 334）の場合と同様に、超越論的自我が記号の指示対象として離在的な距離をもつことを教えているが、しかしそれは同時に感情として刻印されて「与えられた或る実在的なもの」そのものだというのである。

このように読みすすめるとき、この議論がメンデルスゾーン反駁の戦略と軌を一にすることがみえてくるだろう。すでにふれたように［第三章第3・5節］、メンデルスゾーン反駁のカントは、魂を外側から外延量として対象的に捉えるのではなく、内側から自己意識の力の「実在性の内包量すなわち度」（B 414）として体験するという方向性を示していた。この「実在性の内包量すなわち度」という表現からわかるのは、分析論においてこれらの議論の共通のコンテクストになっているのが、通例の予想を裏切って、「経験的思考一般の要請」の系として時間的意識から現実性を析出する「観念論論駁」ではなく、そのはるか手前で感覚という未規定的な場をえがきだす「知覚の予料」であるということである。

「知覚の予料（Anticipationen）」とは、「すべての現象において、感覚の対象である実在的な（real）ものは、内包量すなわち度をもつ」（B 207）という原則である。このとき感覚とはわれわれが曝され襲われている物（res）の力あるいは「重さ」（A 168 f. / B 210 f.）であり、これによってわれわれは「主観が触発されていることを意識しうるのみである（nur bewußt..., daß...）」（B 207）。この被触発的な重さの意識をわれわれは「客観一般に関係づけ」（B 208）るが、こうして人と物の狭間に「感覚の実在的なもの」（B 207）が成立する。いや、むしろ事の順序は逆であろう。ハイデガーの表現をかりれば、感覚という「人と物とのあいだに横たわるひとつの次元が開かれる」(23)ことによって、この「あいだ（das Zwischen）」から物と人とが立ち現われるのである。このような「感覚の実在的なもの」は「内包量すなわち度」をもち、感覚の消失としての否定性（すなわち「純粋直観＝0」（B 208））から一定の感覚的な実在性まで連続的に強度を変えながら、人と物との立ち現われの場を開拓する。

すなわちAnmerkung B 422–423でカントが模索しているのは、自己意識の総合モデルに立脚しつつ、そこに「知覚の予料」を組みこむことで、私と私が出会う次元を開くことである。自己意識の総合モデルは、感覚的なものを総合的に統一することで私の存在が自覚されるという構造を予告している。それは知覚の予料に即していえば、諸感覚を総合的に統一する私の作用に私が曝されることで、「感覚の実在的なもの」としての私という物の体験が成立するということである。〈私〉は、感覚的な多様に総合的に関与することによって、ある感覚的な実在として内在的に与えられる。さらに、「原因としての実在性の度」は「モメント」（A 168 / B 210）と呼ばれるので、原因となる私の作用力のモメントに応じて、私という感覚の実在性の強度が決まり、私の存在覚醒の「明晰性」（B 414 n.）は上下するわけである。こうして総合的統一の最高点としての超越論的統覚は、知覚という基層的な存在の次元と交錯する地点で〈私はある〉として受肉するにいたる。

　そして、この感覚的な自己開示は「ただひとつの瞬間を満たす」（A 167 / B 209）。この瞬間は時間線上の一点というより、中島義道の表現をかりれば「現在・過去・未来という時間様相以前の根源的な〈いま〉、私の原体験がそのつど端的に示す時としての〈いま〉」(24)である。それは〈今としての私〉の開闢の場であり、観念論論駁の時間（χρόνος）のコンテクストのはるか手前で開かれる、私の生の自覚の時（καιρός）であるといえよう。

おわりに

　合理的心理学は、私のコギトを基点として、実体的な魂の理念へと上昇する試みである。その解決として提起される統制的原理としての〈私〉にしても、やはり理念的な高みへの方向をもつだろう。これに対してカントのCogito ergo sum 解釈は、むしろ私という原体験を求めて、いわば「経験という実り豊かな低地」（Prol IV 373 n. cf. Träume II 368）へと下降する試みである。しかもその低地は、通例とは異なって、時間的に規定された内的現象の経験ではなく、さらにその底で触れられる、ある未規定的な感覚なのである。理性を下に突きぬけた奥底でざわつく、いまだ形をなさぬ実在的な力に曝されるという体験のなかに、カントは私の存在覚醒の原初的な場を見出す。はるかな極星のごとき理念的な〈私〉は、ざわめく感覚の大地に根差すことでしか輝きを放たない。

しかしながら、私の底なしの奥底をまさぐるようなこの危うい模索は、長くは続かなかった。というのも第二版のカントは、『基礎づけ』での成果や『実践理性批判』への展開を見すえつつ、「道徳法則の意識」（B 431）のなかに「私の実存在を規定する純粋に知性的な原理」（ibid.）を見出すことができたからである。第三アンチノミー解決を皮切りにその後のカントの倫理学は、実践理性の行為遂行的な自己実現性に、私の叡知的な存在を根拠づけるという方向へと進むだろう。それゆえコギト命題解釈は、この叡知的な自我存在と、時間的に規定された現象的な自我存在との関わりという局面へと、問いの焦点を移すことになる。カントは八〇年代の遺稿においても観念論論駁の諸構想と絡めつつこの問いにくりかえし挑んでいるが、(25)よく知られるように、ついに『オープス・ポストゥムム』の第七束（OP XXII 1–131）の「自己定立論」において、さらに大がかりで体系的なコギト命題解釈を構想するにいたる。コギト命題の深みはこの哲学者の最後の生命を吸いつくしたのである。だがこの帰趨を解明することは、もはや今後の研究に委ねるべき課題であろう。

ともあれ第二版の誤謬推理論のあの断片（Anmerkung B 422–423）は、カントが実践理性へと移行する手前で、ざわめくコギトの内側から語ろうと試みながらも、ついに適切な批判哲学の術語を与えることができなかった、その痕跡としてわれわれに遺されている。あの断片の異様な拙さは、ハイデガーのいわゆる「世界像の時代」にあって、その支配権を握ると目される主体、神と宇宙を含むいっさいの存在の根拠と意味がまさにそこにかかっている主体が、しかし語りうる言葉をもたない暗がりであるほかないことの証しである。外的な経験的対象は、彼方の物自体からの触発がその質料をなすにせよ、いったん表象というヴェイルで隔てられて、そこに表象として映しだされるのであり、その存在は表象へと還元される。だが、わが内なる力によって触発された感覚の重さは、表象のヴェイルで遮る手前で、私のなかでじかに触れられてしまう。それゆえに私の存在は、表象に映しだして概念化して語りだすことができない。いいかえれば、私の存在覚醒は私の内側から灯される感情的な明るさとして感じられるにせよ、それを外から表象として照らす光は与えられず、私は輪郭をもたない曖昧な明るみにとどまるのである。カントの模索と挫折は、われわれがこのみずからの仄暗い灯火とともに歩みつづけるための、かすかな道標になるだろう。

第六章　流れさった無限と世界の起源
――第一アンチノミー――

一七九八年、七四歳のカントはガルヴェに宛てて、「私の出発点になったのは、神の現存在や〔魂の〕不死性などの探究ではなく、純粋理性のアンチノミーでした」(Br XII 257) と回顧している。「アンチノミーこそが、私をはじめて独断の微睡《まどろ》みから目覚めさせ、理性の見かけ上の自己矛盾というスキャンダルを取り除くために、理性そのものの批判へと駆りたてたのです」(Br XII 257 f.)。自由アンチノミーを「第四アンチノミー」とするなど、いささか信憑性の疑わしい回想ではあるが、おそらく晩年のカントの脳裏には、アンチノミー的な諸対立を解決すべく重ねられた、一七六九年頃からのおよそ十二年にわたる思索の日々の思い出が鮮明に刻まれていたのであろう。すでにみたように〔第二章第3節〕、そのアンチノミー仕立ての弁証論の構想が三章立ての目次に改まったのは、おそらく『批判』の完成間近のことにすぎない。誤謬推理論や理想論にではなく、アンチノミー論にこそ批判哲学の源泉があるとの老カントの証言は、そのような七〇年代の発展史に対応するものであるように思われる。

ただし、このように理性批判への出発点となったとされるアンチノミーは、じつのところ『就職論文』での知性と感性との不一致や、無制約者の存否を争う規則対立のことであり、理性が無制約者を考えるさいの排他的な二様式のあいだで生ずる「純粋理性のアンチノミー」のことではない〔第二章第3節〕。『批判』のアンチノミー論の理性は、「被制約者が与えられているなら、制約の全総計、すなわち端的に無制約的なものもまた与えられている」（A 409 / B 436）と要求するが、この無制約者は二通りに考えられる。ひとつは系列を限界づける「第一者」だけを無制約者とする定立の立場であり、いまひとつは無限につづく「系列の全体」を無制約者とする反定立の立場である（A 417 f. / B 445 f.）。しかも両者は「帰謬法的（apagogisch）」（A 789 / B 817）にたがいを論駁しあうから、ここに無制約者をめぐる純粋理性のアンチノミーが惹起されるのである。

すでにみたように〔第一章第5節〕、現象が無制約化される宇宙論的理念においては、現象と物自体とを取り違える超越論的実在論の仮象が不可避的に生じ、これによって世界は感性と理性という相容れない二つの論理のもとに立つことになる。この二つの論理が相克するところに宇宙論的理念の自己矛盾が胚胎するのだが、アンチノミーの定立・反定立の二つの無制約者はこれを「取り違え」の二方向に即して展開したものだといえる。すなわち、定立の「純粋理性の独断論」は「知性的な起始を基礎とする」（A 466 / B 494）もので、物自体においてなら成り立つはずの合理論的な思考法を、現象にまで縮小しつつ妥当させてしまう（＝β型の取り違え）。これに対して反定立の「純粋な経験論の原理」は、現象の経験的な説明方法を野放図に拡張して、「世界全体そのものという宇宙論的理念の解決においても」（ibid.）当てはめてしまう（＝α型の取り違え）。

これをカント式の近世哲学史に擬えていえば、高橋昭二が正しく指摘するように[1]、定立は理性の要求を感性的な現象にまで強要する大陸合理論の立場であり、反定立は感性的な経験の論理を一様に物それ自体にまで拡大するイギリス経験論の立場である[2]（cf. A 271 / B 327）。しかもカントの見通しでは、この両者の立場はさらに古代哲学史にまで遡るものである。「これ〔アンチノミー〕はプラトン主義に対するエピクロス主義の対立である」（A 471 / B 499）。カントは西洋形而上学史をおおきく、超越論的実在論のもとで無制約者をめぐる二方向の取り違えがくりかえし対立してきた歴史として構想するのである。

さらにカントは四つのアンチノミーを、ひたすら現象間の同種的な総合を事とする数学的アンチノミーと、叡知的な制約にかかわって異種的な総合を事とする力学的アンチノミーへと二分する（A 528 / B 556 ff.）。そこで以下の三章では、それぞれの範型となる二つのアンチノミー、すなわち数学的アンチノミーからは世界の量を問う第一アンチノミー〔第六章〕、力学的アンチノミーからは世界の原因と人間の自由を問う第三アンチノミー〔第八章〕を検討したい。そのあいだに、第一アンチノミーの背景であり、さらにいえば弁証論の無制約者論の伏線でもある、「無限」をめぐるカントの思考を跡づけて、間奏として挟んでおこう〔第七章〕。

本章の主題である第一アンチノミーは世界の時間的および空間的な量にかんするもので、定立は「世界は時間において起始をもち、空間についても限界のうちに囲まれている」（A 426 / B 454）と主張し、反定立は「世界は起始をもたず、また空間における限界をもたず、時間にかんしても空間にかんしても無限である」（A 427 / B 455）と主張している。どちらも主語の世界に感性的述語を付してはいるが〔第一章第2節〕、述語の成り立ちを仔細にみれば、定立の述語は第一原理による完結を求める合理論的な思考がβ型の取り違えによって感性的な偽装のもとで表現されたものであり、反定立の述語は感性界の経験的探究の規則がα型の取り違えによって独断的に理念化されたものである。

さてこれまで、第一アンチノミーにカントが与えた定立・反定立の証明はいかにも詭弁的なものだと、古くはヘーゲルの『大論理学』(3)から下っては二〇世紀の英米圏での諸批判(4)にいたるまで、おおいに非難を集めてきた。ところが当然予想されたそれらの非難をよそに、カントは『プロレゴメナ』のある註につぎのように書きのこしているのである。「私は批判的な読者がとりわけアンチノミーをみずから探求されることを望む……。定立および反定立に与えた証明のいずれについても、その正しさは私が請けあおう……」（Prol IV 341）。とはいうものの、アンチノミーの証明が理解されなかったのはやはりカントの叙述のしかたにも問題があろう。カントは証明に煮詰められていった思考の道程も、論証の前提になる舞台設定も書きとめずに、証明を「ひからびた形式」（A 463/B 490）で提出し、いっさいの探求を読者に委ねたのである。

それゆえ本章では、第一アンチノミーの証明のテクストの背後にカントが見すえていた歴史的な文脈を掘りおこし、証明を駆動する論理をつかまえたいと思う。そして世界の起源をめぐる問いへと第一アンチノミーを煮つめたうえで、それが超越論的観念論の思考へと繋がることを示そう。なおここでは、これまで証明がこうむった非難を逐一検討することはしないが、証明のコンテクストが明らかになれば結果として批判者のがわがその問題設定の見直しを迫られることになるはずだ、と言い添えておく。また、第三アンチノミーの問題設定との対照を念頭において、空間ではなく時間のほうに焦点をあわせて検討することにしたい。

1　無限のヤヌス的な本性——定立の証明

定立は時間的な量について「世界は時間において起始（Anfang）をもつ」と主張し、その証明はつぎのような帰謬法のかたちで提出される。

「……世界が時間にかんして起始をもたないと仮定せよ。するとおのおのの所与の時点までに永遠が経過し、したがって世界における物の相互に継起する状態の無限の系列が流れさったことになる。しかるに系列の無限性とは、まさに系列が継時的な総合によってはけっして完結されえないという点にある。であるから流れさった無限の世界系列は不可能であり、したがって世界の起始は世界の現存在の必然的な条件である。」(A 426 / B 454)

定立のこの証明は、ある時点までの世界系列が流れさり、すでに全体として与えられているという事実と、継時的総合の非完結性という無限性の定義とが矛盾するというところに立脚している。無限をめぐるカントの思考については次章でくわしく跡づけるとして、ここでは定立への註解(A 430 / B 458 ff.)の無限論とその歴史的背景を手短にみておこう。

カントはまず、定立の証明は「それ以上に大きな……量のありえない量が無限である」(A 430 / B 458)という「最大」としての無限概念に立脚するものではない、という。いかなる量にもさらに単位を追加しうるからには最大量はありえない以上、この無限概念に立てば容易に無限量の不可能が証明されうる。しかしこれは相手の誤解につけこむ「弁護士的証明」(ibid.)にすぎず、無限という事柄の本性から導かれたものではない。この「誤った」無限概念を遡るなら、たとえばアンセルムスの神の存在証明における、「それより大なるものが考えられえないもの」[5]という定式が想い起こされるだろう。十八世紀にはヴォルフとその学派がこの流れを汲んで、いっさいを包括する無制約的な極大としての神の無限を雛形に考えて、継起的に変化して増大するこの世界の量はそのような無限ではありえないとして、カントのいう弁護士的証明を定式化していた[6]。カントの師クヌーツェンもまた、『世界の永遠性の不可能について』[7]において同趣旨のヴォルフ的な証明を試みている。

註解のカントはつづけて、このような形而上学的な無限概念に対置して、数学的な無限概念を、「単位の継時的総合が……完結しえないこと」(A 432 / B 460)として定式化する。カントのこの無限概念の確定は、さらに遡れば、アリストテレスの思考を再現したものだといってよい。パルメニデスやメリッソスなどのエレア派における完結的な全体としての実無限という考えかたに対抗して、アリストテレスは哲学史上はじめて潜在性に限定した意味での無限を定式化した。「無限なものとは〈その外になにもないもの〉ではなく、〈その外につねになにかがあるもの〉である」[8]。継時的総合の完結不可能性というカントの無限性の概念は、このアリストテレスの洞察を受け継ぎ、「通り過ぎられえないもの（ἀδιεξίτητον）[9]」として無限を特徴づけるものである。とはいうものの、カントはここで懸案の「無限な全体」（A 430 / B 458）を、際限なく増大する可能的無限として導入しているわけではない。次章［第2節］であらためて論じるように、むしろ無限なものは、感性的な継時的総合によっては到達しえないという「関係」によって、人間的認識の彼岸に「思考される」（ibid.）のである。

無限なものは感性的には総合しつくしえないが、しかし知性的には思考することができる。無限が内包するこの軋轢を、いま定立の証明は劇的なかたちで暴こうとする。各時点（たとえば現在）において過去の無限の世界系列が流れさったことになる、と証明はいう。すなわち過去の系列全体がすでに与えられ、完結している。この完結した所与の全体という契機こそが、無限の形而上学的概念を支える根本規定である。しかしそもそも無限に背進する感性的な遡源的総合は、無限の定義上、完結しえないはずであろう。だがわれわれの理性は、所与の被制約者に対して「制約の全総計、すなわち端的な無制約者」を要求し、過去の制約者の系列は「無限であるにもかかわらず全体として与えられている」（A 418 / B 445）と断定する。このような要求はがんらい、認識における感性の制約を度外視した「たんなる悟性の総合」（A 498 / B 526）であれば、すなわち「被制約者も制約者もともに物自体であれば」（ibid.）成り立つものだが、それを不当にも理性はここで感性的な現象にも強要し、現象を物自体へと取り違えてさえも、系列総合の完結を宣言するのである。

無限の形而上学的契機と数学的契機は、無限論の歴史を支配する二つの極である。無限の概念はこの両極のはざまを振子のように揺れ、たえざる葛藤を惹きおこしてきた。A・W・ムーアのいうように、この歴史のなかでカントほど、このような「無限概念のヤヌス的な本性」(10)の意味とその必然性を見通したひとはかつてなかった。われわれが感性的な認識様式のもとで現象の量を問うかぎり、無限は完結して与えられえないという否定的なかたちで現われる。しかしわれわれの理性の自発性は、絶対的な全体性を希求してやまない。それゆえ理性は物それ自体としての世界を捏造してまでも、世界を無限な全体として総括して確保しようとする。このとき無限は、完結した最大量として肯定的に特性化される。だが他方、物自体に逃げこむことで獲得されたこのような無限量は、やはり世界が現象の総括であるかぎりは、同時に感性的に正当化され、非完結的なものとして表現されなければならないであろう。このとき、われわれの感性的制約と理性的自発性とが境を接する「世界」という極限で、無限が揺れ、鋭い緊張関係が惹きおこされるのである。(11)

> 「……知性的なものにおいては総合は完成している。しかしこの完成を具体的に認識するための条件は感性的である……。理性はそれゆえ感性からの独立を求めるが、理性の概念の規定は感性的でしかありえない（アンチノミー）。」（R 4780 [XVII 726]）

一七七〇年代後半のものとみられるこの遺稿は、カントが以上のようなアンチノミーの内在的な論理を思考していたことを示している（cf. A 416 f. / B 444）。無限に孕まれるこのようなダイナミズムこそが、証明を背後から支える、しかし証明そのものには書かれなかったカントの洞察なのである。

空間的な量の有限性についての定立の証明は、以上の時間的な量についての証明に依拠したものである。「同時に存在する諸物の無限な与えられた全体」（A 426 / B 454）としての世界を測るには、単位量となる諸部分を積み重ねて総括するほかない。すなわち「無限な世界部分の継時的な総合が完結したと、いいかえればすべての共在する諸物を算えつくすために無限な時間が経過しさったとみなさなければならない」（A 428 / B 456）。しかしこれが不可能であることはすでに明らかである。ストローソンの譬えをかりていえば、宇宙船に乗りこんで無限の宇宙を観測しつくす旅に出発したなら、われわれはもう二度と戻ってこられないが、しかしこの宇宙旅行から帰還しなければ宇宙は無限だったとは報告できないのである[12]。

このような証明の核心は時間的な無限の不可能性にあり、これについてはもはや贅言を要しない。だがこの証明は、理念を感性的に正当化せよという要求をあからさまに表明している点で興味ぶかい。理性は無限であろうとも全体としての理念的思考を要求する。他方でその無限全体の理念に「弁明を与える（Rechenschaft geben）」（A 432 / B 460）ためには、われわれは感性的直観による単位量の総合の完結を待つほかない。第一アンチノミーにおいて問われているのは、「そのような集合の総体性を思考するためには」、「全体の可能性を部分の継時的総合によって示さねばならない」（ibid.）ような、現象の全体としての「世界」だからである。しかしもちろんこの完結は不可能であるから、われわれは無限な世界という概念を正当化しえないのである。

ふりかえれば『就職論文』では、「知性から受けとった抽象的な観念を具体的に描写して直観に転ずる」ことができないという「主観的な抵抗」を「客観的な対立」とみなすこと（Diss II 389）が、まさに「取り違えの形而上学的誤謬」として指弾されたのであった。一七七〇年代の『哲学的エンチュクロペディー講義』の「アンチノミー」論でも、無限量を規定的に表象しえないという「この主観的な不可能性を客観的なものだとみなすとき、そこから取り違えの誤謬が生ずる」（Enz XXIX$_{1,1}$ 42）と警告されている。このようなα型の取り違えに加えて、七〇年代にはあらたに理念的思考を感性に波及させるβ型の取り違えが警告されたこともすでにみたとおりである。これをふまえていえば、第一アンチノミーの定立の証明は、無限な世界を理念において全体として思考せよと迫るβ型の取り違えと、その無限な全体を感性的に正当化せよと要求するα型の取り違えとが交錯するところに成立しているわけである。

それゆえ、カントの証明は主観的で感性的な不可測性を不当にも事物の客観的な規定へと拡大しているにすぎないという、ケンプ・スミス(13)やラッセル(14)以来くりかえされてきた論難は、たしかに正鵠を射てはいるが、しかしなんら批判になっていないというほかない。カントが感性的な不可測性と客観的な存在規定とを混同しているというのは正しい。しかしカントはあえて、ほんらい表象にすぎない現象が誤って物それ自体と取り違えられる超越論的実在論の立場を想定し、そのもとで理性と感性とが同時に世界に対して支配権を揮った場合にいかなる自己矛盾が帰結せざるをえないかを示してみせているのである。カントはかつてみずから禁じた取り違えの誤謬に陥っていると糾弾するガイアー(15)もまた、アンチノミーの舞台設定とその自作自演的な所作を誤解している。

2　流れさった無限——証明の問題史（１）

しかしながら以上の考察では、無限が流れさっているというカントの主張の異様さの核心には触れてこなかった。あらためて考えなおしてみよう。たしかに過去から流れてくる系列をいわばここで迎えるように待つとき、辿りついた系列は現在で終結するといえる。しかし逆にそれを現在から過去へと遡ってゆくならば、その遡源的な総合はどこまでも終わらないのだから、完結不可能という無限の定義には抵触しない。つまり、流れさった系列も遡源すれば完結しないのである。それゆえ流れさったからといって、その全体が与えられて完結したことにはならない——(16)。

すなわちカントの証明の異様さとは、過去へ向かう系列の過去における完結というほんらい必要な論点を主張せずに、むしろ現在という終点に着目し、しかもそこまでの系列は流れさっているといえるという些細な事実に寄りかかって、無限系列の完結性をも主張してしまっている点にある。詐術的にもみえるこの論点は、これまでたえず批判の的であった(17)。しかしながら、たとえ前節でみた無限の本性をめぐる思索がカントのものだとしても、定立の証明方法そのものにおいてはカントはなにも独自のものを編みだしたのではなかった。むしろカントは無限の本性を暴くために、無限の逆理を典型的に示してくれる伝統的な議論を承け継いで、アンチノミーという場面で再演してみせただけなのである。われわれはカントの証明を、その歴史的生成の場面から考察しなければならない。

問題の発端はアリストテレスにあった。アリストテレスは一般に自然世界における現実的無限を否定したが、他方で宇宙は永遠だと考えていた。だとすれば、われわれは過ぎ去った永遠のなかに、つまり現実的に生起した無限の過去の時間のなかに、現実的無限が与えられてあることを認めなければならないのではないか——。アリストテレスに潜伏するこの困難は、神による創造を説くキリスト教世界において徐々に自覚されていったが、これを突いて最初にアリストテレスに立ちむかったのが、六世紀のフィロポノスであった。

「……宇宙が永遠であれば、これまでに人間の生まれた数はあきらかに無限、それも現実的に無限であろう(というのもあきらかにすべて現実に生まれたのだから)。とすれば無限な数が存在することが可能であることになる。それだけでなく、現実的に無限であるものが通り過ぎられうることになろう(18)。」

すなわち、これまでの永遠の歳月のなかで生まれた人々の数において、現に実無限が達成され、無限な数が通り過ぎられている、というのである。これは無限の定義からして不可能であり、よって宇宙は始まりをもつ。フィロポノスはほかにも、今日までに無限の日々が過ぎさり、そこにさらに明日が加わることになれば、ある無限が他の無限よりも大きいという不合理が帰結するといった議論や、月を単位にする永遠は年を単位にする永遠よりも十二倍も大きな無限数をもつことになるといった議論など、さまざまな精密で逆説的な議論を創案して、のちの無限思想に決定的な影響を与えた(19)。

無限をめぐるこのような議論は、おそらくアルガゼルやアヴェロエスなどのイスラム圏の学者を経由してヨーロッパに伝えられ、十三世紀、世界の永遠性をめぐる一大神学論争をまき起こし、とりわけパリ大学では、二人の指導的な教師、すなわちフィロポノスの議論を再演したボナヴェントゥラと、世界創造は証明できぬ信仰箇条であるとしたトマス・アクィナスとを対立する陣営に分かつことになった(20)。トマスの『神学大全』には、イスラム圏から伝えられた世界の無限性を否定する論証がいくつか記録されているが、そのひとつを引いておこう。

「世界がつねに存在していたとすれば、今日という日に無限の日々が先行したはずであろう。無限はしかるに通り過ぎられえないものである。とすれば今日に達することはけっしてなかったはずであるが、これはあきらかに偽である(21)。」

これがカントの定立の証明に近いものであることは一目瞭然であろう。「この瞬間は流れさった時間によってのみ（あるいはむしろ先行する時間の流過によってのみ）はじめて生ずる」（A 412 / B 439）が、しかし現在までの永遠は「流れさってしまうことができない」（A 432 / B 460）、とカントも説明している。

このような歴史的伝統にカントの証明を据えてみると、その意図がよりはっきりしてくるだろう。その出発点からすでにこの種の議論の眼目は、ほんらい可能的であるべき無限が現実的に与えられてあると考えざるをえない具体的な場面を提示することにあった。カントの証明の狙いも同じである。無限というものを考えるときに理性の要求が介入してきて、無限全体を所与として確保せざるをえなくする、われわれの内なる形而上学的素質とその帰結を暴きだすために、カントはそういう場面を無限論の古い歴史から呼び出したのである。その意味では、「第一アンチノミーにおけるカント版の論証は、古代の原型的な諸論証のかすかな反響にすぎない[22]」というソラブジの捨て台詞もあながち間違っていない。

たしかにわれわれが心のなかで無限の過去へと遡ってゆくとき、その極限の付近では無限の非完結性と全体性とがたがいに否定をくりかえしており、無限はそこで、ある量として確定されてはそれを突き破って逃れてゆくという、自己自身からの永遠の逃走劇を演じている。だがこの過去の極限の場面では全体性の要求が決定的な優位を占めることはなく、この逃走劇に孕まれる矛盾の意味を感じとることは難しい。しかし系列を逆向きに、物理的な時間秩序にあわせて、永遠の過去から続いてきた系列を考えるとき、われわれははっきりと緊張を強いられる。無限であればどうして現在に到達できたのであろうか、と。しかしやはり現在に到達し、流れさったのであり、このときわれわれは、全体性を希求していた理性がいまや相互否定の泥仕合から抜けだして勝ち名のりを上げ、非完結性という感性的な無限の意味はいかなる弁明もできなくなっていることを認めざるをえない。

現代においてこの緊張をもっとも巧みに表現したのはウィトゲンシュタインであろう。彼はある講義でつぎのように想像するよう求めたという。向こうから歩いてくるひとが「……9、5、1、4、1、3、終わった!」と呟くのに出会った。なにかと訊けばそのひとは、永遠の昔から円周率πの少数展開を逆向きに数えつづけてきて、ようやくいま数えおわったのだと言うのである――[23]。同様にカントの証明も、クレイグが図示するように、現在0から過去へと1、2、3……のように正数を数えあげるのではなく、永遠の過去から負数を……-3、-2、-1のように数えおろしてきて現在0に辿りついたという場面なのである[24]。

この緊張を支えているのは、過去の事象系列を現在にまでいわば堆積して存在してきているものとみなして、建物で二階があればかならず一階があるように、現在が現実的であれば過去もすべてそうであるはずだとする、かなり素朴な考えかたである。じつはすでにアリストテレスはみずからの時間論にもとづいてこれを斥け、過去は一つ一つ消滅し、もはや残存していないから、過去の永遠は現実に存在する無限ではないとして、フィロポノスの論難をあらかじめ封じていた。(25) 中世のひとびとはこれに対して、人間の魂は不死なのだからやはりいま存在しているはずだと応えた。(26)

そしてカントはここで、時間の構造に理性の要求を重ねあわせることでアリストテレスに応えるのである。時間は過去から現在、未来へと流れ、過去が制約者となって未来を制約するという構造をとる。そして理性は任意の被制約者に対して制約者を、さらに制約者系列の全体を要求する。すなわち理性は、いかに遠い過去であろうとも、制約者が生起するたびに消滅してゆくことを許さずに、そのすべてを保持しようとするのである。「理性の理念によれば、過ぎ去った時間全体は所与の瞬間の制約として、与えられたものと考えられるのは必然である」(A 412 / B 439)。カントの証明においてはこのような理性の振舞いかたが証明の重要な構成要素をなしており、そのかぎりアリストテレスの考えたような抜け道はそこにはない。

3　永遠から——証明の問題史（2）

永遠からの系列が流れさった——。しかしこのようにいうとき、永遠の過去へと遡源する系列を完結することができないのと同様、「永遠から（von Ewigkeit her）」（A 481 / B509, A 501 / B 529）ということを表象することはじつのところできない。系列を永遠から始めようとわれわれは遡るのだが、どこまで行っても永遠には及ばないからである。それでは「永遠から」とあえていうとき、カントはなにを見すえていたのだろうか。

　くりかえすが、理性は被制約者に対して全制約を、すなわち無制約者を要求するのであった。いいかえれば、理性はある所与の被制約者について、その過去の制約者のいっさいが与えられており、制約者からのアプリオリな（すなわち前件から後件への）導出によって、被制約者を完全に把握しうるということを要求する。つまり「無制約者から始めることによって、まったくアプリオリに制約の全系列を把捉し、被制約者の導出を把握する」（A 467／B 495）ということが、「理性の思弁的な関心」（A 466／B 494）なのである。それゆえ理性は、背進によって対象の根拠を問いすすめるアポステリオリな道ではなく、「アプリオリな制約から始まる前進」（R 4760 [XVII 712]）によって対象を認識するという道を選ぶ。じっさいこれが、定立の証明において過去から現在へという方向の系列を考えなければならないことの、理性にもとづく本来的な根拠である。しかもそのさい理性はつねに「アプリオリに第一原因から始める」（R 4011 [XVII 385]）。なぜなら理性が事とするたんに知性的な根拠系列は、無制約的な第一者によって限界づけられることによってのみ完結するからである。すなわち理性は「端的に建築の土台として役立ちうるような起始」（A 474／B 502）を措定し、そこからいっさいの前進的総合を構築するのである。

　このような理性のやりかたは、感性的制約を被らない系列においてはなんら問題を惹きおこさないが、しかしアンチノミーの場面はやはり時間の制約の下にある現象の総括としての世界である。しかもいまその無限性が仮定されている。とするとわれわれはこの場合、無制約的な第一者である「世界原因」を、「すべての所与の時点から無限に離された時間へと措定することになる」（A 488／B 516）。そこで今度は、この無限に遠い限界で画された無限個の制約者の全体が無制約者として与えられなければならないだろう。そして、このようにして無限遠点に措定された起始から前進的に開始される、無限個の制約者全体を総合してくる系列こそが、定立の証明で問われている当のものなのである。七〇年代後半以降のものとみられるつぎの遺稿は、定立証明を駆動するロジックにかんしてカントの獲得した決定的な洞察を告げている。

「世界の（空間的・時間的な）量についての無限性〔そのもの〕はなんら困難を惹きおこさない。そうではなくて、理性の関心が完全な把握を要求するさいに、根拠系列の限界（terminus）の措定が無限へと引きのばして延期される（prorogation）ことが、困難を惹きおこすのである。」（R 5340 [XVIII 155]）

理性は根拠系列の限界項を措定するが、しかし無限系列の場合には、それは無限の過去へと措定されることになる。すでにここで定立の証明は困難を孕んでいる。無限は完結しえない量であるから、そのような量を隔てた過去に起始を措定することはじつは不可能だからである。それゆえ、すでに『L1形而上学講義』において無限後退によって第一原因に辿りつくという課題についていわれるように、「困難は問いそのもののうちにある」（ML1 XXVIII, 198）。だが他方では、理性が無制約者を求め、しかもそれが永遠の過去で実現される以上、このような困難は避けがたいものである。

そしてこの不可避の想定のもとで、永遠からの系列が現在で終結するときに暴かれるのは、無限が有限へと転落したという事態にほかならない。感性的制約を脱した物自体の系列であるかのように、理性は永遠という時間を一挙に跳びこえて、彼方に起始を措定する。しかし系列はやはり現象の系列であるから、同時にこの措定は感性的にも表現され正当化されえなければならない。時間を跳びこえられないわれわれの認識能力にとっては、措定されうるかぎりの過去はつねに有限の領域にとどまっている。それゆえ起始があり、しかも現在という終点があるということは、われわれにとっては有限性を意味するほかない。結果、これが無限性と矛盾を惹きおこすのである。

付言すれば、このようなカントの洞察はすでにトマスの慧眼によって先取りされていた。

「通るということはつねに極（terminus）から極へとして考えられる。だが過去のどの日をとろうとも、そこから今日までには通り過ぎられえた有限の日々しか存在しない。異論はこれに反して、両極が措定された場合に、そのあいだにあたかも無限の中間項があるかのように進められている。[27]」

トマスの批判はもっともであろう。無限の過去とは、過去の特定のある日が無限に遠いということではなく、過去の日々が遡源して達しうるどの日よりもさらに向こうに存在するという意味である。それだから過去の極などないのであって、永遠から始めるというのは無意味である。遡源すればやはり無限は通り過ぎることができない――。議論はあっけなくふりだしに戻ったわけだ。しかしカントは応えるだろう、理性はやみがたく無制約的な原因を措定するのであり、しかも過去が無限であればそれを無限遠のある日に措定せざるをえない。そしてこの想定がいかに不合理であろうとも、理性はそのように考えるほかないのだ、と。

カントのこのような問題設定は、カントひとりの論理につきしたがった恣意的なものではなく、当時の問題状況から煮詰められていった当然の結果であった。十八世紀には世界の永遠性をめぐって活発な議論がおこなわれていたが、バウムガルテンの『形而上学』が示すように、そこにはつぎのような対立図式が敷かれていた。

「……神がこの世界を現実化したのは、永遠から（ab aeterno）、すなわちこの世界が始点（initium）をもたなかったようにしてか、それとも時間のなかで（in tempore）、すなわち永遠からではなくそうしたのかの、いずれかである。……どちらの場合でも世界は無から現実化されたものである。[28]」

カントの証明における「世界が……起始をもたないと仮定せよ」という仮定は、バウムガルテンの「世界が始点をもたなかった」という選択肢を反復するものである。ここで問われるべきは、世界は神という創造の根拠をもつか否かではなくて、世界が始点なしに永遠から創造されることは可能なのか否かであった。カントはこのようなかたちで永遠性への問いをひきうけた。それゆえにカントはこのバウムガルテンを教科書にした『L1形而上学講義』において、世界は永遠からあるのかという問いは、世界は原因をもたないのかという問いではなく、神という原因があるにもかかわらず、それがいかなる遡源も及びえない永遠の過去にあることが可能なのかという問いなのである、と言うことができた（ML1 XXVIII, 198）。定立の証明は、この問いをめがけて組み立てられているのである。

4　空虚な時間——反定立の証明

これに対して反定立は、世界には起始も限界もなく無限であると主張する。まず時間的な量にかんする証明をみよう。世界が時間的に起始をもつとすると、世界にはなにもない空虚な時間が先行することになるだろう。

「さてしかし、空虚な時間になんらかの物が生起することはありえない。なぜならそういう時間のいかなる部分も、他の部分に優れて物の現存在の条件を非存在の条件に対して区別する特異性をもっていないからである。」（A 427 / B 455）

空虚な時間から運動が始まるにはなにか誘因が必要なはずだというのは、すでにアリストテレスにみられる古い論点である(29)。つづく空間についての反定立の証明も、世界が「空虚な空間」に囲まれているというのは無意味だ、という同趣旨のものである（A 428 f. / B 456 f.）。これもまた、私が世界の縁に立ったとすればその向こうがわに手を伸ばすことができるのだろうか、というアルキュタスの反問[30]にまで遡りうる論点である。いずれも直感的に呑みこみやすく、それだけにカントの反定立の証明も同じようなものだと思いがちであるから、その意図を正確に捉えるには慎重を要する。

まずこの証明は、世界の限界を経験することの不可能性を言い立てているのではない。のちの第九節の批判的解決（A 520 f. / B 548 f.）によれば、世界に限界があるならば空虚な空間・時間による限界づけの「知覚」が可能であるはずであり、したがって「世界の果てが可能な経験に与えられる」ことになろうが、これは不可能である。「してみると絶対的な世界の限界は経験的には不可能であり、したがって端的にも不可能である」（A 521 / B 549）。これはわれわれ人間の経験の可能性の制約に立脚した証明であるといえよう。このあとカントはつぎのような脚註をつけている。これまであまり注目されなかった箇所なので全文を引用しよう。

「読者はここでの証明が、さきに第一アンチノミーの反定立においてなされた独断的証明とはまったく別のしかたで導かれたことに気づかれるであろう。そこではわれわれは普通の独断的な考えかたにしたがって、感性界をそれじしんあらゆる遡源に先立って総体として与えられた物とみなし、それがいっさいの時間といっさいの空間とを占めていないとすれば、一般に時間と空間においてなんらかの一定の位置を感性界に認めることができないとしたのであった。であるからその結論もここことは違ったものであり、感性界の現実的無限性が推論されたのであった。」（ibid. n）

独断的な考えかたに即して、世界が所与の物自体の全体であると想定するのが反定立の証明のポイントである。ここから、この限界づけられた有限な世界が無限な空間と時間のなかで「一定の位置」を占められないという困難が導出される。ちなみに取り違えに即していえば、反定立の証明もまた、まずは感性界を物自体の全体とみなすβ型の取り違えと、こんどはそれを空間・時間のなかに位置づけようとするα型の取り違えの合作として理解できるだろう。

さて、このような問いに対してアウグスティヌスが画期的な役割を果たしたことはよく知られている。『告白』のアウグスティヌスは、なぜ神はもっと早く世界を創造しなかったのか、永遠の無為のあとでなぜ神は突如として世界を創る気になったのか、という詰問に対して、神の永遠性と被造物の時間性とをするどく対置し、世界が創造される以前には時間はなかった、という答えを与えた[31]。『神の国』では、神はなぜ世界を別のところではなくここに創造したのかという問いに対しても、同様に世界の外に空間はないと応じている[32]。

くだってルネサンス期のブルーノは、逆に無限宇宙を賞揚するために「どこに世界はあるのか[33]」と問うた。コイレによればブルーノにおいて特徴的なことは、ラヴジョイのいう「充満の原理」に加えて、「一世紀後にライプニッツ——間違いなくブルーノを知っており、その影響を受けた——によって充足理由の原理と呼ばれることになる原理[34]」を用いたことである。すなわち、一様な無限空間のなかでは神はあそこではなくて、ここに有限宇宙をつくるいかなる理由もなかったはずだ、というのである。

ライプニッツはこれをニュートン学派のクラークとの『往復書簡』で再現し、たとえば時間についていえば、不可識別の絶対時間のなかでは「神の叡知はこの世界をある特定の時点に創造するためのしっかりした理由をもちうるとはけっして言えない[35]」とクラークに詰問していた。カントは『往復書簡』を読んだうえで[36]、このライプニッツの議論を反定立の証明の歴史的な先行例として念頭においていたと思われる[37]。反定立への註解の脚註では、ライプニッツのニュートン批判の口吻をまねるように、ニュートン的な「絶対空間」においては「世界の運動あるいは静止」（A 431 / B 459 n.）といった不合理が帰結すると指摘されている。

ここであえて「絶対空間」が想定されるのは、ライプニッツのいうようなモナドの共存関係としての空間においては、世界と空間の広がりは等しいので、世界の外の空虚な空間という不合理がおきないからである。他方でニュートンのいうように空間が絶対的なものとして存在していて、「外的に直観される現実の対象」（ibid.）であるならば、世界と空間のあいだに直観的に観察されうるような相互的関係が成り立つことになるので、それを封じるために今度は「ライプニッツ学派……に同意」（A 431 / B 459）して、空間は「たんに外的直観の形式」（ibid. n.）だとされる。絶対的な直観形式というこの独特の空間論は、ケンプ・スミスの毎度の誤解(38)とは異なって、なにもカントじしんの立場を開陳しているのではなく、ニュートンとライプニッツを足して二で割ったものだと考えて十分である。空間や現象は「たんなる表象にすぎない」という超越論的観念論に不可欠の論点が、そこには組みこまれていないからである。

時間についても、アウグスティヌスの現象学的な時間論のもとでは創造以前の時間というアポリアが回避されてしまうし、逆に強い意味での絶対時間においては創造にふさわしい時点を選ぶことができるので、同じように独特のアマルガム的な時間論を想定する必要がある。この想定下で理性の求める第一者を時間的に実現するときに、無限の空虚な時間のあとで突然なんの理由もなく世界が始まるという不合理に陥るのである。

ただしここで、ライプニッツ学派のように叡知界に逃げ道を求めて、「最初の起始（その前には非存在の時間が先行する現存在）のかわりに、世界における他の制約をまったく前提しない現存在を一般に考える」（A 433 / B 461）ことは許されない、とカントは釘をさす。これはまた、叡知界を感性的な触発から守ることで事足れりとした一七七〇年の『就職論文』に対する自己批判でもあろう。世界がそもそも現象の総括である以上、理性の原理的思考が叡知界において達成されるのを夢みるだけではもはや物足りない。理性はおのれをこの現象界においても実現せねばならない。しかし反定立の証明は、その理性的な全体性を具体化すべく世界の始まりをある時点に措定するときに、いかなる不合理が帰結するかを示すのである。

5　起源への問い

それゆえ起始を措定して世界を有限な全体として確保することはできない。この弁駁から翻って反定立では、世界は時間的に無限であり、この無限の遡源系列の全体が無制約的だとされる。しかしこの無限全体の主張はただちに定立の証明へと投げかえされ、その感性的な検証不可能性という反駁に曝されることになる。この反駁から定立はあらためて無制約的な第一者を措定して、そこから始まる有限な世界系列の全体を確保してみせる――。こうして第一アンチノミーは、世界をめぐる理性の果てしない相互否定を暴露するのである。いいかえれば第一アンチノミーとは、「原理〔＝起源〕の能力」（A 299 / B 356）たる理性が措定すべき世界の無制約的な起源はいかにしても時間的に実現されえないのだということを、その二つの可能性、つまり無限と有限の場合について証明しているのである。ここに第一アンチノミーの隠された闘争目的があるのだが、その射程の奥行きを測るために一七七〇年の『就職論文』における起源と始点をめぐる論点に立ちかえってみたい。[39]

『就職論文』における第一の取り違えの公理（Diss II 415 f.）によれば、任意の因果系列は知性的にはその「起源（principium ＝原理）」をもつが、しかしこれは感性的な系列がその「始点（initium）」をもつこととは違う。世界は被造物として神にその起源をもつが、しかしそれは世界が時間的な始点をもつことを意味するものではない。また逆に、感性的系列は全体として測定されるには有限で始点をもたなければならないが、ここから系列の起源へと推論することは許されない。このとき叡知的な起源と感性的な始点とを混同するような誤謬が「取り違え」と呼ばれる。すでにみたように［第一章第1節］、この誤謬を禁じて知性的認識を感性的制約による侵犯から守ることに、カントは新たな形而上学の礎石を据えたのである。

つづく七〇年代においても起源と始点の問題の焦点は、自由意志や世界創造などの起源性をいかにして感性的な始点性から守るかにあった(40)。このころの規則対立の思考は、二つの規則の妥当領域を分かつことで、始点と起源とをともに救済することを試みるものであったといえる。ひとつだけ引用しておこう。

「現象においては絶対的な第一者は見出されえない。しかし悟性の総合においては見出されうる。それゆえ第一の起始（Anfang）はないが、第一の原因（Ursache）は……ある。現象としての第一者は、無による限界として現象するだろう。理性のアンチノミーはそれゆえ理性原理の差異にほかならない。」（R 4742 [XVII 694]）

のちにみるように『批判』の第三アンチノミーにおいてカントは、自由の理念はほんらい「世界の起源（Ursprung）」（A 448 / B 476）に関わるとしたうえで、人間的自由の本質を、世界内のさまざまな経験的因果性とは異なって、世界全体を叡知的原因性によって根拠づける宇宙論的な自由として救済する［第八章］。われわれはここに、七〇年からつづく思考の最終的な成果の一面を見とどけることができるだろう。

これに対して第一アンチノミーとは、このような起源の救済の裏面で進行しているもうひとつの、しかし否定的な戦いなのである。数学的アンチノミーにおいては現象の総括が問われており、叡知的な次元への通路は遮断されねばならない。それゆえ起源はこの現象界において時間的に始点として実現されるほかない。しかしその起源＝始点が、過去のある時間軸上の一時点として措定されるにしても、永遠という彼方の時間における無限遠点として措定されるにしても、自己矛盾は避けられないのである。

さきにみたように、前者の有限な過去の始点にかんしてカントは、世界創造の以前には時間は流れないとするアウグスティヌス＝ライプニッツ的な遁辞を認めるつもりはない（A 431 f. / B 459 f.）。始点はつねにそれ以前から流れる時間のなかに呑みこまれ、世界の起源という特権的な位置を失ってしまう。後者の無限遠点の場合も、「永遠」は垂直的に時間の外にあるという、これまたアウグスティヌス以来のお決まりの遁辞を認めはしないだろう。時間をどれほど延長したところで、時間を超えるわけではない。『ペーリッツ哲学的宗教論』でもいわれるように、「時間の概念によって触発されないような永遠の概念をわれわれは考えだすことができない」（PRPölitz XXVIII$_{2/2}$ 1043）。世界が「永遠から」として表象されるかぎり、起源は時間に汚染されている。すなわち時間的に永遠に遠い起源とは、ある永遠の過去の時点で始点になりかかっては、そのつどさらに過去へと突きはなたれる、いわば永遠へと逃れてゆく始点にほかならない。

カントがここで見とどけようとしているのは、世界の「起始」という「限界概念をなす雑種的[41]（hybridus）概念」（R 5544 [XVIII 214]）の雑種性、あるいはそこで生ずる「〔思考〕様式の混同」（R 5545 [XVIII 214]）である。世界の量を問うとき極限の付近で理性的な起源と感性的な始点とが否応なく混同される、その帰結をカントは追いかける。だが、たどりついた結末は壊滅的なものだった。第一アンチノミーが教えるのは、理性は「原理＝起源の能力」であるにもかかわらず、世界の起源を世界史上のどこにも措定できない、ということだからである。われわれの理性にとって世界は、無根拠なる深淵として口を開くのである。

一方では、世界全体を時間的に有限の始点で区切って確保しようとしても、その始点はその外側の時間に曝されてつねに腐食し、失われてゆく。時間の侵襲を逃れて起源から全体を保持することは、ついにかなわぬ理性の安逸の夢にすぎない。しかし他方では、世界系列の全体を無限のまま包括しようとしても、始点となるべき起源はどこまでも無限に逃げてゆくばかりである。すなわち、感性はいま無制約者を求めて、制約系列を遡る永遠のあてどなき旅を続けている。もちろん理性は、この不安定な探究を終結させるには、ある限界項をアルキメデスの点として定めて、そこで無制約を宣言してしまうほかないことを知っている。それゆえ理性は系列に起源を介入させ、無制約的な全体がここで確保されたことを感性に告げる。感性はこの起源を始点として受けとるが、しかし世界が無限であるという以上、それはもっと遠くに置かれなければならないだろう。だがどれほど遠くへ投げようとも、無限な起源へはけっして届かないのである。

6　批判的解決——超越論的観念論へ

だとすれば、時間的な世界系列に介入して絶対的総体性を仕立てあげるという理性の実験は、二つのありうる選択肢を塞がれて完全に破綻したというほかない。時間の制約を脱した物自体の場面でならば問題を惹きおこさないはずの理性の原理的思考が、現象に適用された途端にこのようにアポリアに陥る。ここからは、理念的な思考方法は現象を構成するものではなく、現象の存在様式は理念的な全体性を受けいれるものではない、という実験結果が帰結するだろう。アンチノミー章の第七節「批判的解決」でカントは、第一アンチノミーの「ディレンマ」から超越論的観念論が「間接的に証明」されるというが、そのテクストは以上の実験と結果を正確にたどるものである。

「もし世界がそれ自体として実存する全体であれば、それは有限か無限かである。ところが有限であるというのも無限であるというのも、ともに偽である……。それゆえ、世界（あらゆる現象の総括）がそれ自体として実存する全体であるというのも偽である。そこでここから、現象は一般にわれわれの表象の外では無であるということが帰結するが、このことこそわれわれが現象の超越論的観念性によって言おうとしたところであった。」（A 506 f. / B 534 f.）

すなわち、定立・反定立に共通する主語である「世界」が「それ自体として実存する全体」として「絶対量」（A 521 / B 549）をもっているなら、世界の量は二値的に有限か無限でしかありえないが、しかしアンチノミーが示すようにどちらも偽である。『プロレゴメナ』によれば、「二つの相矛盾する命題がともに偽でありうるのは、両命題の根底に存する概念そのものが矛盾している場合だけである」（Prol IV 341）。カントは「四角い円はまるい」と「四角い円はまるくない」を例に挙げている（ibid.）。第一アンチノミーはそれゆえ、現象の総括としての世界が一定の絶対量をもつという独断的な想定は「四角い円」と同様に矛盾しているという教訓を、定立・反定立のディレンマをとおして教えるのである[42]。

ひるがえっていえば、第一アンチノミーにおける「仮象の対立は、たんに物それ自体の制約としてのみ妥当する絶対的総体性の理念を、表象において、そしてそれが系列をなす場合には継時的総合においてのみ存在するが、それ以外にはまったく存在しないところの現象に対して適用したことによって生ずる」（A 506 / B 534）ものであった。それゆえ第一アンチノミーの解決は、現象の総括としての世界から理念的な総体性を剥奪することによって、すなわち円谷裕二のいう「世界の超越論的観念性[43]」によって、果たされるのである。そして間接証明のテクストでいわれるとおり、「ここから……帰結する」のが「現象は一般にわれわれの表象の外では無である」

と主張する「現象の超越論的観念性」である。こうして、空間・時間的な対象は「われわれの思想の外ではそれ自体として根拠づけられた存在をもたない……たんなる表象」（A 491 / B 519）であるとみなす立場としての「超越論的観念論」（ibid.）が帰謬法的に証明されることになる。このような文脈をふまえるとき、第一アンチノミー解決の鍵としての超越論的観念論は、物自体としての絶対性を現象に対して拒否するという否定性をその本質とすることがわかる。

いったい、第七節の表題に謳う「批判的解決（kritische Entscheidung）」とはなにを意味するのだろうか。「批判（Kritik）」は「分かつ（κρίνειν）」を原義とする。すなわち、理性が無制約者を求めるときに、現象から物自体への移行が可能であるかのような臆断を断ち切って、そのあいだに非連続性を発見して分かつことである。「解決（Entscheidung）」もまた、無制約者への「宇宙論的推理（Schluß）」において「媒概念の両義性の虚偽」（A 499 / B 528）によって現象と物自体とが混淆される錯覚に断をくだし（entscheiden）、その推理を断つ（Ent-schließung）ことである。[44]

この決断（Entschließung）は——たとえそれが実践的理性への転換を告げる実践的な決断であったとしても——、無制約者を希求してやまない思弁的理性にとっては不可避的に「謙抑（Demüthigung）」（KpV V 75）をもたらすものであろう。それゆえ超越論的観念論は、たんにわれわれ有限的な人間のおかれた状況を弁護する現状肯定論ではない。それは世界全体という無制約者へと到達しようと試みるアンチノミーの舞台でその試みが破綻し、われわれの理性の権能の制限性が帰結した結果として否応なく強いられた自覚であり、ゴルトマンのことばをかりるなら「人間の悲劇的制限性の認識」[45]なのである。超越論的観念論の精神をつかむには、われわれはそこに隠された、このような悲劇的な自己認識と謙抑的な決断をつねに念頭におかなければならない。第三アンチノミーの解決は超越論的観念論のこの否定性を逆手にとって活用することになるが、その帰趨は第八章で見とどけることにしよう。

第七章　無限と崇高

「無限」という一個の無規定の名称は、汲みつくしえない謎を宿している。『神の存在証明』の若きカントがいうように、無限の概念は「美しく」、しかも「心を揺さぶり、ある種の戸惑いによって驚きをもたらす」(Beweisgrund II 154, cf. Naturgeschichte I 306 ff.)。そして、その正体をつかむためにどれほど手をつくして考えようとも、われわれはいつも最初の戸惑いと驚きへと連れもどされてしまう――。カントはそういう回帰する驚きに忠実だった。この問題に適切な布置を与えようとするカントの粘り強い分析には、無限の概念史上ほとんど最良の思索の営みが息づいている。

ところが無限をめぐるカントの思索について、つぎのような転向の経歴が語られることがある。すなわち、宇宙の無限性への情熱に駆られた独断的な前批判期から、『純粋理性批判』では超越論的観念論にもとづく批判主義的な可能的無限性へとカントは転回したが、しかしその後の著作ではまるで批判主義的な制約を忘れたかのようにふたたび叡知的な実無限を信じるにいたった、という物語である(1)。だが無限論におけるカントの変節を数えあげることは、無限という問題に対峙しつづけたカントの真の姿を覆いかくすことにしかならないであろう。無限とは何かという問いに答えるカントの無限のいくつかの規定は、前批判期から批判期にかけてほぼ一貫している。しかも、無限を考えるときに否応なく現われる二つの側面を手放さずに、その狭間で生ずる限界のダイナミズムを問うという手続きも、カントの無限論の一貫したスタイルである。変わっていくのはその一貫した規定や手続きが位置づけられるカント哲学全体のほうであり、カントの無限論の変遷はその動向を凝縮して表わしているにすぎない。

本章では、時期によって無節操に転向し、錯綜しているかにみえるカントの無限概念の諸相をたどることで、いまだ誤解に埋もれたままであるように思われる、無限をめぐるカントの思考の論理を明らかにしたい。これによって、前章での第一アンチノミーの「証明」の解釈に裏付けを与えるとともに、あらたに第一アンチノミーの「解決」についてもその特異性を示すことができるだろう。さらに無限性の美感的体験である崇高の感情に着目することで、理念的な無制約者に対しても批判哲学的な接触の方法があることを示したいと思う。

1　形而上学的無限と数学的無限

カントは形而上学講義において初期から一貫して、神に見出される「実在性の総括」ないし「最大の実在性」としての形而上学的無限と、数的な量にかかわる数学的無限とを区別することを主張している。たとえば一七六〇年代前半の『ヘルダー形而上学講義』では次のようにいわれる。

「無限〔とは〕（a）実在的な意味では、最大の度の完全性をもっているもの。（b）数学的な意味では、単位との比較においてあらゆる数より大きいもの。」(MHerder XXVIII, 51)

「実在的な意味では、そのなかに最大の実在性があるものが無限であるという。しかし無限の概念はたんに、なにかが測定しつくされ（ausmessen）えないということを含意するだけである。」(MHerder XXVIII, 31 f.)

同様の定式化は、形而上学および合理神学の講義において九〇年代にいたるまでくりかえし登場し、実在的な意味での無限性はしばしば「形而上学的無限性」と言いかえられている(2)。

このように無限概念の意味を厳密に画定しようとする努力の背景には、当時のある意味では混乱した無限概念の使われかたがあった。たとえばヴォルフは、「それ以上に大きくなりえないようないかなる限界も指定されえない」という数学的な無限から出発しながら、「変化」などの概念を媒介にして、「存在しうるものすべてが同時に存在している」という神の「実在的無限」へと話を繋げている(3)。バウムガルテンでは逆の方向をとって、実在的であるという質の量としての「度（gradus）」が出発点になる。より大きくなりうる「実在性の度」は制限であり、制限をもつものは有限である。この制限を欠いているもの、つまり最大の実在性の度をもつ「無制約者（illimitatum）」が無限である。そして、その制限をわれわれが規定しえないような有限者は「無際限（indefinitum）（想像上の無限、数学的無限）」である、といわれる(4)。

このように二つの無限性のあいだに連絡をつけようという発想は、たしかに、すでに形而上学者と数学者とのあいだで分裂していた無限概念を、ふたたび統一的に理解しようという努力の現われであるといえよう。しかしまた、両者に概念的な連続性を認めるとなると、どちらにも厄介なパラドクスを招いてしまう。すなわち一方では、第一アンチノミーの定立への註解における「弁護士的証明」（A 430 / B 458）がいうように、それ以上に大きくなりえない最大の無限量が不合理であるからには、神に帰せられる実在性の最大の度もやはり不合理であるはずである。他方で、宇宙を空間・時間的に無限に開かれていると考えた場合には、その無限な宇宙はしかし真に無限である神の被造物としては制約された有限者でなければならない。ここで世界が神と同じ意味で無限であるなら、スピノザ的な汎神論を招くことになろう。

コイレ[5]が近世の思想史的なコンテクストのなかでえがくように、たとえばデカルトはこのような困難を、「無限（infinitum）」の概念を神に限定し、世界には「無際限（indefinitum）」しか認めないという方法で解決しようと試みていた[6]。これに対してカントは、二つの無限性の連続性を断つという点では同じだが、逆に世界の量にのみ無限の概念を認めるという戦略をとる。

一七五九年の『オプティミズム試論』では、最大の数は不合理だという理由にもとづいて最善の世界をいわば弁護士的に否定する「反対者たち」（たとえばクルージウス[7]）に対してカントは、世界の実在性の度を数に喩えるのは適切でないとしたうえで、「最大の数はまったく不可能だが、実在性の最大の度は可能であり、これは神において見出される」（Optimismus II 32）という。そしてこのような最大の実在性はまた、われわれの有限にして最善の世界にも見出されうる。「数学的無限」においては、有限と無限はつねに継続する可能的増加によって接続されている。しかし実在性の度においては、神の無限な完全性と有限な世界に可能な最大の完全性とは深い「裂け目（Kluft）」（Optimismus II 33）によって区切られており、われわれの最善の世界はその裂け目のところにまで達して、そこで実在性の量が完全に遮られている。こうしてカントは世界の最善性を、最大がありえないという数学的な困難から解放して、実在性の不連続的な階梯のなかに位置づけるわけである[8]。

さらに一七六三年の『神の存在証明』においては、「無限の概念は……本来の意味からすればあきらかに数学的な概念」（Beweisgrund II 154）であって、神の「最大の完全性」を表わすにはむしろ「完全充足性（Allgenugsamkeit）の概念」（ibid.）のほうが適切だと述べられる。すなわちカントは、当時の常識的な概念枠からあえて外れてでも、無限を数学的な意味に限定するという、より徹底した用語法を提唱するのである。八〇年代の『ペーリッツ哲学的宗教論』でもいわれるように、神を量的に測るための「尺度」（PRPölitz XXVIII$_{2/1}$ 1018）

をわれわれはどこにも見出せず、神の絶対的な偉大さはこの世界を計測するための「数」とはまったく異質な場面に成り立つ。しかしほんらい無限とは数学に由来する概念であり、数学においてその意味が確定されるべきであって、それゆえ神が形而上学的に無限だといわれうるにしても、それが数学的に表現されえないからには、やはり無限という言いかたは「ふさわしくない」（PRPölitz XXVIII$_{2/1}$ 1019）。そこで無限の概念はもはや形而上学的には使われず、数学的な意味に限定されることになる。のちの力学的アンチノミーの分離的解決モデルと同様に、最実在者を数的に表わすための「共通の尺度」を否定することで、数学的無限性と神の完全性とを隔離して、ともに救済することが、ここでの要諦である。

このように無限性を数学的な意味に限定し、形而上学的な実在的無限を認めないことは、とはいえ数学的な実無限を排除することと同義ではない。そのことは一七七〇年の『就職論文』で認められる「数学的実無限」（Diss II 388 n.）の概念にうかがわれる。数学的な意味での無限とは「最大」のことではなく、「あらゆる数より大きい集合である量」（ibid.）のことである。さてこのとき、「可測性とは人間知性の標尺に対する関係を表わすにすぎない」（ibid.）のであって、あらゆる数より大きい無限が全体として与えられえないということは、量を単位によって数的に測って認識せざるをえない人間知性の制約を意味するにすぎない。カントはここで、「集合を一瞥で判明に認識できる知性が——もちろん人間の知性ではないが——ありうる」（ibid.）として、叡知的な次元へとひらかれた知性的直観の能力を想定することで、数学的実無限の可能性を肯定するのである。

つづけてカントは、永久に継起する系列が「いかにしていっさいの変化を包括する全体（totum）になることができるのか」（Diss II 391）と問う。永遠の系列を全体にするには、われわれは系列の諸項から総合しつくして、その「総体性（totalitas）にかんして完全に思考し」（Diss II 388）なければならないだろう。——ここでは、かつてディートリヒ[9]の研究が教えたように、全体が先立って与えられる分析的な「全体（totum）」と、部分から総合的に構成される「総体性（totalitas）」とを慎重に区別しなければならない。本邦でもディートリヒを承けて三宅剛一が、これは「カント哲学の理解にとって重要なしかも普通あまり注目されていない点」[10]だとして、いち早くこの問題圏について論究したことを指摘しておきたい。

　前章でもみたように、われわれにとって永遠や無限はヤヌスのように二つの規定をかわるがわるに見せながら立ち現われる。ひとつは限りの無さという動的な開放性であり、もうひとつは無限なものという静的な全体性である。無限という問題が差し迫ったものになるのは、前者の限りなく拡大してゆく可能的な無限性がひとつの無限なものとなって、実無限を達成しうるか否かが問われる場面である。総合的な拡大が「総体性」として総括され、そこでいっさいを包括する「全体」として与えられた状態は、とくに「絶対的総体性（totalitas absoluta）」（Diss II 391）と呼ばれる。無限をめぐる動と静の二つの規定が交錯する無限にその遠い場所で、無限な「絶対的総体性」という〈第三のもの〉は実現されうるのだろうか。カントはこの問いを哲学者の「十字架」（ibid.）と名指して、ここでみずからに課すのである。

　しかしこのときのカントには、この十字架はまやかしのものでしかなかった。たしかに感性的には、無限は汲みつくされえず、無限な世界系列は全体として認識されえない。しかしその感性界の存在根拠としての叡知界を知性的に考察するならば、無限な諸実体は時間的な条件なしに知性に与えられて、「世界と呼ばれる同一の全体に属する」（Diss II 407）と考えられる。知性の法則にしたがえば、世界という因果系列の遡源は「限界項なしには与えられず」（Diss II 415）、世界はその「起源（principium）」（ibid.）に依存している。そして「宇宙の実体の結合における統一性は万物が一者に依存していることの帰結である」（Diss II 408）。のちの形而上学講義でも「形而上学的な無限性とは、無限な実在的諸帰結の集合の根拠として統一性を捉えた場合の無限性である」（MDohna $\text{XXVIII}_{2/1}$ 644）といわれるとおり、創造者たる神は形而上学的に無限である（Cf. A 579 / B 607, A 584 / B 612）。世界はその神の「無限なる力」（Diss II 409）によって支配されて統一体をなしている。こうして世界は、感性的にはどこまでも汲みつくされえず、かつ知性的には一者によって支配されて統一体として与えられる、という二重の規定を帯びている。ここでのカントは、可能的に無限な感性界を、形而上学的に無限な起源に根拠づけて統一することで、いわばその二つの無限性のアマルガムとして、叡知界の数学的実無限を承認するのである。

　感性界は無際限なものとして現象するが、叡知界は実無限な全体であるという、この二層的な捉えかたは、その後の遺稿でも基本的な論旨は保ったまま、つまるところ現象と物自体の枠組みに収斂してゆく。物自体の場合は「全体が合成に先立って」（R 5591 [XVIII 242]）理性の原則によって総括して思考されるので実無限は可能だが、それじしん表象にすぎない現象はただ前進の及ぶかぎり「無限に可能であるにすぎない」（R 5902 [XVIII 379]）、というのが基本の構図である[11]。もちろん『批判』では、この思想は〈もし物自体として与えられれば〉という幾度となく繰りかえされる仮想文のなかで隔離されて表現されるだけであり、叡知的な実無限がそのものとして肯定されることはない。

2　無限性の超越論的概念

　前批判期からの数学的な無限の概念は、前章でもみたように『批判』の第一アンチノミーの定立への註解において、つぎのような定式にまとめられることになる[12]。

「無限性の真の（超越論的な）概念は、ある量（Quantum）を測定しつくそうとするとき、その継時的な総合がけっして完結しえないということである。」（A 432 / B 460）

「この量はこのことによって、あらゆる数より大きい集合（所与の単位の）を含む。これが無限の数学的概念である。」（ibid. n.）

前者の継時的総合の完結不可能性あるいは不可測性による定式も、後者の「あらゆる数より大きい」という定式も、すでに『就職論文』で確定しており、前批判期からほぼ一貫して現われていた無限の規定である（最初に引いた『ヘルダー形而上学講義』での二つの定式を想起されたい）。『批判』ではその規定が「超越論的な」考察によって根拠づけられることになる。ハイムゼートのいうように、完結不可能という無限性の規定は「継時的に前進する総合へと差し向けられているわれわれの「論弁的な」認識作用にとって[13]」のものである。人間の認識能力は、感性的に把握しうる単位を反復することで量を測る。このとき量の無限性は、われわれには知性的直観による無限な全体への直接的な通路がない以上、単位量の総合が完結しえないということによって否定的に判定されるほかない。註解においてあえて無限性の「超越論的な」概念と付記されるのは、それが人間的認識の制約への超越論的な反省のうえに築かれた概念だからである[14]。

さてビュッヘルもいうように、「直観において与えられた単位をともなう量にとっては、無限の数学的概念と超越論的概念とは一致する[15]」。これに対して、超越論的概念に潜在的無限を、数学的概念に実無限を読みこもうとする解釈[16]は、一方では超越論的概念での「量」を際限ない継時的総合そのものと混同して、不当に潜在的無限のがわに引きおろしており（これについてはすぐ述べる）、他方で数学的概念については、この概念規定においてはそのような集合量が現実的に与えられうるか否かはまったく問題ではないという点を閑却している。

これに関連して注目にあたいするのは、この定式をもちだすまえに、『就職論文』と同様に、「それ以上に……大きな量のありえない量」、すなわち「最大」という誤った無限概念を提示して、それを斥けるくだりである。

「……しかしこの概念は、ひとが無限な全体ということで理解しているものとは一致しない。それによって表象されているのは、それがどれほど大きいか（wie groß）ではなく、したがってまたその概念は最大の概念ではない。それによってはただ、任意にとられた単位について、それがあらゆる数よりも大きいという、単位に対するそれの関係が思考されているにすぎない。」（A 430 f. / B 458 f.）

傍点をふった「それ」「その」はすべて「無限な全体」を指す。いうまでもなく「どれほど大きいか」は、「無限な全体」がではなく、「最大」が答えるべき問いである。[17]——なお以下の論述では、さきの「全体（totum）」と「総体性（totalitas）」との区別に加えて、ある大きさの全体として与えられる「量（quantum）」と、単位量の反復と総括によって構成される「数量（quantitas）」との区別にも注意を払おう。

さて、ここでは世界という「無限な全体」がひとまずある「量」として「表象されている」、より適切には「思考されている」。とはいえそれは、「或るものがどれほど大きいかという問いに対する答え」（A 163 / B 204）である「数量」（ibid.）を規定すべく、単位量を積みあげて総括する作業がついに完結して、世界全体の数量が確定したということではない。もしそのように数量が確定したのであれば、もちろん「それがどれほど大きいか」にも答えられるだろう。註解のカントはつづけて（フィロポノスを彷彿させるように）、尺度となる単位の大小に応じて「無限なもの（das Unendliche）」にも大小があるだろうと付言しているが（A 432 / B 460）、しかしこれも単位からなる全体としての「無限なもの」を接続法第二式で仮定しての話である。「無限性（Unendlichkeit）」そのものはやはり、単位の継時的総合によって成立するあらゆる数よりも大きいという「関係」——あるいは単位との一定の数的な関係をもちえないという非関係（cf. KU V 254）――にとどまる。すなわち、ほんらい「無限な全体」とは、「ある量を測定しつくそうとするとき、その継時的な総合がけっして完結しえない」（A 432 / B 460）という差違の関係によって表示される或るものとして、人間的認識の断絶の彼岸に考えられる「思考物（ens rationis）」（A290 f. / B 347）にすぎないのである。

それゆえカントはつづけて、「全体の絶対量（absolute Größe）はこの無限性によってはまったく認識されない」が、しかし「それはここでは問題ではない」という（A 432 / B 460）。ここでいう「絶対量」とは、単位の反復と総括が無制約的に完成して、そこで「全体として（いわば絶対化されて（absolvirt））考えられる」（Br X 367）ことによって、「絶対的総体性」として確定的に成立するはずの数量のことである[18]（cf. A 516 / B 544, A 521 / B 549）。無限な相対量が単位量の追加によってより大きくなりうるのに対して、無限な絶対量はいっさいを包括して与えられる量であり、それゆえ「それ以上に（すなわち、その量に含まれる、ある所与の単位の集合以上に）大きな量のありえない量」（A 430 / B 458）としての「最大」になるだろう。このような無限な絶対量はもちろん「認識」されえないわけだが、だからといってこの不可能な認識に対する差異の関係において、その差異の向こうがわに「無限な全体」を「思考」することが妨げられるわけではない。

こうして無限はたんに彼岸的な思考物にすぎないが、逆に、単位の継時的総合によって正当化されて、数量として測定されうる此岸の現象についていえば、われわれはそれを測りきることも、全体として総括することもできない。超越論的実在論のもとでは、そもそもは理念の対象として思考されるはずの「世界」は、しかし現象の世界である以上、感性的な検証作業に曝されて、そこにおのれの存亡を託さざるをえない。『就職論文』では知性的直観の可能性を示唆することで、彼岸的な実無限の世界を認めることができた。しかし『批判』ではその可能性が削ぎ落とされたあと、かわって理性が現象系列の全体を総括して認識する役割を担うことになる。ところが第一アンチノミーの定立の「証明」においては、無限性の超越論的概念がいわば独断論化した経験的検証主義の原理として専横を極めることで、無限な世界の感性的な不可測性からその客観的な不可能性そのものが導出されて、理性は世界の非-無限性、すなわち有限性を主張するにいたる。これに対して超越論的観念論に立つ「解決」は、彼岸的な物自体の量を不問に付しつつ、経験的な不可測性を、「無際限に」ひろがる現象世界の非全体的な開放性として擁護することになるだろう〔第5節〕。

3　与えられた無限量としての空間・時間

アンチノミー論での無限概念は以上のように現象量の実無限性を拒否している。ところが他方で超越論的感性論においては、『就職論文』と同じように（cf. Diss II 405, 410）、空間・時間は「無限な与えられた量」（B 39）だと断定されており、これまで多くの解釈者たちを困惑させてきた。時間の形而上学的究明の第五論証によれば、

「時間の無限性が意味するのは、時間のあらゆる規定された量はその根底にある唯一の時間を制限することによってのみ可能である、ということにほかならない。したがって、時間という根源的な表象は無制限なもの（uneingeschränkt）として与えられていなければならない。」（A 32 / B 47 f.）

概念と直観とを対比していえば、「概念においては部分表象が先行する」（A 32）。しかし感性的直観の形式として空間・時間は、あらゆる規定された量がそのなかで「無限界性」（A 25）をともなって進行することを可能にするような、未規定の無制約的な無限量として、まずその全体の直観がアプリオリに与えられる。

規定された量の無際限性（可能的無限性）と、その根底にある与えられた実無限量という二層的な無限の捉えかたは、じつのところカントの基本的な構図であって、そのことは一七九〇年の『ケストナーの諸論文について』[19]（Kästner XX 410–423）で決定的なかたちで語られている。これによれば、規定された諸空間の「潜在的無限性」は、根源的な唯一の空間の「実無限性」を前提する。いわば、観念的に成立している無限空間に包まれて、そのなかで、つねにより大きくなりうるという意味での無限が展開されるのである。

「直線を無限に延長できる……というこの潜在的無限性――数学者は空間規定の根拠にこれだけを置けばよい――は、あの実無限性（しかしたんに形而上学的に現実的な）を前提しており、この前提のもとでのみ可能である。というのは、直線がどれほど延長されようともつねにさらに引くことができるというのはどういうことであろうか。それは私がそのなかで線をえがく空間が……〔私がえがく〕あらゆる空間よりも大きいということである。」（Kästner XX 418, cf. Prol IV 285）

直線を引くときにその延長が拒まれないためには、より大きい空間が前提されなければならない。ここでカントは無限を「それと比較すれば、あらゆる指定されうる同種の量が、ただその部分とのみ等しいような量」（Kästner XX 419）と定義している（これは「無限の数学的概念」と実質的に同じである）。つまり、規定された空間量を無限に拡大しうる潜在的な無限には、けっして部分と等しくならず、つねにより大きいといえる無限な空間のなかにあるという保証が必要であり、この無限空間がすでに与えられていなければならない。

いま傍点をふった所与性の契機は、「対象として表象された空間」（B 160 n.）の総合が完結しているということを意味するものではない。逆に、「形而上学的に、すなわち根源的に、しかしたんに主観的に与えられている空間」（Kästner XX 420）は、いっさいの幾何学的な「合成」ないし「空間規定」の可能性の条件としての「主観の感性的な表象様式の純粋形式」（Kästner XX 421）としてアプリオリに成立しており、この形式としての空間のなかに「無限に広がるあらゆる諸空間の可能性が与えられている」（ibid.）ということである。つまり「与えられている」のはむしろ、規定された諸空間をつねに〈空間のなかにあるもの〉として表象する、われわれのアプリオリな直観形式の原理的な性格である。これによって、無限なものが全体として、しかもいっさいの総合に先立つ「分析的全体（totum analyticum）」（R 3789 [XVII 293]）として、主観的ないし形而上学的に与えられていることが保証される。それゆえラフソンの言葉をつかいつつカントが印象的にしるすように、「実無限（形而上学的に＝与えられたもの）は、物のがわ（a parte rei）ではなく、思考者のがわ（a parte cogitantis）で与えられる」（Kästner XX 421）。カントはここで、対象的に直観される質料的な外延として描出されるのではなく、直観における主観の形式的な特性のもつ内包によって指示される全体量に、独特の観念的な実在性を認めているといってよい。

付言すれば意外にもこのような思想は、熱心にカントの無限概念を攻撃していたカントールの、〈実無限の観念には内主観的ないし内在的な実在性がある〉、そして〈いかなる潜在的無限も実無限の前提なしには考えられない〉というテーゼと符合する。[20] カントの無限概念を直観主義的に（あるいは外延からの構成主義的に）のみ理解して、実無限から遠ざけた当時の通俗的なカント理解の浅薄さが、カントールのカント評を誤らせたのであろう。さらにいえば、第一アンチノミーでカントは実無限的な世界の存立の可能性を問うたが、この問いの賭け金はつまるところブラリ‐フォルティの逆理でカントールが直面した、全体として考えることの危機に等しい。カントールのカント蔑視にもかかわらず、結局カントールの行く手に立ちはだかった「集合論のアンチノミー」がカントのアンチノミーに形式において類比的なものであったことは、カントール論文集の編者ツェルメロがはやくから指摘していた。[21]

カントに話をもどせば、このように無限への空間的な進行の根底に所与の無限な空間を考えるという発想は、一七八六年の『自然科学の形而上学的原理』では、相対空間の根底に絶対空間の理念をおくという議論として登場している（MAN IV 480 ff., 559 ff.）。たとえば甲板上で球が転がるときに船そのものは海に対して運動しているように、物体がそのなかで運動する空間はそれじしん運動しうるが、この「相対空間」の運動を知覚するにはさらに広い空間が前提される。このような相対空間の「無限への」（MAN IV 481）拡大を保証するために、あらゆる相対空間を包括する不動の「絶対空間」が「理念」として想定される。『批判』の感性論がたんに幾何学的空間を扱うのに対して、『原理』ではさらに「運動」を主題として、犬竹正幸のいう「動力学的空間論」[22]が展開されている。それゆえに『原理』の絶対空間は、たんなる感性的直観の形式であるにとどまらず、原則論のカテゴリー的な諸規定をふまえて、その彼方に「理念」として規定されるのである。

ただしパルター[23]の強調するとおり、このカントの絶対空間はニュートンの実体的な絶対空間ではなく、相対的な運動を表象するための不定の参照枠にすぎず、その意味で「たんなる理念以上のものではない」（MAN IV 559）ことには注意が必要である。

「絶対空間を現実的な物にすることは、そこに包含されているものとしてのいかなる経験的な空間とも比較しうるような、なんらかのある空間という論理的な普遍性を、現実的な広がりという物理的な普遍性と混同することにほかならず、理性をその理念にかんして誤解するものである。」（MAN IV 482）

もちろん『原理』の絶対空間は感性論の空間とは成立の次元を異にしている。だが形式的な類推でみれば、ニュートンの実体的な空間論を斥けて、絶対空間の統制的理念としての役割を強調する『原理』の議論は、空間の超越論的実在性を斥けて、空間をたんなる感性的直観の形式として確定する『批判』の感性論の議論に対応するものであろう。

この対応を裏側から明らかにしてくれる箇所がある。『批判』において「絶対空間」はじつは一箇所だけ、すでにふれた第一アンチノミーの反定立の証明への脚註（A 431 / B 459 n.）〔第六章第４節〕で登場する。そこでは「所与の現象にさらに付け加わりうる」（ibid.）という「外的現象のたんなる可能性」（ibid.）を担保するために、「絶対空間」（ibid.）が導入される。ここで大切なのは、ほんらいこの絶対空間という形式はそのつどの経験的直観にいわば質料形相論的に「結合して（verbunden）」（ibid.）与えられる、という点である。これに対して、あたかも世界とならんで絶対空間というものがあり、それらの「二つの部分」（ibid.）から空間中の世界を組み立てて、いわば巨大な容器のなかに世界を浮かべるとき、「無限の空虚な空間のなかでの世界の運動や静止」（ibid.）といった不合理が帰結し、これを反定立の証明が咎めるわけである。すなわち反定立の証明はそもそも、現象の可能性の根底にあるたんに形式的な空間性を、独断的に実在化して捉える空間論に立脚していたことがわかる。そして、このような空間の仮象はここアンチノミー論では、弁証論的な理性がみずからの「理念にかんして誤解」して、統制的原理を構成的に使用した結果として生じた、理性の仮象として位置づけられるのである。

4　崇高——『判断力批判』の無限論[24]

カントはのちに『判断力批判』において、無限をめぐる思索を「崇高」というトピックに託してあらためてたどり、より新鮮に、豊かなことばで語りなおしている。「われわれは端的に大きいものを崇高と呼ぶ」（KU V

248）とカントは切りだす。ロイがこの箇所を三段階で整理しているように、（A）われわれの量評価は大きいと単純に把捉される大きさ（magnitudo）あるいは量（quantum）から出発し、（B）その単位量を数えあげて総括することである数量（quantitas）を得るのだが、（C）このとき「あらゆる〔数量的な〕比較を超えて大きいもの」（ibid.）、すなわち「端的に大きい（比較的にではなく、絶対的に大きい absolute magnum）」（ibid.）ものが崇高である[25]。すなわち崇高とは数量的比較を超えて出会われる絶対的な大きさ（magnitudo absoluta）であって、これと対比すれば『純粋理性批判』の「絶対量」〔第2節〕は単位量の総合が無制約的に総括された絶対的な数量（quantitas absoluta）であるといえよう[26]。

さて、われわれはどのように「端的に大きいもの」に出会うのだろうか。カントはエジプトのピラミッド見物の例（KU V 252）を挙げている。ピラミッドは遠すぎると卑小にみえるが、かといってあまり近づきすぎると石を一つ一つ目で追うあいだに最初のほうを忘れてしまう。われわれはピラミッドの大きさを実感するために、単位量となる石を把捉していって総括するが、しかしこの総括には「想像力がそれ以上には超えでることのできない最大」（ibid.）があるだろう。把捉の進行を想像力によって総括しうるこの臨界点をわずかに超えて、ピラミッドが想像力を溢れでそうになる絶妙の距離にまで近づいて見るとき、ピラミッドは「端的に大きいもの」として現われて、崇高な感動をもたらすわけである。

とはいうものの、もちろんピラミッドをはじめ自然のなかにあるものは、なんであれ遠くから見れば小さい。それゆえ唯一、本来的に崇高であるといえるのは無限にひろがる「自然の絶対的全体」（KU V 255）だけであろう。それゆえ想像力はこの自然全体をとらえようと、自然の諸部分をつぎつぎと把捉し、無限への努力を続ける。だがその想像力の進行を「理性の声」が呼びとめるのである。

「しかしこのとき心はみずからのうちで理性の声に耳を傾ける。この声はあらゆる所与の量に対して……総体性を求めて、したがってまたひとつの直観への総括……を要求し、無限なもの（空間および流れさった時間）をすらこの要求から除外しない。それどころかそれを不可避的に、……全体として（その総体性にかんして）与えられたものとして考えるように強いるのである。」（KU V 254）

だが第一アンチノミーの定立の証明が明らかにしたように、この理性の要求に応えるべく、「無限なもの（空間および流れさった時間）」を総括して、その全体を感性的に表象することはわれわれにはできない。ところが、このように想像力が無限なものには及ばないという挫折は、逆に無限なものを「考える」ことができるわれわれの理性的な思考の卓越性を示すものだ、とカントは議論を反転させる。理性は無限なる自然全体を叡知的なヌーメノンにおいて思考している。だが感性界の継時的総合を無限に進めている想像力の努力は、いかにしてもその全体を汲みつくしえない。しかしこの不適合性によって逆に、無限という理念が、あるいは理性の超感性的な能力が、その断絶の向こうがわに否定的に表示される。全体に達しえない想像力の挫折の痛みは同時に、全体を思考しうる理性の能力と使命を自覚する喜びでもある。それゆえ自然の客観的な崇高さとは、人間理性への主観的な尊敬が「ある種の取り違え（われわれの主観のうちなる人間性の理念に対する尊敬を、客観に対する尊敬と混同すること）によって」（KU V 257）自然へと投影されて感じられたものなのである。こうして第1章の「取り違え」概念は、さまざまな局面で反復されるカント的な思考法の紋章のように、「崇高の分析論」にも回帰してくる。[27]

さて以上のような崇高の思考は、感性的な想像力と純粋な理性という人間の認識能力の二重性、あるいは感性界と叡知界という存在論的な重層体制を前提している。その前提に立ってカントは、感性的に追跡される現象界における可能的無限の非完結性を媒介にして、理性によって思考される理念的な実無限を叡知界において表示するのである。このような崇高の解釈をプリースは、感性的な自然を超えて超自然的なものへと高まってゆく感情という意味で、「超-自然的＝形而上学的（meta-physisch）崇高」[28]と名づけている。この形而上学的解釈は、崇高の感情の動きを理性的な観点に立って上から眺めて、ルビンの壺のゲシュタルト視が反転するような弁証法的運動として捉えているといえよう。それゆえこの崇高においては現象の進行が否定されることで、その否定によって縁どられた無限者が理性の一望のもとに収められることになろう。

しかし、ほんらい崇高とは「美感的（ästhetisch）」な概念、すなわちαἴσθησιςの次元にかかわる概念であり、理性に立脚して感性を見下ろす概念ではない。また、崇高とは「感情（Gefühl）」であるが、感情はそもそも対象についての志向的な状態ではなく、むしろ「自己自身を感じる」（KU V 204）という内在性をその特徴とする。さきほどの崇高の「取り違え」にしても、第一批判でのように理念が対象的に構成されるのではなく、自己尊敬の感情が客観を介して感じられるというにすぎない。それゆえカントの崇高論を読みなおすために必要なのは、崇高の論理をその内側から感情として捉えなおす視点である。

このように崇高の「超越論的な感性性（Ästhetizität）」に立脚する解釈は、プリースにならって「批判的崇高（Kritisch-Erhabenes）」[29]と呼びうるだろう。この批判的な解釈によれば崇高は、超感性的なものへと反転していかずに、限界における感情的な体験、すなわち「限界経験（Grenzerfahrung）」でありつづける。たとえば聖ピエトロ寺院に入ったときの感動についてカントは、「想像力はおのれの最大を達成して、それを拡大しようと努力するにもかかわらず、自己自身のうちに沈みこんでしまう」（KU V 252）という。この拡大の「努力」と「沈み込み」はつぎのようにも語られる。

「この運動〔動揺〕（Bewegung）は……ある振動に、すなわち同じ客観の反発と牽引の急速な交替になぞらえうる。想像力にとって法外なものは……いわば深淵（Abgrund）であり、想像力はそこで自分自身を喪失するのではないかと恐れるのである。」（KU V 258）

崇高とは、無限をめざす想像力の拡大の限界のなかで出会われる、想像力の限界経験である。ナンシーのいうように、無制約者はあらかじめ彼方に現前するわけではなく、心が想像力を駆って限界に触れるとき、そのときはじめて「限界づけられぬもの（l'illimité）が、おのれを限界画定しおのれを呈示する限界に沿って、たえず自分を浮かびあがらせ、自分を限界から外していく(30)」。限界に沿って現われるこの無制約者が、極限まで張りつめた緊張を強いられている想像力に誘惑的に介入して、「感官の表象を絶対的総体性に適合させようという心の努力をうみだす」（KU V 268）。しかし「深淵」を覗きこむこの努力はそのつど徒労に終わり、想像力はふたたび気を失ってみずからのうちに沈みこんでしまう。心はここで、理性のかいま見せる無限という彼方への憧れと、深淵に落ちて自己を喪失する怖れとを、同時にそして交互に感じ、「反発と牽引の急速な交替」のなかでうち震えている。

ただし注意すべきことに、ここでの深淵は「想像力にとって」の「いわば（gleichsam）深淵」にすぎない。この慎重な限定は、『純粋理性批判』の理想論における「人間理性にとっての真の深淵」（A 613 / B 641）〔第９章第６節・おわりに〕とは対照的である。崇高論において想像力が臨む深淵は、じつのところ理性の懐に抱かれた安全な浅瀬にすぎないが、想像力にとってはあたかも底なしの深淵のように現われるのである。あるいは理想論のある註でカントは、天文学者の発見や報告はわれわれに「無知の深淵」（A 576 / B 604）を知らしめた、と語っている。この「無知の深淵」もまた、感性と想像力を駆使して「わが上なる星しげき空」（KpV V 161）を探索する近代の科学的知性にとっての体験にすぎず、ただちに付言されるように、他方でこの体験からは「われわれの理性使用の究極目的の規定における大きな変化」（A 576 / B 604）が自覚されることにもなるだろう。とはいうものの星空の暗闇を追いもとめる天文学者にとっては、「無知の深淵」はどこまでも暗く穿たれたままである。

それだから、崇高における限界経験において想像力は、深淵の彼方にあるはずの無限なものを手に入れはしない。「文字どおりにうけとって論理的にみれば、理念は描出されえない」（KU V 268）とカントは念を押す。すなわち、彼岸の無限へと移行することができないまま、想像力は憧れと恐れを感じつつ限界のなかで滞留している。ナンシーやラクー＝ラバルトの脱形而上学的な崇高論の読解をふまえて、カントの崇高論を「弁証法」から「誇張法」へと読みかえることを試みた梅木達郎のことばをかりるなら、崇高とは「境界のトポス」の体験、すなわち「境界線上にとどまりそこで宙づりになる」[31]という体験そのものであるといえよう。

このとき無限なる無制約者は、到達不可能性からの反転によって縁どられて把握されるわけではない。デカルトの第二省察における神の存在証明にみられる対比をかりるなら、私は無限なる神を「摑む（comprehendere＝把握する）」ことはできないが、それでも私は観念をとおして神に「触れる（attingere）」[32]。おなじく、「いわば深淵」をまえにした憧れと恐れのなかで、想像力はこの反復を強いる理念の誘惑と暴力を感じとり、その両義的な感情によって無制約者に触れるのである。カントにおいて無制約者は、純粋に理性的に捉えられたままで人間的な実効性をもつわけではない。道徳法則が主観的に尊敬の感情として刻まれて動機になるように、無限なものは限界的な想像力の戯れにおいて崇高の感情として現われてくる。無制約者との出会いにおいても、このような「感性性」の次元を見失わないこと、それがつづく世代の観念論哲学とは異なる、カントの批判哲学の独自性なのである。

5　無際限への遡源

さて、崇高論における無限論との対比で注目されるのが、第一アンチノミーの「解決」で提起される「無限への（in infinitum）遡源」と「無際限への（in indefinitum）遡源」との区別である（A 518 / B 546 ff., cf. A 510 / B 538 ff.）。たしかにこれはいっけん些末な区別であり、いずれも通常は「与えられた無限」との対比で可能的な無限性を表わすにすぎない。しかしカントはそこに限界の彼方に対する立場の差を認める。

「……遡源が無限に進むということは、遡源がまだ達していない項を予料し（anticipiren）、……したがって世界量が遡源に先立って（たとえ否定的にであろうとも）規定されることになろうが、それは不可能である。」（A 519 / B 547）

『ケストナーの諸論文について』でも指摘されたように、無限なる全体に包まれてこそ、遡源は無限に続くことが保証されうる。それゆえ「無限へ」というためには、第二アンチノミーの分割の場合のように、まずもって全体が経験的に与えられていなければならない（A 523 f. / B 551 f.）。しかし第一アンチノミーのように制約者が被制約者の外にあり、遡源によってはじめて付けくわえられる場合には、「無限へ」は保証されえない。その保証を与えるためには、遡源がけっして完結しないように、未到達の量が彼方に無数にあることを「予料」して、全体量を否定的に規定して把握しておくことが必要だからである。この無限量の否定的な呈示を斥けることが、ここで「無際限へ」に託された役割である。

ちなみに、ここでの「予料」といういっけん場違いな術語は、統制的な原理を構成的に使用する「超越論的取り違え」を防止するという文脈で、「理性の原理は……いっさいの遡源に先立ってそれ自体として与えられているものを予料するのではない」（A 509 / B 537）といわれる用法と同じく、経験の限界をこえる理性の越権に焦点をあわせた概念である。このようなアンチノミー解決に対して、そもそもアンチノミーの定立・反定立の「帰謬法的証明」（A 791 / B 819）では、のちの方法論で暴かれるように、主観的なものを客観的なものへとすり替えるという「取り違え」（ibid.）が横行しており、それゆえ「両命題が誤って客観的と考えられた主観的条件のもとでのみ相互に矛盾し、そしてその条件が誤っているために、一方の偽から他方の真を推理できず、両者ともに偽でありうる」（ibid.）という事態が起こっていたのである。すなわち、すでにみたように第一アンチノミーにおいては、感性界の総体性という理性の要求が客観化されることで世界の絶対量が想定され、世界は有限か無限かが二者択一で問われて、反定立でいえば有限な世界の反駁から世界の無限性へと推理するという不当な拡張論法がなされていた。このような取り違えによる予料を取り除いたあとで、定立の有限性と反定立の無限性という二つの主張のはざまに見出されたのが、「無際限への遡源」という規則なのである。

このように第一アンチノミー解決は、遡源において未到達の項を予料することさえ禁じて、ひたすら限界の内側に留まろうとする、際立って禁欲的な態度をとる。これは崇高論における無限なものの限界経験とはかなり異なった態度である。崇高論では、理性概念によって思考された実無限が、無限に進行する想像力の「いわば深淵」の向こうがわに現われてきて、さらに限界をこえて溢れでるようにと想像力を誘惑していた。現象における遡源に「無際限へ」のみを認めるということは、したがって、さらなる項を保証して遡源を誘発する〈理性による予料〉を想像力から剥奪することである。いいかえれば、現象の根底に考えられるはずの超感性的な基体、その理念的な実無限性を、いかなる意味でも現象に重ね合わせないということである。これによって現象の存在性格からは、全体性がまず理性によって確保されるような物自体としてのありかたが剥奪されることになる。このように彼方を奪われた現象は、あえていえば、このときおそらく崇高ですらない。

現象における無限概念のこのような先鋭化は、叡知的な物自体と経験的な自然現象との「超越論的な区別」（A 45 / B 62）を見とどけることによって、理性の「限界規定（Grenzbestimmung）」（A 758 / B 786, A 795 / B 823）を遂行しようとする『純粋理性批判』の根本企図にふさわしいものである。これに対して『判断力批判』は、自然概念から自由概念への「移行（Übergang）」（KU V 176, 196）を主題にしている。それゆえにその崇高論においては、『実践理性批判』の有名な結語における対比をかりれば、「星しげき空」（KpV V 161）のたんに果てしない広がりの可能的な無限性（unabsehlich / grenzenlos / zahllos（KpV V 162））から、道徳的世界の「真の無限性」（ibid.）へと移行する可能性が望みみられ、その二つの無限性のあいだの裂け目に臨む想像力の限界経験がえがきだされるのである。次章では、その道徳的世界への出発点となるべき、第三アンチノミーの問題圏へと入っていこう。

第八章　人間的自由の宇宙論的本質について

――第三アンチノミー――

第三アンチノミーとその解決は、人間の自由意志と自然法則との相克をえがきつつ、超越論的観念論に立脚して両者を調停した議論として、哲学史上に名高いものである。しかしまた、第三アンチノミーの自由論は古くから非難の的であったばかりか、今日にいたっても、現代哲学の自由意志論からみたときどのように位置づけられるかについて、諸家の見解はひどく分裂している。「カント研究文献においてカントは、「自由論者」（アリソン）としてだけではなく、両立論者（ミーアボーテ、ハドソン、ホルストマン、ホルン）としても、それどころかさらには非両立論と両立論との両立論（ウッド）としても特徴づけられている」[1]とボヤノフスキが嘆くとおりである。カントの自由論を現代哲学の枠組みに入れようとするとどこか間尺の合わないところがあり、そのため諸家はそれぞれ特定の観点を際立たせることで、なんとか押し込もうとする。ウッド以来お馴染みになった「非両立論と両立論との両立性[2]」はカントの入り組んだ議論を捉えようと工夫した定式であるが、しかしその判じ物じみた言いまわしは、両立論や非両立論といった既製の概念枠がカントのまえでは破綻していることをはしなくも物語っている。

すなわち、カントの第三アンチノミーに接近するために必要なのは、手持ちの自由意志論の概念をあてがうことではなく、カント哲学に固有の自由論の視角を正確につかまえることであろう。いうまでもなくその視角は、アンチノミー章第六節の表題に謳う「宇宙論的弁証論を解決する鍵としての超越論的観念論」（A 490 / B 518）に託されている。超越論的観念論という強いコミットメントを毛嫌いして、それを排除してカントの自由論を再構成しようとしたからこそ、現代哲学的な枠組みは適切にカントを位置づけられなかったのである。しかしまた逆に、超越論的観念論にもとづく叡知界と感性界の二世界説を信奉することによって自由を救済してしまうのは、カント哲学をひとつのお伽噺として葬りさるに等しいであろう。超越論的観念論もまた、二元論的な存在論の教説としてではなく、むしろ自由の問題を解決するために必要な「鍵」として解釈されなければならない。

本章では、カントの自由論の固有性に迫るために、第三アンチノミー独特の問題構成に着目することにしたい。第三アンチノミーの定立の「証明」は、「世界＝宇宙（Welt）の起源を概念把握するために」（A 448 / B 476）、世界創造の神には超越論的自由が不可欠だと主張する。ところが定立への「註解」に入ると、世界の起源の自由が認められるなら「世界の流れのなかでの」（A 450 / B 478）人間の自由を想定すること「もまた許される」（ibid.）はずだと議論が移行してゆく。世界を創造する神の宇宙論的な自由が、世界内で行為する人間の自由意志の雛形になるわけである。このいっけん奇妙で途方もなく壮大なカントの立論は、しかしこれまでの第三アンチノミー研究においては十分に考慮されてきたとはいえない。ときには、宇宙論的な問題設定がごっそり切りすてられて、世界内の人間の自由に限定して第三アンチノミーが仕立てなおされることもある[3]。さきほど引いたボヤノフスキもまた、この点にかんして十分な考慮を払っているとはいえない。本章はここに問いの糸口を見出す。すなわち、なぜカントは人間的自由を問うにあたって「世界の起源」をもちだして、宇宙論的に問題を設定するのか。この問題設定によって第三アンチノミーはいかなる視角をひらこうとしているのか。

以下では、まず第三アンチノミーの証明の概略を見たのち、いわゆる二世界説や二性格説による解決の問題点を確認する。そのうえで新たなカント解釈の可能性を探るべく自由論の宇宙論的＝神学的なコンテクストをさかのぼり、さらにはその人間的な意味を求めて『宗教論』における性格選択論へと進もう。これらを踏まえるならカントの自由論の本質は、宇宙論的な遡源と前進のモチーフにもとづいた、パースペクティヴの実践的転回として理解されうるのであり、超越論的観念論もそこから再考されるだろう。

1　定立・反定立の証明と註解

定立（A 444 / B 472）は、世界の現象を説明するためには「自然の法則にしたがう原因性」だけではなく、「自由による原因性」もまた必要だと主張する。その証明は、反対の反定立の立場を想定して矛盾を導出する帰謬法による。すなわち証明はまず「生起するもの」にかんして自然因果のみを想定して原因の系列を遡源するが、しかしこの背進において出会われるのはつねに「従属的な（subaltern）」始まりであって、けっして「第一の起始」ではなく、それゆえ因果系列の「完全性」は見出されないことになる。定立の証明はつづける。

「さてしかし、アプリオリに十分に規定された原因なしでは（ohne hinreichend a priori bestimmte Ursache）なにも生起しない、という点にこそ自然の法則は成立するのである。それゆえ、すべての原因性は自然法則にしたがってのみ可能であるかのようにいう命題は、その無制限の普遍性においては自己自身と矛盾する……。」（A 446 / B 474）

ここでは「アプリオリに十分に規定された原因」という言いかたが証明の鍵になっている。ハイムゼートの注釈のとおり、この「アプリオリ」はカント以前の伝統的な意味で「導出において前の部分から（a parte ante）」を意味しており、「十分に」はライプニッツ以来の「充足理由（ratio sufficiens）」の思想圏を指示している。[4]

アリソンが分析しているように、ライプニッツの充足理由律はじつは二重の思想契機を内包していた。一方で充足理由律は、いかなる出来事もその「先行原因」をもつという「普遍性の要求」を掲げるが、同時にまた、なぜある出来事はそうあるのかの問いに対して「究極的な説明」が与えられるべきだという「完全性の要求」をも孕んでいたのである。通常の経験や科学の範囲ではたいてい先行原因の探求に終始して、究極的な説明が求められることはない。しかしアンチノミー論の弁証論的理性は、所与の被制約者に対して無制約者が与えられているはずだという完全性の要求を顕在化させ、押し通そうとする。ところがこの要求にこたえて世界に究極的な説明を与えようとしても、先行原因の普遍性の要求が他方にある以上、究極的な第一原因はどこまでも遡り、ついには無限後退の暗闇のなかに失われてしまう。こうしてライプニッツの充足理由の思想は「無制限の普遍性」へと拡張されるとき、そこに孕まれる二つの思想契機の自己矛盾を露呈するのである。[5]

もちろんカントはなにもライプニッツ批判のために定立の証明を定式化したわけではあるまい。河村克俊が明らかにしたように、歴史的にみればカントの思想形成に大きな影響を与えたのは、ヴォルフとランゲの論争というドイツ啓蒙の大事件であり、さらには無限背進の不可能性をめぐるバウムガルテンの議論であったであろう。[6]バウムガルテンの『形而上学』はすでに、世界の系列は全体として偶然的なものであるかぎり必然的な原因をもたなければならないが、しかし無限なものであるかぎりその原因で終結するわけにはいかないと論じて、充足理由律の問題性を定式化していたのである。[7]

定立的な理性の考えかたによれば、このような無限背進の問題を解消するには、「自然の原因性」のほかに、もはや先行原因を要しない「自由による原因性」を想定するほかない。世界の「現象系列を……みずから始める」ような「超越論的自由」（A 446 / B 474）を想定することではじめて、世界の因果系列の遡源は完結し、世界の起源が理解されうる。——証明はこのように「世界の起源」における「第一動者」（A 450 / B 478）を主張するが、註解はさらにこれを世界内の人間の自由へと敷衍しようと試みる。

「しかしこれによって時間において系列をまったくみずから始める能力がひとたび証明された……からには、われわれにはいまや、世界の進行のさなかでさまざまな系列を原因性に即してみずから始めさせることも、世界の諸実体に自由にもとづいて行為する能力を付与することもまた許されている。」（ibid.）

それにしてもなぜ、世界の起源の自由から世界内の人間的自由への移行が「許される」のであろうか。世界の起源においては現象のすべてが始まるのに対して、世界内ではしかしいっさいが法則的に進行しているだけではないか。

この移行を許しているのは、時間と因果についての定立の無節操な見方である。証明における超越論的自由は、空虚な絶対時間が一定に進むなかで、そこに割りこむようにして、ある時点で世界の系列を絶対的に開始する。註解はこの時間と因果の構造を世界内にもちこむ。もちろん世界内では時間は人間の行為とは無関係に一定に進んでいるが、しかしこの時間的な継続のなかでも因果的には人間の超越論的自由が割りこんで、ある出来事の系列を始めると考えられうる。人間的自由は「時間上ではなく、原因性についての絶対的に第一の起始」（ibid.）であり、先行する自然原因に「後続するが、しかしそこから帰結するわけではない」（ibid.）とされる。——いうまでもなく、このように時間的な進行と因果的な開始とをひとつの出来事に重ねるという不整合は、反定立において糾弾されることになる。

反定立は、「自由はなく、世界におけるすべてはもっぱら自然の法則にしたがって生起する」（A 445 / B 473）

と主張する。その証明は、さきほどの先行原因の普遍性の要求を無制限に貫徹せんとするものであり、いかなる例外も認めずに、「超越論的自由は因果法則に反する」（ibid.）と断ずる。先行原因による決定の連鎖は、無限にひろがる自然をあまねく支配している。もしそこに自由の原因性が介入するなら、自然の運行は「無法則性」のカオスに陥り、「経験の統一」は不可能になってしまうだろう（A 447 / B 475）。このような反定立の証明は十八世紀ドイツ哲学の文脈でいえば、ランゲが論難するライプニッツ＝ヴォルフ哲学の世界観にちかい。ランゲによれば、ヴォルフは因果的に連結された世界系列を「無限への進行（progressus in infinitum）」にまで拡張することで、「スピノザ」とともに「自由と道徳性を廃棄し」、「第一原因としての神の実存在」をも世界系列に呑みこんだのである。(8)

反定立の註解はこのような世界観を「超越論的自然専制（Physiokratie）」（A 449 / B 477）と名づける。つづけて註解は、「もし諸君〔自由論者〕が世界において時間上で数学的な第一者を想定しないというなら、諸君はまた原因性について力学的な第一者を求める必要もない」（ibid.）と畳みかける。定立は時間的＝数学的な次元と因果的＝力学的な次元をいったんは区別することで、時間の流れのなかでの因果的な開始を考えた。反定立はこれに対して、「実体の諸状態の変易、すなわち実体の変化の系列」（ibid.）がつねに存在してきたと考え、時間経過と因果系列とを一体として理解したうえで、「数学的にも力学的にも第一の起始を求める必要はない」（ibid.）と断定するのである。

そして、たとえ世界の起源をめぐる難問に決着を付けるために超越論的自由を認めるとしても、それは「世界の外にだけある」（A 451 / B 479）ものでなければならず、「世界そのもののなかに」持ちこむことは「とうてい許されえない」（ibid.）。反定立は時間と因果を同一視するから、世界の始めはともかく、世界内での新たな開始を認めるわけにはいかない。そのような自由な開始は、世界の時間的＝因果的な進行をモザイク状に寸断し、経験を「夢（Traum）」（ibid.）から区別しがたいものにしてしまうであろう。

２　二性格説による解決とその問題点

第三アンチノミーの解決は最終的に第九節で試みられるが、その中心にあるのは〈二観点説〉とでも呼びうる議論である。アリストテレスは「矛盾」について、「同じものが同じものに同時に同じ事情のもとで属しかつ属さないということは不可能である」[9]と定式化した。この定式から「同じ事情のもとで」を解除して主語を別々の観点から見ると、矛盾をたんなる小反対の対立へと解消して、両命題とも真とする道がひらかれる。数学的アンチノミーにおいては感性的な現象間の「同種的なものの総合」（A 530 / B 558）が問われていたから、現象は「同じ事情のもとで」考察されるほかなかったが、力学的アンチノミーにおいては叡知的な原因へと向かう「異種的なものの総合」（ibid.）が想定されるから、現象を異なった事情のもとで考察する手掛かりがある。

主語となる「生起するもの」を一つの観点でしか捉えられないならば、自由と自然とは矛盾するだろう。いいかえれば、現象と物自体とを同一視し、「現象が絶対的な実在性をもつという、ひろく行なわれてはいるがやはり欺瞞的である前提」（A 536 / B 564）が支配しているかぎりは、「自由は救われない」（ibid.）だろう。これに対して、超越論的観念論の教説のもとで現象と物自体とを区別することによって、一つの出来事に二重の連関をみることができないか、とカントは問う。

「……現象が……経験的法則に則して連関するたんなる表象にすぎないとすれば、現象はそれじしんさらに現象ならざる根拠をもたなければならない。そのような叡知的原因はしかしその原因性にかんして現象によって規定されることはない。たしかに、叡知的原因の結果のほうは現象するし、それだから他の現象に規定されうるにしても、である。……それゆえ結果は、その叡知的原因にかんしては自由であるが、同時に現象にかんしては自然の必然性に即した現象からの帰結であるとみなされうる。」（A 537 / B 565）

たとえばスクリーンに流れる映画には、シナリオやカメラワークなどの映画的な規則が貫いているだろう。しかしその規則は、フィルムを走らせて銀幕に投影する映写機の工学的なメカニズムとは異なる。映画というものはそれら二つの法則のもとに同時に立つことで成立している。同様に超越論的観念論によれば、一つの現象について、現象相互の経験的な因果関係と叡知的原因に遡る因果関係とを認めることができるだろう。カントは「原因性の法則」を「性格（Charakter）」と名づけ（現代的には「傾向性（disposition）」とでもいえよう）、二つの因果法則を「経験的性格」と「叡知的性格」と呼んで区別する（A 539 / B 567）。こうして、一つの現象は二つの性格のもとで記述できるはずだという〈二性格説〉が定式化されることになる。

反定立は時間的経過と因果的継起とを等値して、自由を自然専制のもとで握りつぶした。定立もやはり時間と因果を同一の次元で考えるから、時間的な進行のなかに新たな因果系列が挿入されるという主張になって、これは反定立の反撃にあう。二性格説はこの時間と因果の曖昧な関係を改めて、経験的性格にしたがって時間的に進行する現象的な因果系列と、叡知的性格にしたがって現象が叡知的原因に根拠づけられるという超越論的な因果構造とを、厳密に分離するために導入されたのである。このような分離的解決によって、ヌーメノンとしての行為主体を時間的な諸規定から解放し、超越論的に自由な原因性を無時間的な叡知性の次元で確保することが可能になるわけである。

ここで注意すべきは、この二性格説をデカルト主義的な心身二元論として理解すると、なんの解決にもならないという点である。しかしまた、超越論的観念論をいわゆる二世界説として受けとり、叡知人と現象人という二つの存在者の関係に即して理解する場合にも、結局のところデカルト主義的な心身二元論と同じことになる。このような二実体＝二世界のもとでは、たとえ叡知的な精神実体から発する行為が自由だとしても、それによってコントロールされるはずの現象的物体（＝身体）のほうは完全に自然法則にしたがって機械論的に運動しているのだから、叡知的な自由はまったく無力な傍観者にすぎないのである。

しかしながらこの論難は、二性格説そのものにも向けられるのではないだろうか。L・W・ベックが嘆くように、[10]ある出来事が経験的性格においては因果的決定論のもとにあるとき、それが叡知的性格のもとでは自由な出来事になるなどということは、とうてい理解しがたい話である。というのも自由と決定論は、たんに色と形のように没交渉的に並立するのではなく、一方が成立すれば他方が廃棄されるという矛盾関係にある性質なのであって、現象における行為について決定論が全面的に支配している以上、そこに自由が入りこむ余地は残っていないからである。たとえ自由な叡知的原因性を想定できるとしても、その現象的な結果としての行為において決定論の脅威を廃棄しえないのなら、それは自己欺瞞的な現状追認にすぎないであろう。

ベックはこの苦境から逃れるために、『判断力批判』のアンチノミー（KU V 386 ff.）を参照している。[11]そこでは機械論と目的論との対立は、「理性の立法における抗争」（KU V 387）ではなく、たんに統制的な反省的判断力の格率の対立にすぎず、矛盾対立するものではない。ベックはこれを第三アンチノミーに読みかえて、とりわけ自然因果の法則を統制的な探求の格率に格下げすることによって、自由と自然とを「並列的な」ものとして救出しようと試みるのである。これは優れた解釈の試みであり、多くの派生的解釈をうみだしたが、やはり無駄な努力であったというほかない。『純粋理性批判』の第三アンチノミーにおける「超越論的自然専制」はまさに「理性の立法」による最強の支配であるし、それがたとえ（ときに試みられるように）第二類推にもとづく経験的な因果性へと局限されたとしても、とうてい反省的判断力による解釈の格率ほどには弱いものにならないだろうからである。(12)

また最近では、〈行為論的解釈〉とでも呼びうる解釈が擡頭してきたようである。それは総じて分析哲学の行為論を背景にした解釈であって、たとえばアンスコム的な行為の志向説をふまえて、ひとの行動は一方では因果的な出来事（event）として説明されるが、同時にまた志向的な行為（action）としても理解されうるという論点を、カント解釈に適用することが試みられる。あるいはデイヴィドソンの非法則論的一元論と行為の因果説に即して、カントをその遠い先行者として再構成しようとする解釈もその一例である。(13) わが国の行為論的解釈の代表格と目される新田孝彦によれば、われわれはひとの行動を「自由による因果性」に発するものとして考察することで、それをたんなる自然的な出来事とは異なる人間的な行為として経験しうるのであるから、自由の理念はわれわれの「行為経験の構成的原理」(14) として機能している。そのさい行為は「性格」、あるいは「意欲の主観的原理」としての「格率」（GMS IV 400 n.）にもとづいて記述され、構成される。そしてそのような人間的行為は、自然因果性に即して記述される物理的出来事のうえに、いわば重ねて描くことができるだろう。(15)

しかしながら、このような行為論的解釈を第三アンチノミー解決に適用することには重大な疑義がある。すなわち、行為経験を構成するためにはなにも「超越論的自由」を要せず、たんに方法論の規準章でいうところの「実践的自由」（A 801 / B 829 ff.）で事足りるのではないか、という疑義である。規準章によれば、実践的自由では理性による「行動の指針」だけが問題なのであるから、この理性そのものが「法則を指示する行為において」

感性の影響下にあり、「より高く遠い起動原因にかんしてはふたたび自然〔の一部〕である」か否かは「たんに思弁的な問い」として無視してよい（A 803 / B 831）。それゆえ行為は実践的自由による行動指針と法則に則して構成されるが、しかしここには超越論的自由は関与しないのである[16]。

総じていえばカントの超越論的自由は、ある出来事をべつのしかたで記述し構成することよって救出しうるようなものではありえない。なにしろカントは『実践理性批判』において、ライプニッツなどの両立論的な自由論をまとめて「哀れな言い逃れ」（KpV V 96）と斬りすてるのだから、その刃がカントじしんにも向けられるのは当然である。この刃のもとでは、二性格説的な両立論も行為論的解釈の重ね描きも、「哀れな言い逃れ」という断罪を免れえないであろう[17]。

3　第三アンチノミー解決の宇宙論的＝神学的な背景

ここまでの第三アンチノミー解決の解釈は、どこに難点があったのだろうか。経験的に認識される現象がまず先行して与えられる。そこに「感官の対象においてそれじしんは現象ではないもの」（A 538 / B 566）としての叡知的なものが、後から付けくわえて「考えられる」（A 540 / B 568）。しかし、この後発の思考によって決定論的現象を自由な行為として上書きしようとしても、すでにデッサンは完成している以上、もはやできることは色塗りくらいしかないだろう。あるいは、この解釈では一つの出来事を対象的に捉える二つの方法が争う。たしかにこれらは経験的方法と叡知的方法として大きくその性格を異にするが、いずれにせよ向こうがわにある出来事をどう見るかという違いである。これはルビンの壺の騙し絵で、壺のように見えるものがつぎには二人の顔に見えるというのと同断であろう。しかしこの場合、見えかたが変わったからといって、絵柄そのものが変わるわけではない。

それゆえ以下で求められるのは、第三アンチノミー解決を、たんなる両立論的な重ね描きやゲシュタルト転換とは異なったものとして、しかしだからといって二世界説的な超越論的観念論へと陥ることなく、解釈することであろう。そのような解釈の視角を見定めるためには、まずはもういちど定立・反定立の証明・註解に立ち戻って、そもそもなにが問題であったのかを再確認せねばなるまい。

定立の証明は、因果系列をどこまで遡源しても「系列の完全性」が達成されないことに痺れを切らせて、断固として無制約的な第一動者の超越論的自由から系列を開始することを選択する。第一アンチノミーについて述べたように［第六章第3節］、定立的な理性の思考を特徴づけるのは、「アプリオリな制約から始まる前進」（R 4760 [XVII 712]）を、しかも「第一原因から始める」（R 4011 [XVII 385]）ことによって、被制約項の全体を究極的に説明しようという要求である。宇宙を遡源していたはずの理性は、第一原因のところで踵を返して「無制約者から始める」（A 467 / B 495）わけである。さらに定立の註解はこのような無制約的な前進を世界内の行為にもちこむ。これとは対照的に反定立は、系列の背進を無限へと拡張していくことで、無限系列そのものとしての無制約者を実現しようとする。ここでは理性は一貫して世界を遡源するのであって、前進へと反転してこない。

すでにみたように、定立の主張の難点は時間のなかに世界の起源の原因性を措定したことであり、それが反定立の証明によって論難されたのであった。そこで第九節の解決では、二性格説によって時間と因果を分離して、自由を叡知的原因性として確保することになる。証明から解決へいたるこのような問題構成から、われわれは第三アンチノミーにおける人間的自由の来歴を知ることができる。すなわちそれは、そもそもは無限に遠い時間的な彼方に置かれていた宇宙論的な第一原因が、無時間的に叡知化されて、現在の出来事を支配する理性的原因になったものなのである。人間的自由のこのような宇宙論的本質こそが、カントの自由論の特異性を象っている。そもそも人間の自由の問題を、アンチノミー論という宇宙論をめぐる弁証論的推理の問題機制のなかで論じようというのが、カントの創見であったといえる。十八世紀のドイツ講壇哲学の伝統において、自由は主として心理学の問題であった。たとえばバウムガルテンの『形而上学』において、自由が論じられるのは一貫して心理学の章においてであり、そのほかには一カ所、神学において神の自由が言及されるだけである[18]。しかし『純粋理性批判』のカントはこの問題構成をおおきく変えて、自由の問題を宇宙論へと移管し、世界の起源という問題を自由論の出発点に選んだのである。

　発展史的にみればこの移管には、第二章で跡づけたような弁証論の目次の整備がかかわっているだろうし、さらにはさきにふれたバウムガルテン『形而上学』の「宇宙論」における無限背進論からの影響もあっただろう[19]。じっさい、一七七〇年代後半の『L1形而上学講義』の「宇宙論」では、「無限背進」の問題が論じられたあと、「生起の第一根拠は自由によって生じなければならない」（ML1 XXVIII, 200）と結論されている（ただし、ただちに「これについては合理的神学でさらに詳述する」（ibid.）と議論は打ち切られる）。ここに第三アンチノミーの定立の原型をみてとることができよう。――しかし本章では発展史的な事情ではなく、むしろこの問題の移管によって実現した自由論の奥行きを問いたいと思う。すなわち、神の世界創造を範型にして人間的自由を考えるという思考方法のもつ、独特の射程を測りたいのである。

　ちなみに森禎徳は、われわれと同じく自由を宇宙論的に問う第三アンチノミーの特異性に着目しつつも、われわれとは逆にその意義を、伝統的な形而上学の枠組みから人間の行為論的な枠組みへと自由論の局面が切り替わったことに見出している。[20] しかし宇宙論や神学の問題圏から退避することによって人間の自由を救済しようと試みても「心理学的自由」(KpV V 96) が残るだけであり、これは「実践的自由」にすぎない。私のみるところではカントの超越論的弁証論の意義は、伝統的な形而上学をたんに批判して遠ざけるところにではなく、むしろそれを超越論的な批判に曝したのちに新たに統制的理念の資格において取りもどすところにあるように思われる。——第三アンチノミーのそのような帰趨を見とどけるためにも、まずは自由論の宇宙論的あるいは神学的コンテクストをさかのぼり、問題構成の祖型を確かめる必要があるだろう。

おそらくカントにとって、世界創造をもとに人間的自由を考えるという思考方法の範例は、ライプニッツの自由論に求められるだろう。若きカントはすでに初の形而上学論文『新解明』において、ライプニッツの「充足根拠律」を「決定根拠律」と呼びかえて主題化し、それがもたらす運命論と人間的自由との両立可能性を問うている。この相剋をいわゆる可能世界論によって解消しようとしたライプニッツの立場は、若きカントが「常套的な」(Nova I 399) と腐すほどに、当時ひろく知られた共通了解であった。『弁神論』などでくりかえし説かれるように、この世界のなかの系列は充足理由律にしたがって「確実」であるが、しかし神がそもそもこの現実世界とは別の可能世界を選択して創造したかもしれない以上、この世界のなりゆきは「必然」ではなく、絶対的には「偶然」である。ライプニッツは、私の未来への選択を永遠の相のもとで捉えることで、私の自由を世界創造の神の自由へと収斂させたのである。[21]

このライプニッツ的な構想は大きくみれば西洋思想史上に遠い淵源をもつ。ハイムゼートは論文「カントの自由アンチノミーの宇宙神学的な起源」において、アナクサゴラスやプラトンの宇宙発生論に遡りつつ、神の建築術的な世界創造の働きがカントにとっていわば「思考モデル」になって、「みずからの(環)世界を形成し、……「目的の国」としての「叡知的な」世界へと能動的に関わる[22]ものとして人間的自由を捉えることが可能になったと指摘している。さらに限定的にいえば、永遠の神による創造を雛形にしたライプニッツ的な構想は、ウッド[23]が示唆し、さらにエアトル[24]が詳細に解明したように、ボエティウスの『哲学の慰め』における神学的な自由意志論にその原型をもつであろう。ボエティウスは、神の叡知の永遠性と人間的行為の時間性とをするどく対照させながら、神の摂理（providentia）は未来へとつづく私の行為の系列の全体を同時的に「いわば万物の最頂点から眺めわたす[25]」ように見ており、それゆえ神の知識は人間の未来の選択肢を限定するものではないと論じて、のちのヨーロッパ思想に大きな影響を与えた。

このようにカントの自由論の洞察は、ギリシア以来の宇宙論の系譜を背景に、ボエティウス的な神学の伝統に根差すものであり、直接的にはライプニッツの思想遺産を継承するものである。とりわけ超越論的観念論に立つ二性格説は、その骨格においては、自然の国と恩寵の国の区別とその調和を説いたライプニッツの教説に対応するものであろう。ライプニッツにおいてもカントにおいても、時間的に進行する世界は因果的に決定論的である。ここでライプニッツはこの世界を選択して創造した神の自由に訴えて、この世界に生きる人間の行為は絶対的には偶然的であり、別の可能世界への選択肢も開かれていることを強調する。[26]カントもまた、現象の因果的系列に対して垂直的にかかわる叡知的な次元を想定し、その理性的意志から考察することによって、「生起するべきではなかった」（A 534 / B 562, A 550 / B 578）という当為的な判断の局面をひらく。

しかしながら、ライプニッツによる自由の神学的な基礎づけは、カントの自由論の本質を汲みつくすものではありえない。というのもカントにとっては、ライプニッツのように神学的な次元に人間的自由の源を求めることは、人間存在の中核にかかわる問いを神に委ねてしまうことに等しいからである。ライプニッツは人間的自由の本質であるべき理性の自律（Autonomie）をいわば神律（Theonomie）へと売りわたし、『実践理性批判』で論難されるように、人間を神頼みの偶然性の波間にただよう「精神的自動機械（Automaton spirituale）」（KpV V 97）に格下げしてしまったといえるだろう。これに対してカントが求めるのは、ライプニッツ的な永遠と時間の存在論的構造を背景にしつつも、人がおのれの自由の可能性の条件を問うことによって、人間的自由の思想をみずから再構成するという思考方法なのである。

4　性格を選択する叡知的な行ない

『実践理性批判』の「批判的解明」は、そのような自由のカント的な再構成をさぐるための糸口を与えてくれる。ウッドも引用するように[27]、自分の性格に即して行為するという心理学的自由に対して、その心理学的なメカニズムの全体にかんする決定権を有する超越論的自由を対置しつつ、カントはつぎのように述べる。

「というのは、この反法則的行為は、それを規定するあらゆる過去のものとともに、そのひとの性格という唯一の現象に属するのであり、その性格は彼が自分自身で設えたもので、それにしたがって彼は、いっさいの感性から独立した原因としての自己自身に、あの行為の現象の原因性を帰すのである。」（KpV V 98）

性格が行為を決定するにせよ、その性格に対して理性は責任を有する、とカントはいう。自分の性格に責任があるというのは、伝統的には、性格形成が「原因において意志的（voluntarium in causa）」であるとみなされるからである。これは、酒を飲んだのが意志的だったから、その後の酩酊状態での犯罪をも罰する、というのと同断である。サラが指摘するように、『実践理性批判』のカントも、「過去の時間に属している」ところの「すでに犯した行ない」（KpV V 97）に性格形成の原因を遡るとき、この性格形成責任説の思考経路をたどっている。[28]

しかしこの考えかたは容易に無限後退に陥るだろう。それはすでにアリストテレスも逢着した古典的なアポリアである。[29] 性格が行為を決定し、行為が性格を形成する。では、時間的に最初の行為を決定する性格は、いかなる行為によって形成されるというのか。ここでカントは、超越論的観念論を背景に、フェノメノンとヌーメノンの二元論にもとづいて、このアポリアを解決しようとする。すなわち「感性的存在者としての彼の実存在の全系列すらもが、彼の叡知的な実存在の意識においては、ただヌーメノンとしての彼の原因性の……結果にほかならないとみなさなければならない」（KpV V 98）ということである。気質と経験に依存する性格形成の因果的な時間系列を断ち切って、カントはこの生の全体の原因を、ヌーメノンとしての理性主体による無時間的な性格選択に託す。

第三アンチノミー解決の「悪意ある嘘」の例でも、悪意ある嘘をついた行為者の経験的性格を遡れば、その生来の素質や悪い教育や社会状況などが見出され、その行為が経験的に決定されていたことがわかるのに、なぜわれわれはその行為者を非難するのか、という問いに対してカントはつぎのように答える。

> 「というのは、それまでの人生の営みがどのようなものであったかは完全に脇に置くことができ、そして諸条件の流れさった系列は生起しなかったものとみなしてよく、あたかも行為者がこの行ないによって帰結の系列をまったく自分から始めたかのように、この行ないは以前の状態にかんしてはしかしまったく無制約的なものであるとみなしうる、ということが前提されているからである。」（A 555 / B 583）

性格形成の過程を遡源していけば、ついにはアポリアに陥る。われわれはそれゆえ、その性格形成の「流れさった系列」はなかったものとして、その行為によって系列が開始されるかのように考えるのである。ここで「かのように（als ob）」は、行為による系列の開始はあくまで行為者の実践的な観点から正当化されるにすぎず、そのように理論的に構成されうるわけではないことを示している。「流れさった系列（verflossene Reihe）」という言いかたは、第一アンチノミーの定立証明の「無限の流れさった世界系列」（A 426 / B 454）を想起させる。第一アンチノミーが流れさった系列を無際限に遡源することを指示するのに対して、第三アンチノミーは流れさった系列を背にして、無制約者からの開始へと転回する。

このような無制約的な開始は、性格と行為の経験的な連鎖系列に対して、叡知的な原因性として効力を及ぼす。すなわち性格と行為の現象は、時間に即して因果的に連鎖して経過するにもかかわらず、理性の「持続的な（beharrlich）[30] 条件」（A 553 / B 581）のもとに立ち、「純粋理性の叡知的性格の直接的な作用」（ibid.）に支配される。いいかえれば、水平的に流れていく行為の現象系列は、垂直方向からの「叡知的な原因性」によって根拠づけられ、その「根源的行為」（A 544 / B 572）によって持続的に決定されるのである。

第一アンチノミーでは斥けられた、「永遠から」の世界創造という伝統的な神学思想は［第六章第3節・第5節］、こうして、いわば「永遠の現在」に立って自己決定する人間の叡知的原因性として取り戻されることになる。ただし、この「永遠の現在」をウッドのように額面どおりの神学的な無時間性として受けとる必要はない。すでにみたように、現象の時間的な流れに垂直的に対峙する超時間的な超越論的人格という思想は、第三誤謬推理の解決において示唆されていたものであり［第四章第3節］、それはさらに演繹論の〈自己意識の総合モデル〉における統覚の分析的統一［第三章第4節］に呼応している。このような理論的な場面での考察がこの自由論においては、人格が持続的な原因性として現象系列の帰趨を叡知的に決定している、という思想へと拡張されると考えればよい。

一七七〇年代後半のものと推定される遺稿R 5616 [XVIII 255 f.] で論じられるところでは、われわれの行為は知性による「最初の指導（direktion）」から出発して、それが現象的な「諸動機からなる無限の中間系列」を経由することで、現在の行為を決定している。この無限性のゆえに、われわれは中間系列を遡源して、最初の性格の方向づけにまで到達することができない。そして、このように無限への遡源による認識が不可能であることは、現象における行為系列を規定している「知性的な諸根拠の恒常的な（bestandig）影響」を把握することが不可能であることと等しい、とみなされる（cf. R 6446 [XVIII 720]）。すなわち知性的な規定にかんして、その時間的遡源の水平的な遠さが、現象と知性との異質性に由来する垂直的な高さへと転換されるわけである。

よく知られるように、このような性格形成と責任をめぐる問題圏は、最終的には『たんなる理性の限界内の宗教』において突き詰めたかたちで表現されることになる。鶏と卵のように遡っていく行ない（That）と性癖（Hang）との関係の根源的な場面に、カントはある「叡知的な行ない」（Religion VI 31）を想定する。プラトンの『国家』篇の掉尾を飾る「エルの物語[31]」における「生の選択」にも似た、この根源的で叡知的な行ないによって、ひとは「最上格率を選択意志のうちに……取りいれる（aufnehmen）」（ibid.）。カントは叡知的な意味での生の根源に、みずからの生の全体を律する根本格率を自己へと取りいれるという採用行為を据えるのである。

ライプニッツの自由はつまるところ、神は別の世界を創造しえたという偶然性を核としている。だがカントの自由は、人間がみずからの格率を根源的に選択する自己決定であり、まさに〈原罪（peccatum originale）〉にも比すべき、人間の〈原自由（libertas originalis）〉である。この観点からみればライプニッツの人間は、格率の自己決定を欠いたまま、神の慈悲深い恩寵に即して表象が推移してゆく「精神的自動機械」にすぎないだろう。こうしてカントは、神の世界選択から人間の性格選択へと、自由論のトポスを転回する。

このような根源的格率の自己決定は、さらにそのときどきの意志と行為の具体的な局面にも及ぶ。すなわち、たしかに人間の選択意志は動機によって決定されはするが、しかしそれは「ただ人間が動機をみずからの格率に採用した（aufnehmen）かぎりでのみ」（Religion VI 24）であるにすぎない。我が身を貫き流れゆく動機や傾向性を、みずからの格率に適ったものとして取りいれ、我がものとして是認するかぎりでのみ、動機や傾向性は選択意志を決定することができる。超越論的自由の核心にこのような格率への動機の採用を認めることは、アリソンによって「採用テーゼ（Incorporation Thesis）」と呼ばれた論点であるが、これはその後も多くの研究者に受け継がれて、今日では共有財産になったカント自由論の解釈であろう。[32] この超越論的自由は、みずからの格率を根源的に承認し、そのつどの行為の動機をその格率へと採用して、意志を選択的に決定することによって、諸行為を実効的に支配している。超越論的に自由な理性は、一方では実践における「立ち留まる自己」（A 107）として、経験的な時間性の触発から独立に、叡知的かつ超時間的におのれに根本格率を設定しつつ、他方ではこの立法措置によってそのつどの行為の動機の採用手続きを統括することで、時間的に継起する行為に対してその同時的な原因として働いているとみなされうる。[33]

いまやわれわれは、カントの自由論の射程を測るための視座を得たといえよう。一方では第三アンチノミーの隠れたコンテクストを求めてライプニッツなどの思想史的な伝統に学び、他方では倫理学や宗教論において展開される自由論の思想的萌芽を第三アンチノミーのなかに探りあてたことによって、神学や宇宙論、さらには実践哲学にまたがる第三アンチノミーの潜在的な射程が明らかになった。すなわち第三アンチノミーが試みようとしていたのは、永遠から世界を創造する神の自由という宇宙論的＝神学的思想を下敷きに、無限背進の不可能性を叡知的原因の不可知性へと読みかえることで性格形成のアポリアを解消し、最終的にはその叡知的原因を、みずから承認した格率のなかに動機を採用する人間主体の超越論的自由へと収斂させてゆくという理路なのである。[34]

5　パースペクティヴの実践的転回

人間的自由の奥行きをこのように再構成するとき、すでに確認した、第三アンチノミーの二性格説的な解決にまつわる難点は解消されるだろうか。たんに二つの性格によって記述できるという両立論では、決定論の記述が現象を占拠すると、自由の記述が介入する余地がなくなる。しかしここで、宇宙論的な遡源と開始の反転モチーフにもとづいて、二性格説の本質を、ある出来事を遡源して確認するのか、あるいはこれからそれを開始して実行するのかというパースペクティヴの違いとして捉えるとき、あたかも過去の既定性と未来の未定性とのコントラストのような、まったく異なった存在様式をひらくことができるのではなかろうか。第三アンチノミー解決のなかで、このようなパースペクティヴの転回を示唆するのはたとえば次のような文章である。

「しかるに人間は、ふだんは自然をたんに感官をつうじてのみ知るのだが、自己自身についてはたんなる統覚をつうじても認識するのである。しかも〔統覚の〕諸作用と内的な諸規定において認識するのであり、それらは感官の印象に数え入れるわけにはいかない。そして、人間は一面では自己自身に対して現象であるのだが、しかし他面では、すなわちある種の能力にかんしては、たんに叡知的である対象であって、それというのもその作用は感性の受容性にはまったく数え入れられないからである。」（A 546 f. / B 574 f.）

ここでカントはわれわれの表象を大きく二分している。一方は感性的直観にもとづく経験的認識であり、他方は統覚による自己認識である。しかしこの自己認識は自己という対象を認識するというよりは、むしろ統覚の

「ある種の能力」の発動としての「諸作用と内的な諸規定」において成立する内的な覚醒あるいは自覚であって、感性の受容性とは異なる自発的な自己意識である。二性格説はそれゆえ、対象を考察するさいの様式を異にする二つの方法としてではなく、客観的な対象認識と主観的な自己意識という方向的な対比として理解されるべきなのである。

七〇年頃の遺稿 R 4013 [XVII 385 f.] では、カントは因果律にかんして「私が受動的であり、出来事を観察している」場合と「私が自由意志的に行なう」場合とを対比して、前者では因果律が「実在性の条件命題」になるのに対して、後者では「われわれはその表象の実在性を無媒介的に意識しており、われわれ自身が作った状態はたとえ根拠がなくとも真なる状態として認識されうる」という。自発的な意志作用は直接的な自己意識において確保されるから、さらに因果律で実在性を保証する必要がない。それゆえ自由意志は因果律の適用から除外されるのである。

あるいは八〇年代初頭の R 5975 [XVIII 411 f.] では、「現象」と「主観」とを印象的に対比し、現象においては機械論的に生起する出来事が表象されるのに対して、それを表象する主観においては「なにも生起しないのであって、主観にあるのはなにかが生起するという表象の根拠なのである」とされる。すなわち、客観的な現象が機械論によって支配されているのに対して、主観のがわにはその機械論的な表象の根拠となる、カテゴリーによる因果的思考が作動している。主観は機械論的な因果性の中心にして根拠であるがゆえに、出来事が因果的に生起しない特異点である。

このように客観的な現象と主観の意志や思考との差異を際立たせようとする努力は、第三アンチノミー解決にも活かされている。すなわち、客観的に現象を遡源する運動が反転して主体的に現象を決定する活動を開始するとき、回転軸となる主観そのものが因果の空白地帯になり、統覚の自発性が活躍する場所ができるのである。そして、このように反転した主観による規定活動によって、たんなる客観的な因果的秩序とは異なる別の秩序が開かれることになる。

「しかしわれわれが〔人間学的に経験的性格において観察された〕まさに同じ行為を、理性との関連において、しかもその行為をその起源にかんして説明する（erklären）ための思弁的な理性ではなく、理性が行為をみずから産出する（erzeugen）かぎりでの理性との関連において考察する場合、すなわち一言でいえば行為を実践的意図において理性と比較する場合には、われわれは自然秩序とはまったく異なった規則と秩序を見出すのである。」（A 550 / B 578）

現象の客観的な「説明」から行為の主体的な「産出」へと転回するとき、「自然秩序」とは異なった実践的な「規則と秩序」が成立する。このようないわば〈実践的転回〉によって、理性は「完全な自発性をともなって、理念に即してその固有の秩序をつくる」（A 548 / B 576）のであり、この秩序においては理性は出来事をみずからの行為の結果とみなし、「生起するべきだ／べきでない」という当為（Sollen）の論理を貫徹させる。そして翻ってみれば、まさに世界全体を「実践的意図」のもとに見るというこの巨大な転回を可能にしたのが、世界の系列をその起源にまで遡源して、そこから反転してくるという宇宙論的な理性の冒険だったのである。世界の起源からのこの再出発によって、現象の絶対的総体性としての世界が、理論的な観察対象ではなく、実践的な行為の場面として理性に対して現われてくる。

さてこれまで、系列の背進から前進への、あるいは理論的な観察から実践的な行為へのパースペクティヴの転回に第三アンチノミー解決の解釈の鍵を求めたが、このような解釈の模範的な先駆者としてはＬ・Ｗ・ベックを挙げることができよう。ベックは、人間の行為は二つの観点から開かれる「ヤヌスのような[35]」性格をもつことを指摘する。行為は一方では「観察者（spectator）」の観点から衝動や習慣をふまえて心理学的に考察されるが、他方では「行為に従事している当事者」である「行為者（actor）」はみずからの行為を行動方針にもとづく熟慮と選択によって決定している。そして、ひとはまさに行為に従事しているときは傍観者でありえず、冷静に観察しているときには当の行為者でありえない[36]のだから、ここに二観点を両立させる道がひらかれるだろう。

ただしこの解釈は、アリソンも指摘するように、行為者と観察者という二つの観点を「あれかこれか（either / or）」によって分離するものであるが、カントの解決は二つの性格が「あれもこれも（both / and）」というしかたで「同時に（zugleich）」成り立つというものなので、カント解釈としては本質的な難点を孕んでいるように思われる[37]。ところでわれわれの以上の解釈でも、理論的統覚による経験的な説明と、実践的統覚による叡知的な産出とは、やはり「あれかこれか」になっている。すなわち理論と実践という二つの態度は、一つの出来事に対して同時に共存するのではなく、むしろ他方の態度を無みしつつ交代で登場する。そしてそれゆえにこそ、たんなる二性格説的な記述の解決につきまとう難点を克服しえたと思われたのである。

しかしながら、ここでアリソンに追従して、ベック的な解釈がカントの「あれもこれも」の洞察を完全に逸しているとと判定するのは早計であろう。ベックはたしかに二つの観点は時間的に同時に成り立たないと主張するが、しかしそれは二つの観点が超越論的な意味で同時に成立することを排除するものではない[38]。超越論的な同時性とはすなわち論理的な両立性を意味するから、二つの観点が論理的に矛盾しなければよい。さて、自由とは行為者の当事者的な問題であるから、自由の哲学もまた当事者として厳密に反省しなければならない。当事者として省みるとき、一つの行為を同時に二つの観点から捉えられないというベックの洞察は、一つの視野の包括的な全面性が他の視野を排除するという構造に由来すると理解することができる。叡知的な原因性として行為を開始するとき、経験的な因果法則は視野に入らず、むしろ道徳的な当為が現象の全体を支配しようとする。逆に視点を切り替えて、経験的性格において行為現象を人間学的に考察するとき、そこには超越論的自由が入り込む余地などまったくない。このような二観点の排他性を鑑みるとき、じつのところ人間的な自由の問題圏において二観点が矛盾なく両立する場面も、あるいは矛盾する相克の場面も、そもそも存在しなかったことがわかる。それゆえに、論理的矛盾を惹起する同一の主語もまた存在しないのである。

カントの第三アンチノミー解決は、二つの性格による記述が時間的に同時に成立するというものではありえない。自由論という案件の当事者はまさに私であり、その私はたしかにベックのいうとおり同時に行為者と観察者ではありえないからである。しかしながら私は、実践から身を引いてみずからの行為を顧みるとき、視点を切り替えて行為を理論的に捉えることもできる。そして、そのように切り替えられる行為の二つの性格は、矛盾を惹起するような同一の主語をもたないために、超越論的には同時に成立しうる。より正確にいえば、たしかに第三誤謬推理の解決で見出された超越論的な人格性［第四章第3節］に相当する超時間的に同一の〈私〉は存在するのだが、しかしその〈私〉は二つの観点の性格を並行的に遂行しえないのだから、対立する二性格によって時間的に同時にみずからを矛盾的に記述することもない。それゆえに〈私〉は論理的矛盾の主語とはならず、二つの性格は超越論的には両立しうるのである。――なお、この立場がアリソンの超越論的観念論の方法論的二観点解釈の洞察につながるものであることは、のちに述べる機会があるだろう［結語第2節］。

あるいはここで、デカルトの心身問題の解釈でもちいられる術語を援用して言うならば、カントはたんに自然と自由とが人間において同時に存立するという「二元論（dualisme）」をではなく、あるひとつの人間の行為について、自然的に説明しうるとする立場と、自由に実行しうるとする立場とが、両極的な重心として並び立つ体系としての「二元性論（dualicisme）」を提起しているともいえよう[39]。すなわち自由論において両立的に成立すべきなのは、ひとりの人間のなかで繋ぎあわされる自然と自由ではなく、自然全体の徹底的に自然科学的な説明と自由な行為による世界の実践的な変革なのである。

さてここで、パースペクティヴを転回して新秩序を開くという発想が、なにも自由論に限ったものではなく、コペルニクス的転回として知られるカント哲学の本質的な思考方法であることは付言しておくべきであろう。アリソンは「採用テーゼ」における「私は取りいれる（I take）」を、第二版演繹論における「私は考える（I think = Ich denke）」に擬えている[40]。すでに〈自己意識の総合モデル〉として定式化したように、統覚のコギトと表象の戯れとが対峙する認識の場面では、統覚の総合的統一が「私の表象」（B 131）を自覚せしめる。実践の場面でもこれと類比的に、実践的統覚による採用が、さまざまに流れゆく動機を自分自身へと関係させて「私の」動機にするのであり、そうでなければ「私にとっては無」（B 132）にすぎないといえよう。根源的な格率の選択とそのもとでの動機の採用によってこそ、欲望の動機に浮かぶ自分の行為系列の全体が、それでも自由な格率のもとで営まれている私の人生だと自覚されるのである。

演繹論のカントは、統覚と現象とが対峙する構図において、統覚が純粋に同一的であり、自己決定的に自由であるのに対して、現象は時間的な流れのなかで被決定的であり、受動的に法則に従う、というコントラストをえがきだす。統覚の自由と現象の必然性との対照は、たとえば七〇年代後半のつぎの遺稿にも覗われる。

「すべてのわれわれの行為は……強制されており、しかしただ悟性と、悟性によって規定されうるかぎりでの意志だけが自由であって、自己自身によってのみ規定されている純粋な自発性である。このような根源的で不易の自発性を欠いては、われわれはなにもアプリオリに認識しないであろう。というのも……われわれの思想そのものが経験的な法則のもとに立つことになろうからである。」（R 5441 [XVIII 182 f.], cf. R 5413 [XVIII 176].）

すでにヘンリッヒ(41)がこの遺稿にふれて指摘するように、純粋な悟性がその「論理的自由」によって自己活動的にみずからを決定するからこそ、アプリオリな命題が成立するのであり、さらにアプリオリな命題に立脚して現象界の法則性が帰結する。もし悟性が現象の流れに捲きこまれているなら、悟性の思想は経験的法則のもとで偶然的な性格をもつことになって、とうてい客観性を成立せしめる根拠たりえないであろう。それゆえ、法則的な現象界は統覚からみれば悟性の論理的自由による自己決定に立脚するものであるが、しかし現象そのものに即してみればそれはどこまでも自然法則に支配された因果系列にすぎない。こうした性格の二重性を統合する試みが超越論的演繹論であったといえよう。

このようなコペルニクス的転回の思想は、たんなる論理的自由から超越論的自由へと位相を移しつつ、実践的な行為の場面でも成立するだろう。実践的理性は、自然因果のはりめぐらされた経験的な現象世界のなかに生きるとはいえ、経験的な因果性からは独立した純粋なものでなければならず、そのような純粋実践理性としての超越論的な自己決定にもとづいて、独自の叡知的秩序をみずから採用し、当為が支配する道徳的世界をアプリオリに樹立する。このとき、じっさいに生起した現象に即してみれば自然必然性が貫徹しているが、しかし実践的理性は「経験的条件をこの独自の〔理性の〕秩序へと適合せしめる」（A 548 / B 576）ことにより、みずからの意志するところの行為こそが必然的に生起すべきものだと宣言し、道徳的必然性の秩序を展開するのである。

6 宇宙論的自由と超越論的観念論

ここからわれわれは、第三アンチノミー解決における超越論的観念論の内実にせまることができよう。超越論的観念論とは、超越論的な物自体に比して現象はたんなる表象として観念的なものにすぎない、というテーゼである（cf. A 490 f. / B 518 f.）。これが二世界説的な存在論として受けとられるならば、それ自体として幻想的な教説であるばかりか、自由の問題を解決するにあたっても、決定論の鎖に繋がれた現象人を、叡知人はただ手を拱いて傍観するしかない、ということになる。二性格説の両立論も、おなじ行為を二つの性格のもとに見るというかぎり同様の困難を免れない。しかしここで実践的なパースペクティヴの転回という解釈をふまえるなら、私が行為するとき、その実践的な観点においては、中心点となる叡知的原因としての私の意志から、いっさいが自由に行為される領域として現われるのであり、決定論に拘束された現象のマリオネットが温存されるわけではない。それゆえ私が実践的な当為とともに世界に乗りこむとき、現象の自然法則性はいわば疎遠な思想にすぎない。実践的な観点は、二つの性格を左右に開くのではなく、叡知的性格を手前に開くことで経験的性格を後景に押しやるのである。

それゆえ結論から先にいうなら、自由アンチノミーを解決する「鍵」としての超越論的観念論とは、行為者の中心にある叡知的原因の超越論的な不可知性と、その原因によって決定されるべき現象の観念性とが交差するところに成立するものである。

まずは後者の現象の観念性の契機からみていこう。すでにみたように、われわれが「超越論的実在論の欺瞞」

（A 543 / B 571）に屈して、現象を「物自体」とみなせば、唯一の自然因果がすべてを支配することになり、自由は救うべくもない。しかし現象が「たんなる表象」として観念的なものであれば、それは「現象ならざる根拠」としての叡知的原因によっても規定され、実践的な秩序へともたらされうるだろう（A 536 f. / B 564 f.）。すなわち、行為者の叡知的な観点からみたとき自然現象はたんに行為主体によって表象されたものにすぎないということが、理性が現象を支配することを可能にするわけである。実践的な視角から捉えられるとき、たんなる表象としての現象の因果は、「われわれの選択意志に……原因性があることができなくなるほどにまでは決定的（bestimmend）なものではない」（A 534 / B 562）。のちに『基礎づけ』でも語られるように、「たんなる現象に属するものは、理性によって必然的に事象それ自体の性質に従属させられる」（GMS IV 461）。もちろん現象は経験的性格においては物理法則にしたがって決定論的に進行しているが、しかしこの進行は全体として理性によって根拠づけられ、その実践的秩序によって支配されている。理性による現象の実践的な秩序化の可能性と、現象の表象としての観念性とは表裏一体なのである。

ハイムゼートの強調するように[42]、事の成否はとりわけ時間の超越論的実在性を斥けうるか否かにかかっている。『実践理性批判』によれば、時間が根源的存在者としての神にも妥当するなら、人間をふくむ全自然はその偶有性として神のなすことに沿って決定されるので、「のこるのはスピノザ主義だけである」（KpV V 102）。この一貫した考えかたに比べれば、被造物としての人間は造物主たる神とともに「時間のなかに存在する者」であるにもかかわらず「神の作用に帰属しない」のだと言い逃れようとする「創造理論」（ibid.）は、ちぐはぐな立場である。しかしながら時間はほんらい人間の感性的直観の形式にすぎず、したがって神の「創造は叡知的な存在者にはかかわるが、感性的〔可感的〕な存在者にはかかわらず、それゆえ現象の規定根拠とはみなされえない」（ibid.）。

人間の諸行為がそのなかで展開される時間を、神と人を呑みこむスピノザ的な運命論の軛から取り戻して、たんに人が現象を感性的に直観する形式として位置づけなおすことによって、人間的自由をゆるす時間的現象の領域を確保することがここでの課題である。

つぎに超越論的観念論のもうひとつの契機である「超越論的」についていえば、自由論においては、超越論的な不可知の対象は現象の遠い背後に求められるのではない。むしろ自由の超越論性は、われわれは行為主観の叡知的な中心点へと客観的に接近することができない、という論点に依拠している。そもそもひとの道徳性あるいは叡知的性格は、そのひとの言動に現われる経験的性格から正確に「認識」されることはなく、せいぜい「表示」されるにとどまる（A 551 / B 579）。さらにカントは註のなかで付言する。「それゆえ行為の本来的な道徳性（功績と罪責）は、われわれ自身の行動の場合ですらも、われわれにはまったく隠されたままである」（ibid. n.）。もっとも親しいはずの自分自身の叡知的な原因性でさえも「隠されて」おり、不可知にとどまるというのである。あるいはのちに『人倫の形而上学』でいわれるように、「心のまったく究めがたい深み（深淵）へと突き進もうとする道徳的な自己認識は、あらゆる人間的な知恵の始まりである」（MS VI 441）。これを逆にいえば、ひとがおのれのうちへと知恵の道を歩むとき、その良心の「地獄めぐり」（ibid.）は底なしの「深淵」を魂の内側にひらくのである。[43] これらの論点はひとまず、誤謬推理論における合理的心理学批判からのひとつの系として、純粋統覚による道徳的な自己認識の虚妄を暴くものだとみなされうるだろう。

だがここでは叡知的原因の不可知性はさらに、実践に臨む理性は自己を規定する原因を知りえない、という論点によって裏づけられている。理性は「規定するもの」であって「規定されうるもの」ではなく（A 556 / B 584）、それゆえ「なぜ理性はみずからを別のように規定しなかったのか」（ibid.）は答えられない問いである。われわれは行為の原因を「叡知的原因にまで辿ることはできるが、しかしそれを越えてゆくことはできない」（A 557／B 585）。みずからの行為の叡知的原因をこえて問うのは、いわばみずからの理性を背後へと超越する問いである。しかし実践に臨むとき、ひとは自分の背を見ない。あたかも「流れさった系列」など存在しないかのように、行為者はひたすら己を恃んで新たな系列を開始する。

あるいは『たんなる理性の限界内の宗教』では、自由による道徳的行為は伝達されうるが、しかしその自由の「探求しがたい根拠は、われわれの認識に与えられていないから、神秘（Geheimniß）である」（Religion VI 138）といわれる。さらに、この神秘の根拠から発する人間的自由に応えて、最高善を実現するはずの神の道徳的な世界支配は、人間のまえに開かれる「神秘の深淵」（Religion VI 139）であるとされる。ひとはみずからの不可知の根拠から発しつつ、この「深淵」に向けて問いかけるようにして、自由な行為を展開するのである。

自由の根拠の不可知性をめぐるカントの洞察は、トマス・ネーゲルのいう「盲点（blind spot）」の構造によってさらに解明できるかもしれない。ネーゲルによれば、われわれは自己を適切にコントロールするために、みずからの行為とその理由をいわば「自分自身の肩越しに見ている」わけだが、しかしこの自己監視はけっして完全なものにならない。「もしなにかが知られうるのなら、なんらかの知る者がレンズの後ろに残っていなければならない」のだから、自己監視の目の後ろ、あるいはその中心には、かならず不可視の盲点がある。そしてこの盲点のなかに、「われわれが行為するときに考慮のなかに入れえない或るもの——なぜならそれこそが行為するものだから——が隠されている」[44]。自己の背後をどこまでも厳密に監視しようとすると、世界のなかへと行為することは不可能になるだろう。行為するとは、不可視の盲点を顧みず、あるいはそれこそが自分自身だと信じて、前に踏みだすことである。これはいわば、実践というパースペクティヴはその「虚焦点（focus imaginarius）」（A

644／B 672）を現象の向こうがわにではなく、現象の手前のがわにもつ、ということである。自由という超越論的理念を客観的に観察することができないのは、あまりに遠い彼岸にあって見られないからではなく、近すぎるところに隠れてひたすら見ているからなのである。

さきに言及した行為論的解釈〔第2節〕の不徹底な点は、いまや明らかであろう。カントのいう超越論的自由は、たんに世界のなかで合理的な行為連関を記述的に構成する能力ではなく、超越論的な叡知的原因から表象としての現象の全体を実践的に決定する能力である。いいかえればそれは、みずからの理性の中心に隠された世界の起源の自由に立って、みずからを含む世界全体の系列をあらたに開始する宇宙論的な能力なのである。すなわち第三アンチノミーの自由論に必要なのは、たんなる行為論的解釈ではなく、さらに人間的自由の宇宙論的本質へと踏みこんだ、いわば〈宇宙論的解釈〉であろうと思われる。自由な行為者は、みずからの世界に対峙するパースペクティヴの開闢点に立って、その実践的な創造者として世界系列を決定する。超越論的観念論とは、この宇宙論的解釈における自由を支えるための、世界と自己のありかたをめぐる構想である。

ただしここで、このように宇宙論的な規模で構想された超越論的自由が、しかしあくまでも統制的な理念であることには留意しておくべきだろう。そもそも超越論的自由は、宇宙論的遡源の非完結性に対処するために想定された原因性である。われわれは同様の権限において、実践的意図のもとでの考察のためにそれを世界内の経験的対象としての人間にも与えることが「許される」。これが第九節の表題に謳う「……宇宙論的理念にかんする理性の統制的原理の経験的使用」（A 515／B 543）である。――第三アンチノミー解決のカントは、たとえば「理性は原因性を有する、あるいはすくなくともわれわれはそれを理性において表象する」（A 547／B 575）や「すくなくとも見出すと信じる」（A 550／B 578）といった奇妙な言い回しを用いる。人間の宇宙論的な自由というのは、素朴に客観的に受けとられるなら壮大な夢物語にすぎない。しかしそれを「表象して」「信じる」ことは、行為の道徳的帰責と実践的連関を可能にするための統制的な思想として機能しうるのである。そうであるなら、この宇宙論的な自由という信念を支える超越論的観念論もまた、人間理性のための統制的な思想であるというべきであろう。

おわりに

くりかえし述べたように、カントの第三アンチノミーの自由論は、人間的自由を宇宙論的な問題機制のなかで論究したところに特徴がある。宇宙論と自由論とのこの出会いは、自由の問題性を無限背進のディレンマにそって理解し、さらに一般に背進的系列をめぐる問題を宇宙論において取り扱うという、弁証論の体系構想に由来するものであり、これじたいはいささか偶然的な発展史の事情であったかもしれない。しかしその体系構想が、こんどは逆にカントの概念的な努力を領導することになる。その結果、自由をめぐるカントの議論には比類ない助走距離が与えられた。世界創造の神の自由という神学的思想を、世界の起源と無限背進をめぐる宇宙論的問題に結合したうえで、さらにこの宇宙論的自由を人間の根源的な性格選択の叡知的な行ないのなかに見定めて、実践的なパースペクティヴから世界をあらたに開始する人間的自由へと転換したところに、そこにさらに超越論的観念論という枠組みの裏付けを与える、という一連の手続きを経ることによって、カントは「解決のために数千年の歳月が空しくも費やされてきた」(KpV V 96) この問題に、おそらく哲学史上もっとも射程の長い議論をえがきだしたのである。(45)

誤謬推理論から数学的アンチノミーまで続いた弁証論の破壊的な作業は、この第三アンチノミー解決を基軸にして転回し、すべてが裏返ることになる。誤謬推理論は、非実体的で超時間的な――それゆえにスピノザ的な運命論を免れる――叡知的な〈私〉を、統制的理念として見出した。第一アンチノミー解決は、定まった全体の絶対量をもたずに、無際限にひろがる現象の系列を指示した。いまや第三アンチノミー解決において、空白だった私の中心は無制約的な自由で満たされ、その私が全体としては未規定的な自然因果の系列を根源的に支配するのである。

ここで、たとえばハイデガーのカント解釈を援用して、自然と自由を統一的に見通す道をさぐることもできよう。カント哲学についてのハイデガーの最良の洞察が教えるように、存在者が自然因果という性格をもつのは、自由な存在了解が対象をそのように開示して出会わせるからである(46)。自由による原因性が対象へと超越することで、自然の対象連関における原因性の構造が根拠づけられる。いいかえれば、叡知的根拠としての自由が対象に織りこまれることで、経験的根拠としての因果性が現象してくるわけである。ハイデガーはこのような洞察にもとづいて、自由と自然という二つの因果性を根拠づけの重層的な構造として把握するという方向を示してみせる(47)。あるいはここからさらに敷衍して、自然の機械論的法則と人間の道徳的自由とを目的論的な自然観において統合するという構想をふくらませることもできよう。――だが、ここでは冒険的な解釈は自重しておこう。そもそも『批判』に必要なのは因果性の統一への野心的な展望ではなく、ふたつの原因は「すくなくとも対立しない」（A 558 / B 586）という和平の確定にすぎない。すなわち第一アンチノミー解決で擁護される理論的な世界像と、第三アンチノミー解決で提起される実践的な自由の秩序とが、二元的に並び立つということを確保すれば、当面の目論見は達せられたといえる。

しかしそれにしては、本章で提起した〈自由の宇宙論的解釈〉は、たかだか人間の自由を救うにはあまりにも形而上学的なコストの高い解釈であると思われるかもしれない。とはいうものの、ひとが生きるかぎり「理屈で自由を否定しさる」（GMS IV 456）ことはできず、自由を守るには賭け金は青天井で積むほかない。のちに『実践理性批判』において〈実践理性の優位〉として定式化されるように（KpV V 119 ff.）、たしかに理論理性は実践理性に対して拒否権をもつのだが、しかし拒否されない範囲では実践理性には理論理性を拡張しうるという優位性がある。存在論は倫理学の要請によって領導されるのである。とはいえ空想的な存在論に無駄なコストをかけることもない。本章では超越論的観念論を二世界説的解釈から解放して、行為者からの実践的パースペクティヴの構造として理解することで賭け金を抑えつつ、そのパースペクティヴのもつ宇宙論的な開闢性のほうにめいっぱい張ってみた。

最後に、自由をめぐる賭けに挑むカントの胸中を想像してみよう。アンチノミー章のカントは、全宇宙の系列をのみくだす射程をもった自由を構想した。しかし、この自由にすべてを託すのは危険な賭けとみて怯んだのだろうか、規準章のカントは超越論的自由の問題を実践の領野から追放し、両立論的な自由概念に立脚した道徳哲学を構想することにした（A 801 / B 829 ff.）。しかしこのカントの逡巡は一転、超越論的自由のうえに道徳性を根拠づけるという、『人倫の形而上学の基礎づけ』第三章（GMS IV 446 ff.）における決断によって破られることになる。これ以降、カントは自由のうえに最高の賭け金を張って一歩も引かない。だがそのカントも一度は、かいま見た人間的自由の宇宙論的本質のあまりの困難さに息をのみ、そこに人間の道徳的生活を賭けることをためらったのである。

第九章　存在の深淵へ

――神の現存在の宇宙論的証明――

カントは「純粋理性の理想」章（＝理想論）において、神の現存在《ダーザイン》の存在論的証明の論理を精密に調べあげ、徹底的な批判に曝すことで、アンセルムス以来の存在論的証明の歴史に幕を引いた。ハイネが戯画的にえがくように、『批判』こそは「ドイツで理神論の首を切った刀」(1)であった。だがカントによる批判の眼目は、ヘーゲルのいささか安易なコメント(2)に代表されるような流布した誤解とは異なって、「思考の内」と「思考の外」との区別を無差別に神の場合にまで拡張適用して、神と現存在との結合はたんに思考の内でのことにすぎないとするトマス的な批判を繰りかえすところにあるのではなかった。カントの批判はむしろ、デカルトやライプニッツ以来、近世の存在論的証明の鍵概念となった「必然的存在者（ens necessarium）」を中心に据えて、その必然的存在者の概念の理解可能性をあらたに問いなおすものだったのである。カントの存在論的証明批判にかんするこのような解釈は、すでにヘンリッヒによる事象的にも歴史的にも徹底的な研究『神の存在論的証明』(3)において提起され、また本邦でも久保元彦の一連の論文(4)で強調されたところである。

このような先行研究の指摘をふまえるならば、理想論における存在論的証明批判の本質を誤りなく捉えるためには、ひとつには「必然性」という様相概念の点から、神の存在証明という問題圏の成り立ちを考察する必要があることがわかるだろう。いうまでもなく、理想論のまさに直前に位置する第四アンチノミーはすでに「宇宙論」の局面で、理性が変化の系列を遡ったあげく、ついに「端的に必然的な存在者」を考えるにいたるプロセスを活写していた（A 452 / B 480 ff.）。理想論はこの第四アンチノミーの問題設定を神学的な次元において引き継ぐものである。

第二章でたどった『批判』への発展史をふりかえるなら、カントは一七七〇年代の半ばまでは弁証論の全体をアンチノミー対立のスタイルで論じようとしていたが、それを七〇年代末頃に三章立てに切り替えて、理想論を独立させた。すなわち、七〇年代半ばまでの未分化のアンチノミーの構成では神学は、世界の起源をなす限界概念としての絶対的必然者の問題であった（cf. RR 4757–4760 [XVII 703–713]）。その後カントは弁証論を「理性推理の三つの様式に並行」（R 5553 [XVIII 222]）して構成するという方向へと進む。それゆえ神学はあらためて、思考可能な諸対象を選言的推理によって共存的に統一する無制約者の理念（cf. ibid [XVIII 224, 226, 228 f.]）、あるいは『批判』のいいかたでは「ある体系における諸部分の選言的総合の無制約者」（A 323 / B 379）の理念をめぐる問題圏として位置づけられることになる。そして、このような対象一般の可能的な実在性を総括的にもつ個体が「もっとも実在的な存在者〔＝最実在者〕（ens realissimum）」（A 576 / B 604）という超越論的理想であり、これが理想論のテーマとなる。

このような発展史的な経緯を反映するかのように、『批判』の理想論は全体としては、第四アンチノミー由来の理念である「絶対的必然者」を、理想論の独自の無制約者である「最実在者」へと繋ぎとめて着地させうるか否かを問う、という問題構成になっている（A 583 / B 611 ff.）。じつのところ存在論的証明もまた、この問題構成のもとで、最実在者こそが絶対的必然者であることを証明しようと試みるものなのである。(5) このような解釈視座から理想論を見渡すとき、絶対的必然者と最実在者との関係の如何を明らかにするという課題を最終的な解決へと導いているのは、第五節の宇宙論的証明の批判であることがわかる。まさにそこにおいてこそ、宇宙論的アンチノミー以来の懸案であった絶対的必然者が最実在者という神学的理想として理解されうるか否かについて、集約的に問われているからである。

ところがこれまでの理想論研究では、存在論的証明批判が詳細に検討される一方、宇宙論的証明批判については足早に通りすぎてしまうことが多かった。それはもちろん、宇宙論的証明は「たんに隠れた存在論的証明にすぎない」（A 629 / B 657）というカントじしんの交通整理によるものであろう。しかし誤解を招きやすいカントのこの言明も、宇宙論的証明批判にこめられた固有の意義をいささかも減ずるものではない。先走っていうなら、第四節の存在論的証明批判は、宇宙論的証明のいりくんだ論証過程の一部をあらかじめ解明し、宇宙論的証明を批判するための武器を用意しておく、いわば仕込みの段階である。そして第五節の宇宙論的証明批判は、存在論的証明を捏造するにいたる理性の弁証論的な歩みを暴きだし、さらに存在論的証明批判の成果をふまえつつ、理性の存在論的ユートピアを壊滅させることによって、弁証論的理性に対する包括的な批判を遂行するところに、その真面目があるといえよう。

本章では宇宙論的証明に対するカントの批判を解明し、その哲学的射程を測ることを試みる。もちろん神の存在証明のテーマは、前批判期の『形而上学的認識の第一原理の新解明』（一七五五年）や『神の現存在の論証の唯一可能な証明根拠』（一七六三年）でも論じられたところであり、発展史的な比較・検討も可能であろう。しかしここではひとまず、おおよそ『批判』にテクストを限定し、そこに内在する哲学的思考の諸動機に照準をあわせて、弁証論的な理性のたどる足跡を追いかけたい。すなわち、理性は宇宙論的な推理に強いられて、存在の深淵を必然的な最実在者で補填するという存在論的な幻想に陥るが、しかしこの幻想は足下から割れて、理性はついに苦くも覚醒せざるをえない。超越論的観念論の新たな様相の理論を発見するのは、独断の微睡《まどろ》みから目覚めたこの理性である。

1　人間理性の自然な歩み

神の存在証明は今日では馴染みのうすい話題でもあるので、まずは第五節の宇宙論的証明批判にいたるまでの流れを大筋でたどっておくことにしよう。理想論は第一節で「理想」を「個体となった理念」（A 568 / B 596）として導入するところから始まる。たとえば徳と知恵は理念であるが、このような理念と合致する「（ストア派の）賢者」（A 569 / B 597）は理想である。

第二節では「汎通的規定（durchgängige Bestimmung）の原則」（A 571 / B 599）、すなわち実存在《エクシステンツ》する個体にはすべての可能な選言的な述語対のうち一方が帰せられねばならないという原則が定式化される。現実に個体があるときには、その輪郭はかならず徹底的に確定している。すなわち個々の物は、それが何であるかを述べる肯定的述語としての「実在性（事象性）（Realität (Sachheit)）」（A 574 / B 602）が汎通的に規定された状態で存在している。さてこのような汎通的規定を考えるためには、理性はまず「実在性の総括」（A 576 / B 604）をいわば万物の貯蔵庫として想定しておいて、そこから選言的な二者択一によって個々の物の「持ち分」だけを制限的に切りとってくるという手法をとるほかない。この実在性の総括の理念をつうじて考えられる当の個体が「最実在者」（ibid.）という「超越論的理想」であり、これこそが「超越論的な意味で考えられた神の概念」（A 580 / B 608）にほかならない。以上をまとめていえば、実存在する個物を汎通的に規定するためには、その質料的条件を一括して担う最実在者としての神を前提することが必要なのである。こうして神の現存在が証明される――。

しかしながら、ただちにカントが付言するように、汎通的規定の原則にもとづくこの神の存在証明が幻想的なものであることは「おのずから明らかである」。個物を汎通的に規定して考えるという理性の要求を満たすためには、その基体として全実在性という理性の「概念」、すなわち「理念」を据えるだけで十分であって、それが「物」として「実存在」する必要はないからである（A 577 f. / B 605 f., cf. A 580 / B 608）。

にもかかわらず理性が最実在者の存在を確信するにいたるのは、つぎのような経緯による。われわれはまず、経験全体の脈絡のなかでのみ個的な現象の実在性が与えられるという「経験的原理」（A 582 / B 610）を、「自然な錯覚」（ibid.）によって、物一般に当てはまる「超越論的原理」（ibid.）へと拡大させてしまう。そしてこの超越論的原理にもとづいて、物一般の汎通的規定のための基体として「実在性の総括」を考え、さらにはそれを集約して個体化し、ついにはそれを「超越論的取り違えによって」（A 583 / B 611）、「すべての物の可能性の先端に立って」（ibid.）諸物に実在的な可能性を附与するような物の概念にすり替えてしまうのである。こうして、現実の個々の現象を完全なしかたで理解するために統制的に想定された全実在性という理念は、それじしん実存する物自体の個体として構成的に措定されて、こんどは逆に個々の物に可能性を与えるがわの役割を担うことになる。このような理性の弁証論的な過程には、無制約者をめぐる理性の超越論的仮象や、そこから誘発される超越論的実在論の誤謬などが畳みこまれており、(6)のちの節での詳細な議論のための素描になっている。

第三節に入ると、超越論的理想は「たんに理性の思考がみずから作りだしたもの」（A 584 / B 612）にすぎないにもかかわらず、それが実存するという錯覚へと理性を陥れる誘因が指摘される。すなわち理性は、被制約項から制約項へと遡ってゆく旅程において、探究を停止して安らぐことができる最終的な「休止点」（ibid.）を希求しているのだが、最実在者の理想はまさにその休止点にうってつけだから、この最実在者は存在するはずと思いこんでしまうのだ、というわけである。

さて、休止点として「絶対的必然者という不動の巌」(ibid.)を求める理性の要求は、すでに第四アンチノミーで検討された事項である。そこではわれわれは、「いかなる変化も時間的に先行するその条件のもとにあり、この条件下では必然的なものである」(A 452 / B 480)という様相の制約の系列を遡って、偶然的変化から絶対的必然者にまで達しようとした。さらに「解決」(A 559 / B 587 ff.)では、一方でわれわれは偶然的な現象系列の遡源をどこまでも続けねばならないが、他方ではその現象系列は全体としては叡知的な絶対的必然者に根拠をもつと考えてもよい、という分離的な解決方式が提示された。ところがその絶対的必然者は、ここ理想論において新しい問いのまえに立つことになる。

「だが、このような絶対的必然者それじしんも、もし……単独ですべてを充たして、それによってもはや「なぜ」の余地を残さないというのでなければ、いいかえれば実在性にかんして無限でなければ、支えを失って漂ってしまうであろう。」(A 584 / B 612)

これは絶対的必然者の実在性にかんする問いである。理性はすでに、偶然的な世界の根底には必然的なものが存在することを確信している。つぎの課題は、その絶対的必然者に適合するような実在性の概念を見出すことである。理性はここで、実在性にかんして絶対的必然性と合致しないと思われるものを除去するという消去法をとる。絶対的に必然というからには、さらなる条件に依存するわけにはいかない。それゆえ絶対的必然者は、いっさいの条件をみずからのうちに含み、すべての実在性を具有していると考えざるをえない。こうして唯一の選択肢として、最高の実在性をもつ、実在的に無限なものが残り、理性は余儀なくこれに縋りつく(ちなみに、第七章［第１節］でみた形而上学的な実在的無限性は、このような背景をもって成立したものであった）。ところが、ひとたびこうして最実在者に到達すると理性は、「すべての「なぜ」に対して「なぜなら」をみずからのうちに含み、いかなる部分や関係においても欠陥なく、あらゆるところで条件として十分である」（A 585 / B 613）この最実在者の概念こそは絶対的必然者にふさわしいものと考えて、最実在者は絶対必然的に存在すると確信するにいたるのである。

このような推理は「人間理性の自然な歩み」（A 586 / B 614）であるとカントは強調している。さかのぼるなら、これはおおよそライプニッツの『モナドロジー』(7)に簡潔に定式化された思想である。それによれば、偶然的な真理にはその十分な理由があり、その理由を遡れば必然的な実体に辿りつくのであり、この必然的実体はすべてに理由を与えるべく絶対的に無限な実在性をもつもの、すなわち神である。そして、神は無限な完全者としての概念的な可能性によって現実的に存在する力をもち、この神の必然的存在によって偶然的な世界は根拠づけられている。ライプニッツはこうして、偶然者から必然者をへて最実在者へ到る宇宙論的証明と、逆に最実在者の概念からその必然的な実存在を導きだす存在論的証明とを、神の存在証明における往還の道として示すことに成功したのである。――しかし理性のこの自然な歩みを学的にも確かなものにするためには、絶対的必然者と最実在者とが相互から導出されうることを、すなわち「最実在者の概念と必然者の概念との互換可能性（Reciprocabilität）」（A 788 f. / B 816 f.）を立証するという課題に応えなければならないであろう。つづく一連の存在証明批判は、この課題の諸契機をさらに分析し、鋭利な批判の刃にさらそうとするものである。

第四節の存在論的証明批判では、この互換性のうち、どうして最実在者は必然的に存在すると考えられるのか、という方向の問題が検討される。別名「デカルト的証明」（cf. A 602 / B 630）とも呼ばれる存在論的証明は、実在性のひとつとして「実存在」が数えられ、最実在者はすべての実在性を有するのだから必然的に実存在の実在性をも有するのであり、それゆえ最実在者は必然的に存在する、という証明である。(8) これは第二節での汎通的規定の原則にもとづく証明につきまとう欠点、すなわち汎通的規定の根底にはたんに最実在者の概念(理念)だけでよいという欠点を改めて、実存在という実在性を足掛かりに、或るものの概念からその必然的存在へと架橋しようとする試みであるといえよう。これに対するカントの批判は、「存在《ザイン》とは……実在的な述語ではなく、……たんに物の……定立にすぎない」(A 598 / B 626)という周知の論点に集約される。存在という述語を実在性から追放するとき、すべての実在性を総括した最実在者の理想には、しかしその現実性へと架橋するための足場がどこにも見当たらないのである。

2　宇宙論的証明

第五節の宇宙論的証明批判はまず、存在論的証明はじつのところ、必然的存在者を確信してから最実在者へ向かうという理性の自然な歩みを隠蔽して、逆に最実在者のたんなる概念から出発してその存在の必然性を導出しようとしたスコラ的な空論であった、という判定から始まる。これに対して「ライプニッツ」(A 604 / B 632)に帰される宇宙論的証明は、或るものの絶対的必然性からその最大の実在性へと推理するのであるから、議論をふたたび「人間理性の自然な歩み」の軌道へと引き戻すのである。

この宇宙論的証明は前後半の二つの推理からなり、それぞれに「弁証論的越権の全巣窟」(A 609 / B 637)といわれるほどの仮象と誤謬がひしめいているが、ひとまず手短にみておこう。前半部は、「或るものが実存在すれば、端的に必然的な存在者もまた実存在する。さてすくなくとも私じしんは実存在する。したがって絶対必然的な存在者が実存在する」(ibid.)、という推理である。いささか意外なことに、宇宙論的証明の出発点は外にひろがる「世界(宇宙)」ではなく、この「私」である。デカルトのコギト命題が教えるように、たとえ外的な世界の存在は疑わしくとも、この私だけは確実に存在している。私の実存在という「未規定的な経験」(A 590 / B 618)から、すなわち最広義の「世界」経験から(cf. A 605 / B 633)、絶対的必然者へと上りつめるのが前半部の論証である。(9) 後半部の論証は、この絶対的必然者を最実在者という神学的理想へと着地させようとするものである。

「必然的な存在者はただ唯一のしかたでのみ……規定されうるのであって、それゆえそれはみずからの概念によって汎通的に規定されていなければならない。さて、ある物の概念のなかで、その物をアプリオリに汎通的に規定するような概念はただ唯一の概念しかありえず、すなわちもっとも実在的な存在者という概念である。したがって、すべてのなかでもっとも実在的な存在者という概念こそは、それによって必然的な存在者が考えられうる唯一の概念である。いいかえれば、最高の存在者は必然的なしかたで実存在するのである。」(A 605 f. / B 633 f.)

ここでは、絶対的必然者に適合した概念を探しだすという「人間理性の自然な歩み」の道程が、「アプリオリな汎通的規定」という形而上学的な考察によってさらに解明されている。絶対的必然者は別のものに左右されるような偶然性を含まずに、みずからに由ってそのように確固として存在するはずであるから、みずからの概念によって完全にその「何であるか」が一義的に確定されていなければならない、すなわちアプリオリに汎通的に規定ずみでなければならない。(10) そのようなアプリオリな汎通的規定は、人間理性にとっては、最実在者の概念、つまりすべての肯定的な述語が総括されたものとアプリオリに考えられる存在者の概念においてのみ可能である。宇宙論的証明の課題は「絶対的必然性に適うひとつの概念を見出すこと」（A 612 / B 640）であるが、これは絶対的必然者をある概念において汎通的に規定することにほかならない。最実在者は、そのアプリオリな汎通的規定を可能にする唯一の理想的な個体である。

ところが、絶対的必然者を最実在者として規定することは不可能である、とカントはただちに断を下す（A 607 / B 635）。なぜならこの宇宙論的証明の後半部の命題「絶対的必然者は最実在者である」が成り立つならば、いま最実在者は唯一のものだから、換位した逆命題「最実在者は絶対的必然者である」も成り立つはずなのだが、後者の逆命題はまさに存在論的証明が証明しようとして失敗したものだからである。宇宙論的証明は最実在者において絶対的必然者を発見したと言うが、しかしそれは最実在者ならば必然的に存在するはずだという予断を隠しているから言えることで、その予断を外してしまえばもはやどの物に絶対的必然性を探せばよいかわからなくなるだろう、というのがカントの診断である。宇宙論的証明はその証明力を存在論的証明から借りうけており、「隠れた存在論的証明」（A 629 / B 657）にすぎないのである。

宇宙論的証明は存在論的証明の妥当性に依存しているという判決によって、カントは議論を片づけようとしている。しかしこの手際のよい取り扱いに対しては、おのずからひとつの疑問が湧いてくるであろう。それは、存在論的証明の妥当性の如何はいま措くとして、はたして宇宙論的証明そのものは正しいのか、という疑問である。もし宇宙論的証明はそれじたいとしては正しいと考えられるなら、それはかえって存在論的証明の正当性をいわば裏書きするものであって、逆に存在論的証明に対するカントの批判のほうが誤っていた、ということになりはしないか[11]——。この疑問に答えるためには、われわれはさらに立ち入って宇宙論的証明の論理展開を追跡する必

要があるだろう

3　弁証論的理性の転回

とはいうものの、宇宙論的証明の後半部の論証の誤りはじつはすでに第三節で早々にカントじしんによって摘出されていた。宇宙論的証明によれば、絶対的必然者はその全実在性にかんしてみずからによって汎通的に規定されていなければならない。バウムガルテンのいうように、「必然者のすべての内的規定は絶対的に必然的である」(12)。もしそうでなければ、その必然者は偶然的な実在性をもち、その実在性の有無にかんして他の存在者の制約の下に立つことになるからである。

しかしながらこれは、実在性と現存在とを致命的に混同した議論であろう。というのも、あるものの何であるかということの偶然性からは、そのものがあるということの偶然性は帰結しないからである。さらに、たしかに宇宙論的証明のいうようにアプリオリな汎通的規定がわれわれにとって理解可能であるのは最実在者の事例だけであるとしても、だからといって制限された実在性をもつ非最実在者は汎通的に規定されていないということにはならない(13)。まさに「汎通的規定の原則」が主張していたように、実存在する有限なる個体は（たとえ人に知られずにあっても）やはりそのようなものとしてつねに汎通的に規定されているからである。こうして第三節でかさねて指摘されるとおり（A 586 / B 614, A 588 / B 616）、制限された実在性をもつものはその実在性の偶然性のゆえに偶然的にしか存在しえないという理屈は成り立たず、汎通的に規定された有限な個体が必然的に実存在するとしても矛盾はない。それゆえ「この論証は必然的存在者の性質にかんしてわれわれになんらの概念を与えるものではない」(A 588 / B 616) のであり、絶対的必然者から最実在者への道行きはすでに断ち切られていたのである。

ところが面白いことに、カントは第五節ではこのように誤謬を手短に診断して片づけようとはしない。様相にかんして実在性と現存在とを分離することこそ、のちにみるようにやはり宇宙論的証明に対する批判全体の鍵になるにもかかわらず、カントはここではその点にふれずに進めている。このような事情は、スパイラル式に批判の戦線を拡大し、段階的に論点を深化させる理想論の叙述方法に由来している。カントは第三節で簡潔に素描した誤謬の構造を、第五節でさらに大がかりな舞台にあげて批判を展開しようと目論んでいるのである。舞台にあげられるのは宇宙論的証明が存在論的証明へと変身する一幕であり、カントの徹底的な検討の視線に曝されることになる。

そもそも「汎通的規定の原則」とは一般概念を個体化する原則である。宇宙論的証明では、絶対的必然者という概念を汎通的に規定することによって、絶対必然的に存在する個体を成立せしめることが一貫した目標である。とすればここで理性は、絶対的必然者とは何かを問うことで、絶対的必然者を構成する肯定的な実在性を枚挙するべきであろう。だが理性には、この問いに答える手立てはまったく与えられていない。「絶対的必然者は……いかなる性質をもたねばならないかと問うとき、最大の困難が生じる」(ML1 XXVIII, 311)。

そこで理性はこの問いに対して、すでに第二節で素描された迂回路をへることで答えようとする。すなわち、「絶対的必然者一般はどのような性質をもたなければならないか」(A 606 f. / B 634 f.) という本来の問いを、「すなわち (d. i.)」(A 607 / B 635) の一言を挟んでただちに、「あらゆる可能な物のなかで絶対的必然性のための必要条件 (要件 requisita) を含みもっている物はどれか」(ibid.) という問いへと読みかえるのである。後者の問いにおいて「われわれは、それなしではある存在者が絶対的に必然的ではないであろうような否定的な条件（それなしではありえない条件 conditio sine qua non）のみを求めている」（A 611 / B 639）。つまり理性は、絶対的必然者を求めて、それにふさわしくない物の概念をつぎつぎに却下してゆく消去法によって、最終的には汎通的に規定された必然的個体の輪郭を削りだそうとするのである。

　制限された存在者は、必然的に存在するものとして理解されえない。それゆえわれわれは有限者をつぎつぎと投げすて、踏みこえてゆきながら、その彼方のものを措定していく。このような歩みは、カントの判断表の形式に寄せていうなら、たんに「否定的判断」によって有限者を否定するにとどまらず、「Ａは非Ｂである」という「無限的判断」（A 72 / B 97）によって「非-有限であるもの（un-endlich / in-finitum）」を措定していくプロセスであるといえよう。すなわち理性は、必然者は「制限されたもの」ではありえないと否定するだけでなく、それは「非-制限的であるもの（il-limitatum）」でなければならないと考えて、無制約的な実在性をもつものを措定するのである。さきほどの引用で「否定的な条件」といわれていたのは、このような無限的述語（＝非Ｂ）のことである。

　しかしながらアリストテレスが教えるように、「非-人間」のような「無規定的な（ἀόριστον）」名称はなにか特定のことを意味する名称ではない[14]。そのような無規定的な（infinitum = 無限的な[15]）述語によってたんに名目的に指示される対象が、実在的に個体として特定されることはない。われわれがどれほど否定をかさね、制限をくりかえしても、現実の無際限な事象の多様性のまえでは無為に等しいからである。それゆえまた、このような無規定的な対象を、肯定的な述語によって表現しなおして特定することも本来はできないはずである。

　しかし目下の論証では理性は、すでに理想論第二節で素描されたように、自然で「避けがたい錯覚」（A 297 /

B 353）である「超越論的仮象」に支配されている。理性は、たんに被制約者に対して無制約者を発見せよと命じる「論理的格率」（A 307 / B 364）を踏みこえて、被制約者に対しては制約系列の無制約的な全体が与えられていると考える「純粋理性の原理」（ibid.）に導かれて、超越論的仮象の虜になる。この仮象によって、無‐制約的な実在性をもつものというたんに無規定的な対象が、最大の実在性をもつものという肯定的に特定される所与の対象へと取り違えられて、汎通的規定によって個体化されるのである。

さらに、ここには特殊な抜け道が用意されている。すなわち、「ある最実在者はほかの最実在者からいかなる点でも区別されない」（A 608 / B 636）という論点である。最実在者は実無限個の肯定的述語の集合体であるから、たとえ最実在者が複数個あったとしても、それぞれがもつ個々の実在性の有無によって区別することができない。それゆえライプニッツの「不可識別者同一の原理」[16]にもとづき、最実在者といえば一個の同一のものだとみなされることになる。このような同一性はじつのところ、非‐有限（＝無限）個の実在性をもつという無規定性に由来する曖昧さにすぎないが、それを理性はすべての実在性を同定し比較しても区別できなかったと言い張るのである。最実在者のこの唯一化によって、ついに理性は絶対的必然者を特定し、そこに存在のすべての根拠をおいて安らぐことができる。

さてここで論理学的にいえば、最実在者がこのように唯一であるなら、「あらゆる絶対的必然者は最実在者である」から、減量なしに「単純に換位（schlechthin umkehren）」[17]（A 608 / B 636）して、「あらゆる最実在者は絶対的必然者である」を導出しうることになる。ちなみにこのような換位は、原命題の主語の指示対象が存在するという仮定（いわゆる「存在含意」）がなければ成立しないが、この仮定はまさに主語の「絶対的必然者」の主張するところであるから、そこに疑義を向けても無駄である[18]。ともあれ、こうして絶対的必然者と最実在者とを一対一の必要十分条件にする単純換位によって、われわれは絶対的必然性のための必要条件の遡源的な探究を、絶対的必然者として特定された最実在者のところで換位《ウムケーレン》＝転回し、こんどはそこからの十分条件による前進的な推理によって、最実在者から絶対的必然者へ、そしてその絶対的必然者から帰結するこのわれわれの世界の現存在にまで降りてくる。こうしてライプニッツのあの往還の道は完結するわけである。

この転回の現場にさらに迫ってみよう。偶然者から遡源して絶対的必然者を求めるのは第四アンチノミー以来の課題である。この宇宙論的な遡源運動はここ理想論第五節では、その絶対的必然者の何たるかを知るために、最実在者にいたるまで実在性を選言的に拡大する神学的活動としてさらに続行されることになる。そして、このような無限者への遡源的拡大が完結したとき、逆にそこから折り返してくる帰還として、十分条件を下降する前進が始まる。アンチノミー論の言いかたをかりれば、定立の理性は「無制約者から始めることによって……被制約者の導出を把握する」（A 467 / B 495）のである。この転回によって実現する最実在者から絶対的必然者への前進を、ここでカントは〈最実在者ならば必然的に存在する〉という存在論的証明の論理として特定する。存在論的証明とはまさに、「その概念から現存在の必然性を把握するのに十分（hinreichend）であるもの」（A 611 / B 639）から「出発する（anfangen）」（A 616 / B 644）論証だからである。いかにも不愛想に定式化された「単純換位」の論理形式は、理性がその限界領域の暗がりで転回し、宇宙論的証明を存在論的証明へとすりかえる現場を捕まえたものだったのである。

このような迂回路をあえて経つつ宇宙論的証明を批判することでカントが抉りだそうとしているのは、人間理性の弁証論的な本性であり、神学的思考におけるわれわれの錯誤と仮象の全道程である。理性は、必然的に存在するものの必要条件を一つ一つ数えあげるという否定的な作業に痺れを切らして、お目当てのものを彼方に最実在者としていっきに構成してしまい、そこではなにも見分けがつかないのをいいことに、全述語を精査しおえたと言い張って、それを個体化し単一化する。そしてその理想の存在者から折り返してきて、そこから導出される必然性のもとで、すべての偶然者をもっともらしく理由づけて説明するのである。

4　宇宙論から存在論へ

さて話をもどすなら、存在論的証明の妥当性の如何をいったん保留するとき、宇宙論的証明はどのように評価されるべきだろうか。宇宙論的証明において理性は、偶然的世界から出発して、絶対的必然者を確信するにいたる。そしてそれを、みずから構成した最実在者において汎通的に規定し個体化する――。われわれは存在論的証明を却下する論拠をまたずとも、この宇宙論的証明の失敗を指摘しうるだろう。あきらかに、理性は絶対的必然者を最実在者として汎通的に規定することに成功してはいないのである。否定的条件の枚挙による制限は途中で頓挫したままであり、それゆえ実無限個の肯定的実在性を表象し、最実在者として規定しつくすという到達点には届いていない。たしかに、もしこの汎通的規定に成功して宇宙論的証明を果たせば、存在論的証明に与することになるのかもしれないが、しかしそもそも宇宙論的証明は、弁証論的な理性と命運をともにするかぎり、無限に遠いその到達点から引き返してきて存在論的証明へと変身する以前に、すでに破綻している。

このことは、第五節につづく「必然的存在者の現存在についてのあらゆる超越論的証明における弁証論的仮象の発見と説明」の節でカントが提示している解決策にも覗われる。それはほぼアンチノミー論と共通する解決策であって、要諦のみを示すなら、われわれは一方では遡源においてあたかも絶対的必然者が前提されているかのように想定しなければ遡源を完結させられないが（＝必然者原則）、しかし他方ではそれを最実在者として完成しうると期待してはならないし、その必然的な最実在者から出発することもできない（＝未完成原則）。もちろんこの両原則は客観的には対立するので、たんに「発見的で統制的な」主観的原則としてのみ使用されうるにすぎない（A 616 / B 644）。このような解決策は、宇宙論的証明が頓挫して仮象に陥った弁証論的構造を見とおし、逆にそこから理性の積極的な役割を救いだすことを図るものであろう[19]。

そうするとわれわれはここで、ある奇妙な光景に出くわしていることになる。宇宙論的証明は存在論的証明に依存しているとカントはいうのだが、しかし宇宙論的証明の瑕疵はほんらい、所与の無制約者を構成し、実体的に措定してしまう理性原理の欺瞞に由来するものであり、存在が実在的述語のひとつであるかどうかという存在論的な問題とは無関係であるように思われるからである。

宇宙論的証明では、理性はまず前半部で偶然的なものを支える絶対的必然者を確信し、ついで後半部でその必然性を担うべき最実在者を特定するにいたる。カントの判定によれば、だがこの特定にはひそかに最実在者から絶対的必然者への不当な推理が前提されている。しかしながらこのとき、ウッドも指摘するように、最実在者の必然的な実存在は前半部の論証から由来する宇宙論的な因果的必然性の力に由来するのであって、最実在者という概念から分析的に由来する論理的な必然性に基づくのではない[20]。それゆえ、たとえ存在論的証明批判のいうとおり存在は実在性の一部ではないとしても、かりに世界の偶然性から絶対的必然者へと到達し、それを最実在者として汎通的に規定しうるなら、それは絶対必然的に存在するはずなのである。しかもそのさい「その必然性を把握しうる、すなわちその概念のみから導出しうるか否かは、問うところではない」（A 585 / B 613）。絶対的必然者の存在の必然性はすでに宇宙論的証明の前半部で担保されているはずなのであって、後半部の論証から炙りだされた存在論的証明の命題に依存するものではないのである。

宇宙論的証明が与している理性原理の仮象性は、すでにアンチノミー解決でも摘出されたものである。それをここであらためて論《あげつら》うかわりにカントは、宇宙論的証明批判の行程の一部に、存在論的証明に対する批判を嵌めこんでいるわけである。そのことによって、宇宙論的な因果的必然性の問題が、存在論的証明の問う論理的必然性の問題へと差し替えられることになる。いっけん不整合にもみえ、しばしば批判を集めてもきたこの論述の進行が示しているのは、いかなる事態であろうか。カントはここでいかなる形而上学的問題を見すえ、それを解決へ導こうとしているのか。

再確認するなら、宇宙論的証明に対する批判によれば、「絶対的必然者は最実在者である」という宇宙論的命題は、「最実在者は絶対的必然者である」という存在論的命題へと単純換位しうる。これを事柄に即して言いかえれば、〈最実在者こそが絶対的必然者なのだと特定して、汎通的に規定する〉という宇宙論的課題は、〈最実在者の概念にもとづいて、その絶対必然的な存在を導出する〉という存在論的課題へと読みかえられる、ということである。さて後者の存在論的課題は、存在を実在的な述語のひとつとして確保して、それを最実在者の概念のなかに組み入れることで果たされる。それゆえ、つまるところ〈必然的な最実在者を汎通的に規定する〉という宇宙論的課題の成否は、〈存在は実在性のひとつである〉という存在論的命題の真偽にかかっている。いいかえれば、前者の宇宙論的課題を達成すれば、実在性としての存在という存在論を実現することができるのである。

この最後のテーゼは、その文字面からして、なにかしら奇妙な印象を与えるかもしれない。それはここにおいて、無制約者をめぐる宇宙論的な理性の命運と、一般形而上学としての存在論のある理論の興亡とが、同一の問題地平のなかに据えられているからであろう。しかしながら、宇宙論的課題を存在論的課題へと追いこむという迂遠な手順をふんで、カントがその哲学的な膂力をあげて明るみに引きずりだそうとしている形而上学的問題とは、人間理性の能力にかんする独断的な態度と、葬りさられるべき尊大な存在論の思想とがひとつに絡まりあった、この暗がりなのである。

5　超越論的実在論――汎通的規定としての実存在

この暗がりにある、理性能力にかんする過信を特定し名づけることは、すでに容易いだろう。それは第一章でみたとおり、無制約者をめぐって統制的に使用すべき原理を構成的に使用するという「超越論的取り違え」によって、理性が避けがたく陥る「超越論的仮象」である。そして、このような理性の越権的な過信から惹起される存在論的立場が「超越論的実在論」であることもすでに述べたとおりである。理性は現象を感性的制約から解き放ち、みずからの理念的要求がそのまま構成的に妥当する領域として、物自体の世界をつくりだす。だとすれば、存在論的証明の依拠する、実在性としての存在という存在論的な思想は、この超越論的実在論のひとつの系なのではないだろうか。

カント以降の今日のわれわれには、「存在」が実在的述語のひとつでないことのほうが自明であるので、〈存在は実在性である〉という存在論的立場を想定し、その成り立ちを考えることはむしろ難しい。ましてそれが汎通的規定の問題圏とどのように関連するのかは、たやすくは覗い知れない。しかしカントが直面していた当時の思想状況を一瞥すると、問題の所在はたちまち判明する。そもそも汎通的規定とは、福谷茂が強調するように、ライプニッツのモナドロジーにおける「個体の完全概念」の思想が講壇哲学化された形態である。世界に照応するモナドの完全概念に立脚して、いっさいをそこからの分析判断として展開するところに、批判期のカントが対峙すべき独断的な形而上学の核心があった。[21] この講壇哲学の立場を先鋭化させて、バウムガルテンの『形而上学』は現実的な実存在についてつぎのように定式化している。

「可能的なものは、本質以外に、自己自身において共可能的なあらゆる変様にかんして規定されているか、そうでないかである。前者は現実的（actuale）であり、後者は欠如的な非存在と呼ばれる。[22]」

「実存在（existentia）（現実、現実性）とは、或るものにおいて共可能的な変様の総括であって、すなわち、本質が規定の総括としてみられるかぎりでは、本質あるいは内的可能性の補完（complementum）である。[23]」

檜垣良成が的確にまとめているように、[24] バウムガルテンの存在論では、可能的なものはそれぞれに本質をもつが、さらにそれ以外のあらゆる変様にかんしても完全に規定された状態にあるものが現実的である。すなわち、〈それは何であるか〉が完全に規定されているということが〈それがある〉ということであり、「汎通的規定の原則」と「存在の原則」とは合致する。バウムガルテン式の理性主義的なモナドロジーによれば、精神は世界を隈無く映して照応しているので、世界のなかである物をその本質と変様にかんして完全に輪郭づけ位置づけて表象するならば、それが存在することと同義になるからである。

A・マイヤーの指摘にもあるように、ヴォルフの『存在論』においては「実存在するもの……はなんであれ汎通的に規定されている[25]」が、その逆は成り立たない。汎通的規定はたんに「個体化の原則」にすぎず、「実存在」は汎通的規定とは別に、実在性のひとつとして物のたんなる可能性を補完すべきものであった。[26] しかしバウムガルテンにおいては、共可能的な変様が汎通的に規定された状態がすなわち実存在するということであり、汎通的規定は「存在の原則」へと格上げされる。[27] それゆえ「実存在」はたしかに本質に補完される規定であり実在性ではあるが、その意味するところは、あるものが汎通的に規定されている状態は、あたかもそこに実存在という実在性が成立して付加されている状態であるかのようにみなしうる、ということにすぎない[28]。

いうまでもなく、カントは若いころからこのような存在論を知悉し、批判的な検討を加えてきた。『神の存在証明』のカントはすでに、ユリウス・カエサルなどの有限な物については実在性としての存在という思想は成り立たず、有限者はそのあらゆる述語を総括して完全に規定された状態であってもたんに可能的でありうるのであって、汎通的規定はなんら現存在を帰結するものではない、ということを確認している（Beweisgrund II 72）。それゆえ「現存在はなんらかの物の述語あるいは規定ではない」（ibid.）という、のちの存在論的証明批判の骨子となるテーゼもすでに確認ずみである。

しかしこのような確認はいまだ、神という唯一の事例ではその全肯定的述語の完全枚挙による汎通的規定はただちにその存在を実現するのであり、それゆえ存在は神の必然的な実在性なのだ、と考える余地を残してしまうだろう。ヘーゲルによるカント批判の論点のひとつは、カントは有限者にのみ成り立つはずの区別を神という唯一の例外にまで不当に拡張した、という点にあった[29]。この論難に答えるためには、この唯一の例外での汎通的規定において存在が成就するかどうかを実験してみる必要があろう。『批判』の理想論が、無制約者の次元へと問題を極限化することで明るみに曝そうとしているのは、まさにこの例外的事例である。これは唯一の例外とはいえ、存在の根拠への問いを最終的に決するであろう範例的な事例である。前節の最後でたどりついた、〈必然的な最実在者を汎通的に規定しうるなら、存在は実在性のひとつになる〉というあの奇妙なテーゼは、まさにこの唯一の範例の支配権をめぐるものだったのである。

すでにみたように超越論的実在論とは、われわれの表象の内容がそのまま物に妥当すると考える立場である。

そのような表象の妥当性にかんする究極の案件は、われわれのもつ〈存在という表象〉が〈物における存在〉に対応するか否か、という一点に懸かっているだろう。第一版の第四誤謬推理（A 366 ff.）が教えるように、ここを失えば超越論的実在論者は触発の因果関係を逆推理するしか手がなくなり、あげくまったき経験的観念論へと陥落することになるからである。しかしだからといって、制約された有限者の諸表象をいくら精密に規定しつくしても、けっきょくその〈物における存在〉にかんして無力にとどまることは、すでに認めざるをえない。このとき宇宙論的証明の理性は、最実在者という唯一の事例に縋りついて、その全実在性をアプリオリに構成し、汎通的に規定して個体化することができれば、そこにおいてこそは存在という実在性が必然的に成立して付加されるはずであり、これによって表象と物とは全面的に架橋されるはずだ、と考えるのである。そしてひとたびこの架橋に成功すれば、あとは「実在性のこの全体的所有によって、物それ自体の概念が汎通的に規定されたものとして表象される」（A 576 / B 604）のだから、個々の物についてもわれわれの表象と物自体の存在とが合致することになるだろう。

これは、最実在者の汎通的規定によって必然的存在を「補完（complementum）」する試みだともいえる。カントはすでに第五節冒頭の「人間理性の自然な歩み」において、理性は必然者に適合する概念を求めて最実在者の概念へと到達し、この概念によって「現存在の必然性を補完する（ergänzen）」（A 603 / B 633）のだと指摘していた。このいわば宇宙論的な補完によって最実在者において実在性としての現存在が必然的に具現されている状態が実現するのだが、しかし存在論的証明はこのような成立過程を「隠蔽」することで、たんに現存在をみずからの実在的述語のひとつとして含みもつ最実在者の概念から出発するように偽装する。「ここから」、すなわちこの隠蔽と偽装から、「存在論的証明は成立した」（A 604 / B 632）のである。

6　存在論的ユートピアの解体――必然性をめぐって

宇宙論的証明とは、最実在者を汎通的に規定することによって、存在という実在性をそこに必然的に成立せしめる証明である。それゆえ宇宙論的証明はまた、必然的な最実在者という無制約者の領域において、その〈存在という表象〉からその〈物における存在〉へと架橋し、われわれの表象全体の妥当性をその根源的次元から保証しようという思弁的な試みである。これに対してカントの宇宙論的証明批判は、このような超越論的実在論の体制を解体する批判的な試みであるといえよう。この解体作業のためには、理性は絶対的必然者に到達することも、その汎通的規定を完遂することもできないと指摘するだけでは足りない。そのように指摘するだけでは、理性にとってのありうべき理想的な存在論として、超越論的実在論が温存されることになるからである。むしろ必要なのは、たとえ最実在者を汎通的に規定することに成功したとしても、そこには存在という実在性は実現せず、それゆえ必然的な存在者にもならないということを示して、存在論的な理想郷を消滅させてしまうことであろう。

そのためにここであらためて注目すべきは、必然性という「様相（Modalität）」の問題である。宇宙論的証明の理性は、偶然的な帰結からその因果を遡り、世界の最高原因としての絶対的必然者へと辿りつくが、この必然者は偶然的な被造世界の無際限の多様性を必然的なものとする原因であるには、「すべての「なぜ」に対して「なぜなら」をみずからのうちに含む」（A 585 / B 613）ような最実在者でなければならない。このような因果的な必然性の探究に突き動かされて、理性は実在性の最大化運動に従事していたのである。――たしかに、いっさいの実在的述語を包括するこの最実在者は、豊かに拡がる「自然の体系的統一」（A 619 / B 647）を根拠づける必然的原因としては完璧なものであろう。しかしそのような必然性は、たんにこの「世界との関係において」（A 620 / B 648）成り立つ、「結果からの」必然性にすぎない。この仮定的な必然性は、必然的とされる存在者の現存在の、「それ自体そのものとして、その現存在について考察された」（A 617 / B 645）絶対的な必然性については、いささかも述べるところがないのである（A 612 / B 640）。この世界もろともにその必然者もまた消滅してしまえば、因果的な必然性に抵触せず、どこにも矛盾が見当たらないからである。

すでに第四アンチノミーのカントは、「変化」にみられる「経験的な偶然性」と、「その矛盾対当が可能である」という「カテゴリーの純粋な意味での偶然性」とを区別し（A 458 f. / B 486 f.）、アンチノミーの問題圏を、前者の経験的な偶然性とその最高原因としての絶対的必然者に限定していた。これに対して宇宙論的証明では、「すくなくとも私じしんが実存在する」（A 604 / B 632）という私の偶然性は、その矛盾対当である「私は実存在しない」ことが思考可能だというカテゴリー的な意味で考えられている[30]。宇宙論的証明は、この私の実存在そのものを必然化する原因を求めて、私とこの世界の現存在が「支えを失って漂ってしまう」（A 584 / B 612）ことのないように、「実在性にかんして無限の」（ibid.）存在者へと拡張していった。しかしながら、このように私を実在性の因果の鎖で世界全体へと繋ぎあわせて、最実在者のなかの実在性の一部に位置づけたとしても、その私と最実在者がもろとも存在しないという可能性を奪いつくすことはできず、私のカテゴリー的な偶然性は足下に開いたままである。すなわち宇宙論的証明はその初手において、現存在一般のカテゴリー的偶然性から変化の因果的な経験的必然性へと遡るという致命的な迷走に陥っており、そもそもの私の偶然性は手つかずのままだったのである。

理想論にはるかに先立つ原則論の「経験的思考一般の要請」においてすでに確定されているように、批判哲学における様相のカテゴリーは、「述語としてカテゴリーが付加される先の概念を客観の規定としてはいささかも増大させるものではなく、認識能力に対する関係を表現するにすぎない」（A 219 / B 266）という特殊性をもつ。「必然的な実存在と偶然的な実存在は実在性である」[31]というヴォルフに対して、カントは様相概念から対象の実在性としての資格を剥奪したのである。あわせて、われわれが認識しうるのは経験の連関のなかである状態が必然的に別の状態を惹起するという因果的な必然性だけであり、それゆえ経験的に生成消滅しない「実体としての物の実存在には」この必然性は「妥当しない」（A 227 / B 280）、ということも確認ずみである。理想論にまで持ちこされて問われるべきは、このような必然性概念の批判的限定が神という唯一の事例にも妥当するかどうかである。

最実在者という極限領域で必然性の概念が取り違えられるプロセスを、カントは「弁証論的越権」のひとつ、「系列の完成にかんする理性の誤った自己満足」（A 610 / B 638）として描出している。理性は「その条件なしでは必然性の概念が成立しないところのすべての条件を除去してしまい、そうなるともはやなにも概念把握できないことをいいことに、このような除去をもってこの概念の完成であるとみなす」（ibid.）。つまり宇宙論的証明とは、この世界の実在性との因果的な関係において成り立つ仮定的な必然性を、最大の実在性という目も眩む極限の場面を通過させることによって、その実存在そのものに論理的に貼りつけられる絶対的な必然性へと読みかえようとする、弁証論的トリックなのである。

だが、このトリックから目覚めるのをわれわれは「避けることができない」。渾身の力をそそいだ理性の壮大な詐術は、しかし理性じしんによって脆くも見破られ、はかなく崩れ落ちるのである。人口に膾炙した理想論第五節の次のくだりは、なかば詩的な余韻をも湛えているが、その内実は「避ける」ことも「耐える」こともできない思想に囚われる人間理性の「奇妙な運命」（A VII）をえがくものであり、弁証論的な理性がみずからの詐術から批判的に覚醒し、茫然自失する瞬間を克明に捉えている。

「あらゆる物の最終的な担い手としてわれわれが逃れがたく必要とする無制約的な必然性は、人間理性にとって真の深淵（der wahre Abgrund für die menschliche Vernunft）である。永遠性でさえも、たとえハラーのような人がそれをおそろしく崇高に描きだそうとも、目も眩むような印象をそれほど長く心に与えはしない。永遠性は物の持続を測るだけで、それを担いはしないからである。ひとはつぎのように考えてしまうのを避けることができないが、またそのような考えに耐えることもできない。すなわち、われわれがすべての可能なもののなかで最高の存在者であるとも思っている、この存在者が、いわば自分自身に向かって独語するのである。「私は永遠から永遠にある。私の外には、まったく私の意志によってそうであるようなもの以外には、なにも存在しない。しかしいったい、私はどこから来たのか」。ここですべてがわれわれの足下へと崩れ落ち、最大の完全性も最小の完全性も、思弁的理性のまえでは支えを失って漂うばかりである。思弁的理性にとっては、まったく障りなくあれもこれも消去してしまうのは、なんでもないことである。」（A 613 / B 641 強調カント）

存在者の最後の根拠になると目される必然者は、最大の実在性をもつ最高者へと膨れあがり、永遠にわたって生きつづけ、われわれの世界の全貌を支えている。しかしこのとき、戦慄すべきことに、この肥大化した永遠の最高存在者のどこを調べあげても、この存在者のそれ自体としての必然性を保証しているものは、まったくないのである。それゆえ思弁的理性は、この最大で必然的な存在者を私や世界もろともに「いつでもなんの抵抗もなく思想のなかで廃棄してしまうことができる」（A 617 / B 645）。そして、このまったき無からふたたび最高の存在者を、そして全世界の存在を思い浮かべるとき、われわれは思わず「どこから来たのか」と呟くのである。

じつはこのような神の独語は、若きカントの『神の存在証明』（一七六三年）にもえがかれていた。『神の存在証明』のカントは、可能性は現存在を前提し、可能性の全面廃棄は不可能であるので、「まったくなにも実存在しないということは端的に不可能である」（Beweisgrund II 79）と主張する。神はそこでは、「私は永遠から永遠にある。私の外には、私によってそのようにあるのでないかぎり、なにも存在しない」（Beweisgrund II 151）と誇らしげに独語していた。またこれに先立つ『天界の一般自然史』（一七五五年）の若きカントは、永遠を讃えるハラーの詩を引用しつつ、自然のさまざまな部分が「永遠の深淵」（Naturgeschichte I 317）に沈んでも、たえず自然はゆたかに創造されつづけるとして、神の永遠性に憧憬を捧げていた。[32]

しかし『批判』のカントには、その永遠で無限大の神ですら、まさに「まったくなにも実存在しない」ことがありうるという論理的偶然性がその足下に裂開している。みずからの絶対的必然性によって実在性のすべてを担ったと思ったそのとき、「深淵」が絶対的必然者たる神とその全実在性を呑みこんでしまう。神といえども、「私は永遠から永遠にある」と独語することによって、みずからの必然性を保証できるわけではない。たしかに「私はある」というコギト命題は行為遂行的には必然的であり、しかも神は永遠であるので、あたかもこの独語は論理的な必然性を備えているかのようにみえるが、しかしこの錯覚を見破ることは容易い。神は戦慄しつつも、おのれと世界のいっさいが永遠に存在しないという状況を考えることができるからである。とはいえそのように「考える」からには、もちろん神は「ある」。だがこの「ある」からは、もはや必然性の様相は脱落している。それゆえ『批判』では神は、みずからの存在の偶然性に心を貫かれて、つづけて苦く独語せねばならない。「しかしいったい、私はどこから来たのか」、すなわち「私はどこからあるのか（woher bin ich [...] ?）」、と。

絶対的必然性とまったき無とを行き来する、このような耐えがたい思想によって、われわれはついに、いかなる実在性によっても、無制約的に最大の実在性によってでさえも、現存在の必然性を実現することができないということを否応なく突きつけられ、受け容れざるをえない。第三節のカントがすでに指摘していたように、ある物についてその実在性の多寡とその存在の様相とは無関係なのであるが、それがいまや必然的最実在者という事例においても確定されたのである。こうして様相にかんして実在性と存在とは最後の繋がりを断たれ、われわれは必然性をその対象の概念において理解する一縷の望みさえも奪われる。

このような様相の最終的な実験から帰結するのは、ヘンリッヒのいう「絶対的必然性の概念の主観化[33]」であろう。のちの『形而上学の進歩』であらためて確認されるように、様相概念は「物の性質」(Fortschr XX 304)を含むものではないから、「われわれは絶対必然的な物そのものについて、端的にいかなる概念をも作ることができない」(ibid.)。様相は主観の認識能力への客観の関わりかたを表わすものであって、客観だけの様相も、主客を包括する全体の様相もありえない。さらにこのような様相の主観化は、たんに個々の対象にかんする様相の主観化にとどまるものではなく、世界と神という存在者全体をまえにした、私の思考全体にかんする様相の主観化である。そしてこの様相の全面的な主観化という変革に存在論的証明批判において対応しているのが、まさにカテゴリー表の様相概念のひとつである「現存在」についての、「存在は……実在的な述語ではなく……定立にすぎない」(A 598 / B 626)というテーゼなのである。この様相の変革によって、ついに存在にかんする表象と物とのユートピア的な対応は終わりを迎え、われわれは超越論的観念論の存在論を芯から理解するにいたる。

ちなみに、後期シェリングがこの「真の深淵」の一節にふれて、「あらゆる思考に先立つ存在の崇高性に対するカントの深い感情を表現している[34]」と賞揚したのはよく知られている。しかし、絶対的必然者の存在そのものから出発しようとする、その「積極哲学」なるものは、久保元彦が判定するように、じつは前批判期のカントの『神の存在証明』と同じ方向の試みである。そして『批判』の宇宙論的証明批判が明らかにするのはまさに、その試みはなぜ挫折せねばならなかったか、ということなのである。[35] たしかに絶対的必然者のうえに立てば現存在は一般に根拠づけられるにせよ、しかしそこに絶対的に貼りつけられた必然性や現存在といった様相はまったくの空疎な概念にすぎず、みずからの存在を根拠づけるにはいたらない。存在の根拠を問う理性そのものへと批判的に問いを向けないかぎり、存在の様相にせまる道はひらかれないであろう。この理性への問いを放擲したシェリングの足下には、積極哲学をも呑みこむ深淵がすでに穿たれていたのである。

おわりに――「人間理性にとっての真の深淵」

神の現存在の宇宙論的証明に対するカントの批判は、これまでしばしば存在論的証明に対する有名な批判の影に隠れて、その内実が見過ごされてきたように思う。しかし宇宙論的証明批判では、「最大可能な超越論的仮象を成立させるために、みずからのあらゆる弁証論的技術を傾けている」(A 606 / B 634) 弁証論的理性の歩みが矯めつ眇めつ調べられ、その探究と誤謬の道程が記録されている。そしてついに理性が無制約者の領域で存在論的証明を捏造し、超越論的実在論のユートピアを作りあげる過程と、その崩壊の瞬間が印象的にえがかれ、批判的理性のための刷新された様相論への道が示されている。たしかに理想論を統一する核心的なアイデアは存在論的証明批判に託されるにせよ、その存在論的証明をとおって進む「人間理性の自然な歩み」の全過程を見渡すのは宇宙論的証明批判なのである。

人間理性はこの世界を原因へと遡るとき、ついに「無の深淵」（A 622 / B 650）において、存在の根拠の底が抜けていることに直面せざるをえない。それゆえ理性は絶対的必然者を想定して存在一般に究極的な根拠を与えようとするが、しかしこの絶対的存在者とは何かを知ろうと一歩を踏みだすとき、もうひとつの深淵が、すなわち「人間理性にとっての真の深淵」（A 613 / B 641）が口を開くのである。絶対的必然者であるはずの神が、しかしおのれの何たるかを知ることなく、「私はどこから来たのか」（ibid.）と呟く。存在の全体を支えるはずの必然者が、人間理性のまえで、あっけなく偶然のひとかけらに転落する。そこに実存在を補完して必然的なものとして蘇らせたところで、深淵はふたたびそれを呑みこむだろう。しかしこの絶対的必然者をなんとしても考えないかぎり、われわれは「無の深淵」から逃れることができないのである[36]。

こうして人間理性は、存在の根拠をもとめて「なにか或るものを……それ自体として必然的なものとして想定しつつ、しかし同時に深淵としてのそのような存在者の現存在から怯んで引きさがる」（A 615 / B 643）という「動揺する状態」（ibid.）に置かれることになる。深淵をまえにしたこのような理性の動揺は、のちの『判断力批判』の崇高論のモチーフを予告するものである。崇高論では、みずからの理性の使命への尊敬が「取り違え」によって自然に投影されることで、崇高として感じられるとされた［第七章第4節］。理想論においても最高存在者の理想は、偶然的な世界の全体を「全充足的な必然的原因から発したものであるかのように」（A 619 / B 647）捉えるための「理性の統制的原理」（ibid.）にすぎない。ところがそれが「超越論的取り違え」（ibid.）によって構成的に使用され、理念が対象的に実体化されることで、必然的な最実在者たる神として表象される。だがこうして神という物を考えるとき、「その必然性はいかなる概念にも当てはまらず」（A 620 / B 648）、それゆえ人間理性を寄せつけない暗い深淵がひらかれる。したがって神という深淵は、理性の統制的な使命を表示するがゆえに魅力的であるが、しかし理性によるいっさいの概念把握を拒むがゆえに反発的でもあり、われわれは逃れがたく理性の動揺状態に陥るのである。

ここで問いをみずからへと反転させて、しかしそもそもなぜわれわれは絶対的必然者という根拠を統制的にせよ必要とするのか、と自問してみよう。意外なことに理性には、この自問に答えるすべがない。カントにおいて人間理性は神によって植え付けられた生得的なものではなく、理性はさらに背後へとおのれの神学的根拠を遡ることができないからである(37)。すなわち理性の内側には、理性じしんの認識の及ばない暗い深淵が背後へと穿たれているわけである。理性のうちなるこの深淵は、誤謬推理論ですでに理性の自己認識の不可能性として徹底的に解明された事柄であり〔第三章〕、あるいはアンチノミー論のところでいえば、世界の全体を宇宙論的に開始すべき人間的自由の根拠が、しかし理性じしんにとって「盲点」であり「神秘」(Religion VI 138) であるのと同じことである〔第八章第6節〕。

この自由の「神秘」が道徳的支配者たる神の「神秘の深淵」(Religion VI 139) をひらくように、絶対的必然者を求める理性の根拠は理性のうちなる深淵であり、それが対象的に取り違えられることで「人間理性にとっての真の深淵」となって現われてくる。眼前にひろがる神の深淵からひとが目を背けられないのは、おのれのうちなる理性の深淵から逃れられないからなのである。そして、たしかに神の深淵という「超越論的仮象」はいかにしても消えはしないが、しかしそれが理性の統制的な使命の取り違えられたものだとわかれば、もはや未熟な「判断力の過誤」に誑かされて〔第三章第2節〕、そのまえで「動揺」しつづけ、あげく「無神論」や「狂信」(B XXXIV) に陥るということもなくなるだろう。神の深淵から響くのは、いにしえから変わらず、「汝自身を知れ」という戒めである。それは『純粋理性批判』に課された、「自己認識 (Selbsterkenntnis)」(A XI) という「もっとも困難な仕事」(ibid.)を告げている。

結語

1　超越論的弁証論の位置と意義

ここまで本書は、発展史をふまえたうえで［第一〜二章］、超越論的弁証論における理性の深淵の諸相を形而上学的な諸テーマに即して解釈してきた［第三〜九章］。すでに確立したカント哲学の静的な体系を記述するのではなく、むしろその生成の現場に踏みこみ、カントの批判的な活動を、さまざまな形而上学の限界に臨んで、彼方へと憧れ、深淵に怯み、自らを省みて律する、その理性の動態において追体験することを試みたのである。——以下の結語では、これまで各章で散発的に言及してきた論点のいくつかをあらためて拾いあげて、若干の考察を付け加えておきたい。

まずは、超越論的弁証論は『純粋理性批判』の体系において、とりわけ感性論や分析論に対して、どのような位置を占めるのか、という問題から考えよう。しばしば、弁証論でカントが試みているのは、感性論と分析論で得られた成果を武器として、伝統的な形而上学を破壊する作業であるとみなされることがある。この見立てでは弁証論は、感性論・分析論における原理的な論証につづく、応用問題の解決にすぎず、とりわけ伝統的な形而上学の権威がすでに失墜している場合には別段なくてもかまわない、ということになる。序論でふれたハイネの、ヴォルフ反駁の箇所は読まなくてよいという読書案内も、このような弁証論の見立てによるものだろう。

とはいえ、このような見立てはじつはカントそのひとが助長しているところもある。というのも、たしかにカントはたとえば第二版の序文において、超越論的弁証論（とくにアンチノミー論）に、いわゆるコペルニクス的転回の仮説を検証する「純粋理性の実験」（B XXI n.）を託して、その意義を強調するのだが、しかしすぐさま、この仮説は感性論や分析論ですでに「確然的に証明され」（B XXII n.）たもので、弁証論の実験結果はあらかじめ確実に知られていたとして（cf. A 703 / B 731）、弁証論の意義を著しく制限してしまうからである。[1] このような二義的な評価は、カントが批判哲学の発見の文脈と正当化の文脈を区別していたことに由来するものだろう。すなわちカントの発見の文脈においては、弁証論的な諸抗争と新たな思考法によるその解決が先行したのだが、学的な正当化の文脈においては、やはり空間・時間やカテゴリーの妥当性の確定と制限が先行しなければならないわけである。それゆえ超越論的弁証論を不当に軽視する見立ては、すでに批判哲学のプロジェクトが完了したあとで、その完成した体系の内部から事後的にカント哲学を解釈するという態度のなせる業なのである。

このように学的な基礎づけにおいては感性論や分析論が先立つとはいえ、それはなにも、弁証論における批判的な企画が感性論や分析論で得られた洞察のたんなる応用であるということではない。一七八一年のヘルツ宛書簡でカントは、『批判』の叙述に華々しい通俗性をもたせるにはアンチノミー論のところから始めてもよかった、と回顧している（Br X 269 f.）。人間理性はその素質のゆえにおのずから分裂したアンチノミーの抗争に陥るのであって、批判的理性の「懐疑的方法」（A 424 / B 451）［第二章第1節］は、この理性の抗争を傍観し、いずれ疲れはてた理性が幻想をめぐる諍いの虚しさをみずから悟るようにしむけるにすぎない。なお、たしかにこのような懐疑的方法はアンチノミー論に典型的なものだが、しかし誤謬推理論や理想論も、批判的理性が傍観者にすぎないという点では同様である。すなわち誤謬推理論と理想論は、これまで曖昧に進められていた形而上学的な論証をあえてグロテスクに拡大・誇張してやることで、理性が虚しい一人芝居を演じていることにみずから気づくのを傍観するわけである。

それゆえ弁証論的理性による形而上学の虚偽性は、感性論や分析論から判定されるのではなく、もっぱら抗争と一人芝居からの人間理性の覚醒によって判明するのである。もちろんこのとき、感性論と分析論で鍛えられた眼識でみればはっきりと仮象と誤謬のありかを見通せるだろうが、それはあくまで後付けの補助手段にすぎず、人間理性の自然な歩みの順序ではない。それゆえここでピシスにならって、スピノザの決め台詞である「真理は真理じしんと虚偽との試金石である（verum index sui et falsi）」(2)を転用して、超越論的弁証論のモットーとして、「虚偽は虚偽じしんの試金石である（falsum index sui）」(3)と掲げてもよいかもしれない。人間理性の虚偽は、超越論的弁証論を経ることでみずから露見し、自覚されるのである。

このような一般的な考察は、さらに弁証論の個々のテーマの解釈にも波及してくる。すなわち、発見の順序に即していえば特殊形而上学の諸論証は、旧来の常識的で独断的な認識論や存在論のうえに成り立つものであり、感性論や分析論の成果を盛りこまずに再構成しうるのでなければならない。たとえばわれわれは第三誤謬推理について、「私のなかの時間」において「みずからの自己の数的な同一性を意識している」（A 361）のは、時間の超越論的観念性に立脚する批判哲学の超越論的統覚ではなく、時間の超越論的実在性を信奉する合理的心理学者の魂のほうであると指摘した［第四章第3節］。あるいは第一アンチノミーについては、定立と反定立の証明の論理に批判哲学の洞察が混入しているという誤解に対して、証明を駆動しているのは感性的検証を物自体としての世界全体にも拡大適用する超越論的実在論であることを強調した［第六章第1・4節］。さらに理想論の宇宙論的証明についても、なにもカントは様相カテゴリーについての批判的洞察を無差別に神にまで適用しているのではなく、深淵をまえにして「私はどこから来たのか」という独語をもたらす思考実験こそが様相概念の主観化を決定していると論じた〔第九章第6節〕。これらはいずれも論争的なものであり、解釈の帰趨を決する論点をふくむが、その妥当性は弁証論の位置づけをめぐる、ここでの考察によっても裏づけられるだろう。

さて、このように発見の文脈において先行する弁証論は、後続する感性論と分析論に対していかなる意義を有するのだろうか。「理性の深淵」の観点からあらためて超越論的弁証論の歩みをふりかえってみれば、認識のアルキメデスの点となるべき持続的な単純実体としての魂の概念を斥ける誤謬推理論、さらに宇宙全体をその起源によって確定することを放棄するアンチノミー論につづいて、最後の理想論では魂と宇宙を包括する存在者全体の究極的根拠が理性のまえで破砕されるにいたる。このような徹底的な根拠の解体作業の果てに残るのはいったい何であろうか。それは、いまここに生きる私の現存在という事実であり、この私の認識によって定立される現象としての世界であろう。このような自我と現象の存在構造の解明は、ひるがえって感性論と分析論における積極的な思考へと託されることになる。カントの積極的な超越論哲学において内側から構築される経験的な世界の、その輪郭を外側から定めているのは、弁証論における否定的な思考なのである。

他方で超越論的弁証論は、第三アンチノミーを全体の転回点として、理論から実践へと局面が変わるとみることもできる。いっさいの対象的な所与の根拠を放棄した第三アンチノミー解決の理性は、実践的パースペクティヴをみずから開闢し、おのれをその新たな世界の起源として措定する。その後のカント倫理学の展開を瞥見するなら、このような理性的根拠の自己措定という思想は、『基礎づけ』における「自律」をへて、『実践理性批判』における「理性の事実」(KpV V 31)へと収斂するものであろう。道徳的理性は「天に懸けるところも地に支えるものもない」（GMS IV 425）という無根拠の深淵のなかから、自律的にみずからに道徳の事実を根拠づける。(4) こうして「理性の深淵」のモチーフは、まさにカント倫理学の精髄に息づいている。さらにはこのモチーフはおそらく、美学や歴史哲学や宗教論など、ひろくカント哲学の諸局面にも響いているであろう。本書はそのような批判哲学のアイデンティティともいうべき思想を、その源としての超越論的弁証論に見とどける試みであったといえる。

2　理性批判と超越論的観念論

超越論的弁証論の意義についての以上の考察は、さらに超越論的観念論についての再考を迫るものである。これまで『批判』の超越論的観念論は、おもに感性論と分析論、そして第四誤謬推理に即して解釈されることが多かった。しかし第一章［第6節］でもみたように、第一版の『批判』において「超越論的観念論」の概念が登場するのは第四誤謬推理（A 369 ff.）とアンチノミー論（A 490 / B 518 ff.）だけであり、しかも第二版ではアンチノミー論にのみ残ったという文献的な事実を考えるとき、これまでの解釈のバランスはいささか偏重していたといわざるをえない。むしろ超越論的観念論の輪郭は、超越論的弁証論における理性の深淵の諸相に即して定められるべきなのである。

まず手短に発展史的な経緯をふりかえっておこう。第一章では「取り違え」に即して一七七〇年の『就職論文』から一七八一年の『批判』への展開を跡づけたが、ここでは構造的に両書を対応づけてみたい。『就職論文』では、その第一章から世界をめぐるアンチノミー的対立がえがかれたのち、第二章では感性と知性の区別が導入され、第三章で感性界の、第四章で叡知界の形式の原理が定式化されて、第五章では「取り違え」概念によって形而上学における区別の方法が提起される。大きくみれば、このうち第三章が『批判』の感性論に、第一章と第五章が弁証論に発展したといえる。『批判』の弁証論において解決の「鍵」として登場する超越論的観念論は、『就職論文』における形而上学の方法論にさかのぼるものである。すでに引用した、「観念論のようにみえる私の立場は……取り違えの超越論的な誤謬を防止するものにすぎない」（R 5642 [XVIII 279]）〔第一章第4節〕というカントの告白も、このような経緯を裏づけるものだろう。『批判』のカントはこの形而上学批判の方法論を命名するにあたって、その方法論の核心的な部分を占める、感性論における空間・時間の「超越論的観念性」に由縁をもとめた。さきの告白の続きを引くなら、「かつて私はこの教説を超越論的観念論と名づけたが、それはこのような教説のための〔適切な〕名前が〔ほかに〕ないからである」（ibid.）。

　このような観点からみるなら超越論的観念論は、せまく空間・時間と現象の超越論的観念性の教説に限定されるものではなく、ほんらい超越論的弁証論における形而上学批判の方法論を集約的に表示すべき名称であることがわかるだろう。対する超越論的実在論もまた、ひろく伝統的形而上学の独断的な世界観を表示する名称とみなしうる。たしかに、超越論的観念論はひとまずは感性論の成果に立って、現象を物自体にすることを戒める教説（α型の取り違えの防止）として導入されるから、この点にかぎれば弁証論における狭義の理性批判（β型の取り違えの防止）に対立する対概念として位置づけられる〔第一章第6節〕。しかしその後、超越論的弁証論の形而上学的な諸テーマとその批判的解決を跡づけるなかで、われわれはまさに理性批判としての超越論的観念論のありうべき輪郭を彫琢してきたといえよう。この意味での超越論的観念論は、一方では超越論的仮象が誘発する理念の誤用を斥けつつ、他方ではそのような理念的対象を脱感性的に直観しようとする誘惑を断つことで、二方向から迫ってくる弁証論的なさまざまな危険に対抗して、われわれの現象的な生と世界とを保持するものであるとみなしうる。

ここで、これまで各章でみてきた弁証論解決の鍵としての超越論的観念論の諸相を、あらためてたどりなおしておこう。超越論的観念論は、合理的心理学批判においては、私の魂そのものは超越論的に不可知の理念的なものにとどまり、内的感官に時間的に現われる私はたんに現象にすぎない、という警告である〔第四章おわりに〕。アンチノミー論において超越論的観念論は、第一アンチノミー解決としては、物自体としての絶対量を世界から剝奪し、無際限な経験的探求へと現象を解きひらくことであり〔第六章第6節・第七章第5節〕、逆に第三アンチノミー解決としては、私のうちなる不可知の叡知的な根拠に立脚して、可変的な現象に実践的に介入することである〔第八章第6節〕。さらに理想論において超越論的観念論は、現存在や必然性といった様相概念を、実在性として対象に貼りつけて構成するのではなく、定立する理性主体からの関係として把握するという様相論に帰着する〔第九章第6節〕。これらの魂、世界、神をめぐる形而上学的な国境紛争を解決しうる程度にまで、超越論的観念論はその前線の広がりと強度を維持しなければならない。

とはいえ、このうち『批判』第二版にいたっても超越論的観念論が明示的に解決の鍵として採用されるのはやはりアンチノミー論であり、本書の範囲では第一アンチノミーと第三アンチノミーである。とりわけ第三アンチノミーを回転軸にして、理論理性に対する批判から実践理性の可能性の展望へと弁証論の局面が切りかわることを考えれば、この二つのアンチノミー解決における超越論的観念論の異同と振幅をおさえることが大切になるだろう。

あらためていえば第一アンチノミーの超越論的観念論は、所与の物自体として総括される絶対的総体性を彼方に放逐することで、世界の絶対量の有限・無限の二者択一を斥けて、現象界を「不可規定的に（unbestimmbar）に続く背進」（A 518 / B 546）において認識し確保するという解決を指示する。これに対して第三アンチノミーでは「自由を救う」（A 536 / B 564）ために超越論的観念論が求められ、現象としての世界がそのように全体として未規定的であることが、叡知的な原因性によって現象界を実践的に規定するという可能性を裏づけることになる。さらに、空間・時間の彼方にあった起源としての物自体の不可知性は、私の自由の根拠は私にとって神秘として隠されているという盲点の構造として回帰する。これら二つの超越論的観念論は、不可知の超越論的な物に対する観念的な現象の未規定性という構図では同じであるが、いわば攻守ところをかえた格好である。このように超越論的観念論は、ヤヌスのような二面性をもつ構想としてアンチノミー論を支配している。

じつのところ、このような二面性は超越論的観念論の本質的な洞察から帰結することである。近年もっとも有望な解釈視角を提供したと目されるアリソンの方法論的二観点解釈によれば、超越論的観念論の精髄は、理論と実践という二つの観点に応じてそれぞれの事態の言明可能性は保証されるのであって、いかなる観点からも独立した事実なるものを想定することは許されない、と喝破するところに存する。(5) ふりかえれば第三アンチノミー解決において、自然と自由という二つの記述を時間的に同時に被るような主語の私を認めないとしたわれわれの立場は［第八章第5節］、このアリソン的な洞察を具体的に適用したものだといってよい。その私に対して現われる現象についても、理論的な観測において認識される現象と、実践的な行為によって規定される現象とは、異なったパースペクティヴで開かれる異なった事実である。それゆえ、そこに共通の観点独立的な事実を想定したうえで、それが自然法則によって決定されているのか、それとも実践的に変更しうるのかを二者択一で問うという態度は、すでに超越論的実在論の罠にはまっているわけである。(6)

しかしここで、この洞察をさらに超越論的観念論そのものにも自己言及的に適用することができよう。われわれ人間は理論と実践のパースペクティヴを同時並行的に遂行しえないのだから、第一アンチノミー解決が教える理論的な超越論的観念論と、第三アンチノミー解決が教える実践的な超越論的観念論について、それら二つの超越論的観念論を同時に見てとって、その二面的な全体像をひとつかみに把握しうるような視座に到達することはできない。それゆえ、超越論的観念論という思想は超越論的に二元論的なのであって、その全体像はわれわれにとってメタ次元で不可知にとどまる。それを包括的に一元論的な観念論的世界観として構想することは、認識と行為における人間理性の観点依存的な制約を教える超越論的観念論の精神を根本から否定するに等しい。われわれがアンチノミー論の全体から学ぶべきは、超越論的観念論についてのこのような超越論的にして批判的な洞察なのである。

さて、ここまで理性批判の否定的な側面に着目してきたが、その裏面には理論理性の積極的な意義が控えている。以下では最後に、「超越論的弁証論への付録」（A 642 / B 670 ff.）［第三章第5節］において批判的に再発見される、この積極的な理性使用にかんして、超越論的観念論が果たすべき役割について触れておきたい。

各章でたびたび言及したように、理論理性の積極的な働きは、悟性認識を無制約的な体系的統一へと指揮する、理念の「統制的」使用のうちに存する。しかしいったい、可能的経験の限界を超えてまで認識活動を統制することは、いかにして可能だったのだろうか。この問いに答えてグライアーは、意外なことに理念の統制性はまさに「超越論的仮象」に依拠していることを明らかにした[7]。すでにみたように超越論的仮象は、無制約者を求める理性の論理的格率が誤って客観的な超越論的原理と取り違えられて、構成的に使用されるところに成立する。人間理性はこのような超越論的仮象に不可避的に陥るのだが、さらにこれが超越論的実在論を招きよせ、カテゴリーの超越論的誤用を誘うことで、純粋理性の弁証論が惹起されることになる〔第三章第2節〕。これに対してカントは、超越論的観念論によって超越論的実在論に対抗し、理性批判によってカテゴリーの誤用を封じることで、超越論的仮象の欺瞞性を無害化したうえで、そこにわれわれの認識活動を統制する役割を託すのである。「このような錯覚（それでもこの錯覚に欺かれるのを防ぐことはできる）は、……あらゆる所与の経験を超えて、最大限可能で極限的な拡張へと悟性を向かわせようとするときには、不可欠に必要である」（A 644 f. / B 672 f.）。

こうした超越論的仮象の錯覚に導かれて理性は、あたかも無制約的な自然の体系的統一が与えられているかのように、科学的探究を展開してゆくことになる。そしてこのように統制される探究は、やはり超越論的観念論のもとでのみ可能である。というのも、超越論的実在論のもとで物自体の存在と性質がすでに客観的に確定済みなら、その解明のために理性はさまざまな実験的仮説をアド・ホックに試みるほかなく、体系的に無制約者をめざすことができない。逆に経験的観念論者のいうように現象がたんなる表象の戯れにすぎないなら、理念的に構成された観念的世界がそのまま客観的真理となるから、なにも仮象に頼ってまで心の外へと飛躍することもない。超越論的観念論のもとで、不可知の物自体がわれわれの探究のパースペクティヴに依存して現象として認識されてくるからこそ、理性は経験の限界をこえて物自体のほうへとみずからの遠近法の虚焦点を投げこんで、そこに向けて悟性的な認識活動を体系的に指揮することができるし、またそれが必要になる。(8) 物自体からの啓示にたよる独断論と、表象の内側でいなおる懐疑論との狭間に見出される、超越論的観念論の第三の道だけが、超越論的仮象を「あたかも……かのように（als ob）」という虚実皮膜のあいだに保持して、人間理性のための道標として活かすことできる。

あとがき

本書の原型は二〇一三年に東北大学大学院文学研究科に提出し、博士（文学）の学位を授与された博士論文である。博士論文の主査としてご指導くださった座小田豊先生、副査として審査の労をとられた戸島貴代志、直江清隆の両先生に御礼申し上げる。さらに博士論文を改稿して本書にまとめる段階で、檜垣良成、佐藤恒徳、中野裕考、千葉清史、池田準の各氏に草稿を読んでもらった。残念ながらすべてのコメントを活かすことができたわけではないが、これまでともに「カント研究会」などの場で議論を交わしてきた各氏が、あらためて時間を割いて対話と省察の貴重な機会を与えてくれたことに感謝したい。

本書（あるいは原型の博士論文）の各章は以下の既発表の拙論をふまえて執筆した。

第一章「カントにおける「窃取」概念の変容——アンチノミー解決への形成過程」日本哲学会編『哲學』第五一号、二〇〇〇年、二一〇～二一九頁。

第三章「誤謬推理論における理性批判と自己意識」カント研究会／檜垣良成・御子柴善之編『現代カント研究10 理性への問い』晃洋書房、二〇〇七年、三三一～五三頁。

第四章「カントと人格同一性の問題——第三誤謬推理のコンテクスト」東北大学哲学研究会編『思索』第四五号、二〇一二年、三六七～三八八頁。

第五章「カントの Cogito ergo sum 解釈——カントにおける自己意識の問題（2）」新潟大学人文学部『人文科学研究』第一一六輯、二〇〇五年、二三～四七頁。

第六章　「流れ去った無限と世界の起源――カントの第一アンチノミーについて」東北大学哲学研究会編『思索』第三一号、一九九八年、一六七～一八七頁。
第七章　「カントと無限の問題」日本カント協会編『日本カント研究２　カントと日本文化』理想社、二〇〇一年、八三～一〇〇頁。
第八章　「人間的自由の宇宙論的本質について――カントの第三アンチノミーにおける自由の問題」新潟大学人文学部『人文科学研究』第一三〇輯、二〇一二年、一～三二頁。
第九章　「神の現存在の宇宙論的証明に対するカントの批判について」新潟大学人文学部『人文科学研究』第一二五輯、二〇〇九年、一～三一頁。

ただし第一～三章、第六～七章などの古いものは大幅に書き改めたので、初出のかたちを留めないところが多い。また、以上とは別の拙論から論点を補って拡充したところがあり、そのつど註で指示しておいた。第二章は第一章と第三章に相当する初出論文から抽出した論点をもとに、別の拙論からの成果を盛りこんで成稿を得た。なお、博士論文には「理性の深淵」のモチーフからカント倫理学を展望した補章が収められていたが、本書では割愛した。カント倫理学は今後の研究課題として、あらためて取り組むことにしたい。

右の一覧が示すように、本書の初出論文は古いものでは十年以上も前のものである。本書を仕上げるのにこれほどの年数がかかったのは、ひとつには、超越論的弁証論の個々の形而上学的なテーマのそれぞれに、まさにカントが批判して葬りさった西洋形而上学の歴史と、これまで積み重ねられてきたカント研究の蓄積があって、それらを咀嚼して自分なりの見通しと解釈を再構築するのに時間を要したからである。宇宙論、無限、自己意識と私の存在、神の存在証明、自由意志、人格同一性など、いってみればカントを導き手として西洋形而上学の冥界を巡り歩いた十数年間であったと思う。とはいえ、さまざまな見所でゆっくり足をとめて満喫しすぎた。この遍歴の歳月のなかで、解釈の視点や論点の評価などが変わったところもある。このたび一書を成すにあたり、整合的に組みあわせて、あらたに論点の脈絡も付けたつもりだが、思わぬ齟齬が含まれているかもしれない。また、陸続と現われる新しい研究を反映できていない箇所も少なくない。

はじめての単著を上梓するにあたり、学部・大学院において哲学研究の道を示してくださった、当時の東北大学の哲学・倫理学合同研究室の先生方の学恩に感謝を捧げたい。とりわけ座小田豊先生には、博士課程以来の薫陶への御礼とともに、ながらく博士論文をお待たせしたことにお詫びを申し上げなければならない。また柏原啓一先生には、卒業論文のニーチェから修士論文のカントまでの私の覚束ない歩みを温かく導いていただいた。現象学と分析哲学との海峡に架橋するという野家啓一先生の指し示した方向に、文献と思索とを往き来する私のカント研究のスタイルは学んだつもりである。熊野純彦先生は、法外なお褒めの言葉で私の背中を押して、停滞しがちな研究の歩みをその後も見守ってくださった。そして、はやく博士論文をまとめよとの岩田靖夫先生の度重なる叱咤激励がなければ、本書はいまだに完成していなかっただろう。

現職の新潟大学に着任してからは、人文学部、とりわけ人間学講座の同僚の先生方に篤く研究を支援していただいた。そして本書は新潟大学人文学部研究叢書の一冊として刊行される。貴重な機会を下さった各位に御礼申し上げる。また、ときに生硬な難解さに顔を歪めながらも私のカント講義や演習によく耐えてくれた、学部生・院生のみなさんにも感謝している。索引については大学院生の浦上麻衣子さんの手を煩わせた。

本書の遠い出発点は修士論文にまでさかのぼる。私が修士課程の院生だったころ、東北学院大学の石川文康先生が東北大学でも非常勤で講義を担当されていた。おりしも『カント入門』（ちくま新書、一九九五年）や『カ

ント 第三の思考』（名古屋大学出版会、一九九六年）が上梓された時期であり、先生の講義にも脂がのっていた。けっきょく私は修士論文のテーマにカントのアンチノミー論をえらび、最初の雑誌論文では第一アンチノミーについて論じた。その後も私が就職して仙台を離れるまで、ときに東北学院大学の先生の研究室で、カント研究のさまざまな話題について話しあう機会をつくっていただいたことは、私のもっとも貴重な記憶のひとつである。早くまとまった研究成果をご覧に入れたいと願っていたが、先生は病を得て、二〇一三年二月に他界された。石川先生の蒔いたカント研究の種が、こうして拙くとも一書として実ったことをご報告できなかったことが悔やまれる。

最後になったが、本書の出版では知泉書館の小山光夫氏にお世話になった。記して謝意を申し添えたい。

二〇一四年一月

城　戸　淳

人名索引

（註のページ数には n を付す。註での人名は，本文で言及されていない箇所にかぎって採った。）

ア　行

カ　行

サ　行

タ　行

ナ　行

ニュートン Newton, Isaac 177, 178, 200, 31n
ヌーナン Noonan, Harold W. 124
ネーゲル Nagel, Thomas 241
ノヴァーリス Novalis 146

ハ 行

ハイデガー Heidegger, Martin 5, 62, 155, 157, 244
ハイネ Heine, Heinrich 4, 5, 247, 279
ハイムゼート Heimsoeth, Heinz 5, 21, 38, 97, 194, 213, 224, 239, 17n, 18n, 32n, 34n, 35n, 39n, 42n
バウムガルテン Baumgarten, Alexander Gottlieb 64, 79, 112, 135, 174, 175, 189, 214, 223, 257, 266, 42n
量義治 17n
バークリー Berkeley, George 32, 76
パット Patt, Walter 19n
ハドソン Hudson, Hud 211, 38n
バトラー Butler, Joseph 124, 125, 126, 128
ハラー Haller, Albrecht von 272, 273
パルター Palter, Robert 200
パルメニデス Parmenides 163
ハレット Hallett, Michael 36n
檜垣良成 68, 266, 43n
ピシス Pissis, Jannis 281, 43n
ピストリウス Pistorius, Hermann Andreas 30n
ヒスマン Hißmann, Michael 79, 145
ビュッヘル Büchel, Gregor 194, 36n
ヒューム Hume, David 48, 96
ビルケン＝ベルチュ Birken-Bertsch, Hanno 16, 27, 16n–19n
ヒンスケ Hinske, Norbert 51, 65, 81, 16n, 17n, 19n, 20n
ファルケンシュタイン Falkenstein, Lorne 28n
フィッシャー Fischer, Kuno 11
フィヒテ Fichte, Johann Gottlieb 146, 154
フィロポノス Philoponos, Johannes 168, 169, 171, 195
フェーダー Feder, Johann Georg Heinrich 18n, 23n
福田喜一郎 43n
福谷茂 265
プラトナー Platner, Ernst 145
プラトン Platon 15, 47, 48, 65, 160, 224, 229
フランク Frank, Manfred 145, 146
プリース Pries, Christine 204
フリュー Flew, Antony 124
ブルック Brook, Andrew 118
ブルーノ Bruno, Giordano 177
ペイトン Paton, Herbert James 5, 95
ベック Beck, Lewis White 47, 219, 233, 234, 235, 40n, 41n
ヘーゲル Hegel, Georg Wilhelm Friedrich 4, 5, 70, 161, 247, 267, 32n
ベネット Bennett, Jonathan 115, 116, 28n, 32n, 33n
ヘルツ Herz, Markus 21, 43, 45, 47, 48, 50, 280, 17n
ヘンリッヒ Henrich, Dieter 8, 90, 237, 247, 274, 15n, 28n
ボエティウス Boethius 225
ポッツォ Pozzo, Riccardo 18n, 23n
ホッブズ Hobbes, Thomas 137
ボナヴェントゥラ Bonaventura 169
ボヤノフスキ Bojanowski, Jochen 10, 211, 212, 38n
ホルストマン Horstmann, Rolf-Peter 89, 211
ボルヘス Borges, Jorge Luis 104
ホルン Horn, Christoph 211
ボルン Born, Friedrich Gottlob 19n
保呂篤彦 40n

マ 行

マイアー Meier, Georg Friedrich 29, 79, 112, 135, 32n
マイナース Meiners, Christoph 79, 145

ヤ　行

ラ　行

事項索引

（註のページ数には n を付す。書名などはカントのものにかぎって事項索引に採った。）

ア　行

カ　行

サ　行

タ　行

ナ　行

ハ　行

マ　行

ヤ　行

註

序　論

1）Heinrich Heine, *Zur Geschichte der Religion und Philosophie in Deutschland*, 1834, in *Säkularausgabe*, Berlin et al.: Akademie-Verlag et al., 1972, vol. 8, p. 197.（伊東勉訳『ドイツ古典哲学の本質』岩波書店，1973 年，172 頁。）

2）熊野純彦「ふたつの Dialektik をめぐって――カントの弁証論とヘーゲルの弁証法」（神崎・熊野・鈴木編『西洋哲学史Ⅳ――「哲学の現代」への回り道』講談社，2012 年，165 ～ 247 頁所収）は，カントの弁証論の諸テーマに即して，カントとヘーゲルの思考の距離を測定している。

3）Herbert James Paton, *Kant's Metaphysic of Experience: A Commentary on the First Half of the Kritik der reinen Vernunft*, 2 vols., 1936 [facsim. Bristol: Thoemmes, 1997].

4）Heinz Heimsoeth, *Transzendentale Dialektik. Ein Kommentar zu Kants Kritik der reinen Vernunft, Teil I, Ideenlehre und Paralogismen*, Berlin: Walter de Gruyter, 1966, p. VII.

5）P. F. Strawson, *The Bounds of Sense: An Essay on Kant's Critique of Pure Reason,* London: Methuen, 1966 [facsim. London / New York: Routledge, 1993].（熊谷・鈴木・横田訳『意味の限界――『純粋理性批判』論考』勁草書房，1987 年。）

6）超越論的論証については，ヘンリッヒ・アーペル・ローティ他『超越論哲学と分析哲学――ドイツ哲学と英米哲学の対決と対話』（竹市明弘編，産業図書，1992 年）におもな論文が邦訳されている。

7）Hans Albert, *Traktat über kritische Vernunft*, Tübingen: J.C.B. Mohr (Paul Siebeck), ^{4}1980 (^{1}1968), p. 13.（ハンス・アルバート『批判的理性論考』萩原能久訳，御茶の水書房，1985 年，19 頁。）

8）Cf. Carl Günther Ludovici, *Ausführlicher Entwurf einer vollständigen Historie der Wolffischen Philosophie*, Leipzig, ^{3}1738 [facsim. J. École et al. (eds.), Christian Wolff, *Gesammelte Werke*, Hildesheim et al.: Georg Olms Verlag, Abt. III, Bd. 1.1, 1977], pp. 82, 87. また，石川文康「根拠律批判から理性批判へ――「アプリオリな総合」の起源をめぐって」京大・西洋近世哲学史懇話会編『近世哲学研究』第 13 号，2006 年，6 頁以下，を参照のこと。

9）D・ヘンリッヒ『カント哲学の体系形式』門脇卓爾監訳，理想社，1979 年，「序文」（大野篤一郎訳），6 頁。

10）ヘンリッヒ『カント哲学の体系形式』「序文」，9 頁。

11）Michelle Gilmore Grier, *Kant's Doctrine of Transcendental Illusion*, Cambridge: Cambridge University Press, 2001.

12）Heiner F. Klemme, *Kants Philosophie des Subjekts. Systematische und*

entwicklungsgeschichtliche Untersuchungen zum Verhältnis von Selbstbewußtsein und Selbsterkenntnis (*Kant-Forschungen* 7), Hamburg: Felix Meiner Verlag, 1996.

13） Jochen Bojanowski, *Kants Theorie der Freiheit. Rekonstruktion und Rehabilitierung* (*Kantstudien Ergänzungshefte* 151), Berlin / New York: Walter de Gruyter, 2006.

14） Karl Ameriks, *Kant's Theory of Mind: An Analysis of the Paralogisms of Pure Reason*, Oxford: Clarendon Press, [2]2000 ([1]1982).

15） Henry E. Allison, *Kant's Theory of Freedom*, Cambridge: Cambridge University Press, 1990.

16） 新田孝彦『カントと自由の問題』北海道大学図書刊行会，1993 年。

17） 石川文康『カント 第三の思考——法廷モデルと無限判断』名古屋大学出版会，1996 年。

18） 高橋昭二『カントの弁証論』創文社，1969 年。

19） Kuno Fischer, *Clavis Kantiana. Qua via Immanuel Kant philosophiae criticae elementa invenerit*, Jena, 1858.

第 1 章 「取り違え」概念の展開——発展史の一断面

1） 『批判』の新たな術語についてはつぎを参照のこと。Norbert Hinske, 'Kants neue Terminologie und ihre alten Quellen. Möglichkeiten und Grenzen der elektronischen Datenverarbeitung im Felde der Begriffsgeschichte', in G. Funke (ed.), *Akten des 4. Internationalen Kant-Kongresses* (*Kantstudien*, vol. 65, Sonderheft), 1974, pp. 68–85.

2） かつて理想社版カント全集の『就職論文』（川戸好武訳『カント全集 第三巻 前批判期論集（二）』理想社，1965 年，所収）などでも採用され，筆者も倣って使っていた「窃取」という訳語は，古い法学的意味を伝えるし，Erschleichung の訳語にはむしろ適しているが，カントをふくむ近代の哲学的な用法にはそぐわないところがあるので，本書では「取り違え」と訳すことにする。

3） Cf. Hanno Birken-Bertsch, *Subreption und Dialektik bei Kant. Der Begriff des Fehlers der Erschleichung in der Philosophie des 18. Jahrhunderts* (*Forschungen und Materialien zur deutschen Aufklärung*, Abt. II, Bd. 19), Stuttgart-Bad Cannstatt: frommann-holzboog, 2006, pp. 27–33.

4） Christian Wolff, *Philosophia rationalis sive Logica*, Frankfurt / Leipzig, [3]1740 ([1]1728) [facsim. J. École et al. (eds.), *Gesammelte Werke*, Hildesheim et al.: Georg Olms Verlag, Abt. II, Bd. 1, 1983], § 668, p. 484.

5） Cf. Christian Wolff, *Ratio prælectionum Wolfianarum in Mathesin et Philosophiam universam [...]*, Halle, [2]1735 ([1]1718) [facsim. *Gesammelte Werke*, Abt. II, Bd. 36, 1972], Sect. II, Cap. 3, § 12, pp. 145 f.

6） Johann Heinrich Lambert, *Neues Organon oder Gedanken über die Erforschung und Beziehung des Wahren und dessen Unterscheidung vom Irrthum und Schein*, vol. II, Leibzig, 1764 [facsim. H.W. Arndt (ed.), *Philosophische Schriften*, vol. II, Hildesheim: Georg Olms

Verlag, 1965], Phänomenologie, § 14, pp. 225 f.

7） Cf. Johann Georg Walch, *Philosophisches Lexicon*, Leibzig, [4]1775 [facsim. Hildesheim: Georg Olms Verlag, 1968], vol. I, col. 1257–1259.

8） 取り違えの概念に着目した邦語文献としては次のものがある。高橋昭二「カント批判期前の哲学」『カントの弁証論』創文社，1969 年，43 ～ 228 頁所収／量義治『批判哲学の形成と展開』理想社，1997 年，169 ～ 192 頁／佐藤恒徳「窃取的公理と現実的無限――アンチノミー論の形成史によせて」日本カント協会編『日本カント研究 3 カントの目的論』理想社，2002 年，63 ～ 77 頁所収。欧米での研究史は Birken-Bertsch, *Subreption und Dialektik bei Kant,* pp. 17–21 にまとめられている。

9） Birken-Bertsch, *Subreption und Dialektik bei Kant.*（書誌については上の註 3 を参照のこと。）

10） 『就職論文』から 1770 年代の intellectus / Verstand は「知性」と訳す。『就職論文』ではまだ批判期に固有の「理性」と「悟性」との二分法が確定していない。つづく沈黙の十年間において知性の孕む理性的要素と悟性的要素との不一致が顕在化してゆくことになるが，それについては次章で論じよう。

11） Cf. Markus Herz, *Betrachtungen aus der spekulativen Weltweisheit*, Königsberg, 1771, p. 99 n. [repr. PhB 424, Hamburg: Felix Meiner Verlag, 1990, p. 52 n.] / G. S. A. Mellin, *Encyclopädisches Wörterbuch der kritischen Philosophie*, Bd. II, Abt. II, Jena / Leibzig, 1799 [*Aetas Kantiana*, 175, 2-2, Bruxelles: Culture et civilisation, 1968], p. 563.

12） Norbert Hinske, *Kants Weg zur Transzendentalphilosophie. Der dreißigjährige Kant*, Stuttgart / Berlin / Köln / Mainz: W. Kohlhammer Verlag, 1970, p. 127.

13） 以下の第 1 節での『就職論文』の議論，および第 3 節における感性論の取り違えモデル，さらに第 4 節の超越論的実在論については，拙論「現象と空間――カント超越論的感性論における窃取モデルの論理」新潟大学人文学部『人文科学研究』第 107 輯，2001 年，2 ～ 16 頁，でさらに詳しく論じた。

14） E. g. Christian August Crusius, *Entwurf der nothwendigen Vernunft-Wahrheiten, wiefern sie den zufälligen entgegen gesetzet werden,* Leipzig, 1745 [facsim. G. Tonelli (ed.), *Philosophische Hauptwerke*, vol. II, Hildesheim: Geog Olms Verlag, 1964], § 48, pp. 76 f.

15） Crusius, *Entwurf [...]*, § 14, p. 26. Cf. Crusius, *Weg zur Gewißheit und Zuverläßigkeit der menschlichen Erkenntniß*, Leipzig, 1747 [facsim. *Philosophische Hauptwerke*, vol. III, 1965], § 262, pp. 475 f.

16） Crusius, *Entwurf [...]*, § 50, p. 81.

17） Crusius, *Entwurf [...]*, § 58, p. 101. Cf. Heinz Heimsoeth, 'Metaphysik und Kritik bei Chr. A. Crusius. Ein Beitrag zur ontologischen Vorgeschichte der Kritik der reinen Vernunft im 18. Jahrhundert', in *Studien zur Philosophie Immanuel Kants. Metaphysische Ursprünge und Ontologische Grundlagen*, Gesammelte Abhandlungen I (*Kantstudien Ergänzungshefte* 71), Köln: Kölner Universitäts-Verlag, 1956, pp. 187 f.

18） 山本道雄「C・A・クルージウスの哲学――経験的主観性の哲学」神戸大学大学院

文化学研究科『文化学年報』第９号，1990年，４頁ほか，を参照のこと。

19） Heimsoeth, ‘Metaphysik und Kritik bei Chr. A. Crusius’, p. 185.

20） Cf. Birken-Bertsch, *Subreption und Dialektik bei Kant,* pp. 93 f.

21） 高橋昭二『カントの弁証論』207 ～ 218頁，森口美都男「超越論的演繹の生成——一七七〇年代のカント」(『「世界」の意味を索めて——哲学論集（一）』晃洋書房，1979年，221頁以下）を参照されたい。

22） ８回の内訳は，感性論で１回（A 36 / B 53），弁証論で６回——すなわち誤謬推理章で２回（A 389, A 402），アンチノミー章で１回（A 509 / B 537），理想論で２回（A 583 / B 611, A 619 / B 647），「付録」で１回（A 643 / B 671）——，さらに方法論で１回（A 792 / B 820）である。なお方法論の用法は弁証論のテーマを回顧するものである。

23） Birken-Bertsch, *Subreption und Dialektik bei Kant,* p. 101.

24） 久呉高之「カントにおける現象の観念性——表象としての現象」（カント研究会／牧野英二・福谷茂編『現代カント研究Ⅱ 批判的形而上学とはなにか』理想社，1990年，7頁以下）も，超越論的観念性の概念が意味するのは，空間・時間や現象は超越論的な対象（物自体）に帰属するような実在性を有しないという否定性である，と指摘している。

25） Georg Friedrich Meier, *Auszug aus der Vernunftlehre*, Halle, 1752, § 297 [repr. in *Kant's gesammelte Schriften*, vol. XVI, 1924, p. 642]. Cf. Riccardo Pozzo, *Georg Friedrich Meiers „Vernunftlehre". Eine historisch-systematische Untersuchung* (*Forschungen und Materialien zur deutschen Aufklärung*, Abt. II, Bd. 15), Stuttgart-Bad Cannstatt: frommann-holzboog, 2000, pp. 258 f.

26） Christian Wolff, *Vernünftige Gedancken von den Kräften des menschlichen Verstandes und ihrem richtigen Gebrauche in Erkänntniß der Wahrheit (=Deutsche Logik)*, Halle, [14]1754 ([1]1713), chap. III, § 5 [repr. *Gesammelte Werke*, Abt. I, Bd. 1, [4]2006], p. 158.

27） Meier, *Auszug aus der Vernunftlehre*, § 298 [pp. 643 f.].

28） Cf. Wolff, *Deutsche Logik*, chap. III, § 5, p. 158.

29） Garve / Feder (an.), Die Göttinger Rezension, in *Zugabe zu den Göttingischen Anzeigen von gelehrten Sachen*, I / 3, Jan. 19, 1782, p. 40, in Albert Landau (ed), *Rezensionen zur Kantischen Philosophie, Bd. I. 1781–87,* Bebra: Albert Landau Verlag, 1991, p. 10.（拙訳「ゲッティンゲン書評（ガルヴェ／フェーダーによるカント『純粋理性批判』の書評）」新潟大学現代社会文化研究科『世界の視点 知のトポス』第３号，2008年，３頁。）

30） Garve / Feder (an.), Die Göttinger Rezension, p. 10.（拙訳，３頁。）

31） extra nos と praeter nos との区別については Heinz Heimsoeth, *Transzendentale Dialektik. Ein Kommentar zu Kants Kritik der reinen Vernunft, Teil I, Ideenlehre und Paralogismen*, Berlin: Walter de Gruyter, 1966, pp. 135 f. を参照のこと。ハイムゼートは言及していないが，ラテン語によるこの区別をカントに読みこむのはリヒテンベルクの先例がある。Cf. Guenter Zoeller, ‘Lichtenberg and Kant on the Subject of Thinking’, *Journal of the History of Philosophy*, vol. 30:3, 1992, pp. 424 f.

32）「付録」での「取り違えの過誤」（A 643 / B 671）の用例については，第 3 章第 2 節であらためて論ずる。

33） Walter Patt, *Transzendentaler Idealismus. Kants Lehre von der Subjektivität der Anschauung in der Dissertation von 1770 und in der „Kritik der reinen Vernunft"* (*Kantstudien Ergänzungshefte* 120), Berlin / New York: Walter de Gruyter, 1987, p. 48.

34） unter-schieben は，おそらく subreptio のもとの動詞の一つである sub-repo の翻訳借用であり，ともに「下を這う」と読める。理想論では「超越論的取り違え」（A 619 / B 647）が「このようなすり替え（Unterschiebung）」（A 620 / B 648）といいかえられ，さらに方法論では「われわれの表象の主観的なものを客観的なものに……すり替える（unterschieben）」（A 791 / B 819）ことが「この取り違え」（A 792 / B 820）とまとめられる。ちなみにラテン語訳者ボルンは，前者の名詞の Unterschiebung を subreptio と訳している。Cf. *Critica rationis pvrae*, in *Immanvelis Kantii opera ad philosophiam criticam*, tr. F. G. Born, vol. I, 1796 [facsim. Frankfurt/Main: Minerva, 1969], p. 429.

35） Cf. Birken-Bertsch, *Subreption und Dialektik bei Kant,* ch. VII, pp. 117 ff.

36） Heinz Heimsoeth, 'Metaphysische Motive in der Ausbildung des kritischen Idealismus', in *Studien zur Philosophie Immanuel Kants*, p. 192.（須田朗・宮武昭訳『カント哲学の形成と形而上学的基礎』未來社，1981 年，88 頁以下。）

37） 森口美都男「「空間」概念と「触発」概念——カント『就職論文』の一つの解釈」『「世界」の意味を索めて——哲学論集（一）』204 頁以下，を参照のこと。

38） これは久保元彦が超越論的観念論に対して提起した問題に繫がっている（『カント研究』創文社，1987 年，103 ～ 106 頁）。

39） Friedrich Heinrich Jacobi, *David Hume über den Glauben oder Idealismus und Realismus. Ein Gespräch*, Breslau, 1787, pp. 222 f. [in *Werke*, vol. II, Leibzig, 1815, pp. 303 f.].（栗原隆・阿部ふく子・福島健太訳「信念をめぐるデイヴィド・ヒュームもしくは観念論と実在論」，新潟大学現代社会文化研究科『世界の視点 知のトポス』第 6 号，2010 年，83 頁以下。）

第 2 章　超越論的弁証論と理性——沈黙の十年間

1） Cf. Norbert Hinske, 'Kants Rede vom Unbedingten und ihre philosophische Motive', in H. M. Baumgartner / W. G. Jacobs (eds.), *Philosophie der Subjektivität? Zur Bestimmung des neuzeitlichen Philosophierens. Akten des 1. Kongresses der Internationalen Schelling-Gesellschaft 1989*, Bd. 1 (*Schellingiana* 3.1), Stuttgart-Bad Cannstatt: frommann-holzboog, 1993, pp. 269–271.（平田俊博訳，『批判哲学への途上で——カントの思考の諸道程』有福・石川・平田編，晃洋書房，1996 年，6 ～ 9 頁。）

2） ヒンスケはアディケスによるこの時期の遺稿の年代推定を批判している（Norbert Hinske, *Kants Weg zur Transzendentalphilosophie. Der dreißigjährige Kant*, Stuttgart / Berlin / Köln / Mainz: W. Kohlhammer Verlag, 1970, pp. 107 f. n. 361）。これに対してシュムッカー（Josef Schmucker, 'Zur entwicklungsgeschichtlichen Bedeutung der

Inauguraldissertation von 1770', in G. Funke / J. Kopper (eds.), *Akten des 4. Internationalen Kant-Kongresses* (*Kantstudien*, 65 Jg. Sonderheft), Teil I, 1974, pp. 269–271）やクライメンダール（Lothar Kreimendahl, *Kant – Der Durchbruch von 1769*, Köln: Jürgen Dinter, 1990, pp. 3 f.）はアディケスの推定に依拠して，この時期の発展史を構築している。

3） ヒンスケのアディケス批判を採用した場合については，下の註 8 を参照のこと。

4） Josef Schmucker, 'Zur entwicklungsgeschichtlichen Bedeutung der Inauguraldissertation von 1770', pp. 280 f.

5） Herman Jean de Vleeschauwer, *La déduction transcendentale dans l'œuvre de Kant*, vol. I, *La déduction transcendentale avant la Critique de la raison pure*, Antweppen: De Sikkel, 1934, pp. 169 ff., 255 f.

6） Lewis White Beck, 'Two Ways of Reading Kant's Letter to Herz: Comments on Carl', in Eckart Förster (ed.), *Kant's Transcendental Deductions: The Three 'Critiques' and the 'Opus postumum',* Stanford: Stanford University Press, 1989, pp. 22–26.

7） Cf. Kreimendahl, *Kant – Der Durchbruch von 1769*, ch. II, pp. 15–82.

8） ヒンスケのいうように，アディケスによって 1769 年に配された一連の「主観的法則の抗争」をめぐる遺稿がじつは 1770 年以降のものであるとするなら（Hinske, *Kants Weg zur Transzendentalphilosophie*, pp. 107 f. n. 361），それらはこの 1772 年の懐疑をもたらした「背反」と同じものであろう。その場合は『就職論文』での分離的解決のあと，抗争や背反の発見をへて，1772 年の懐疑に逢着したことになる。いずれにせよ 1770 年以降の発展史は大局的には変わらず，以下のわれわれの解釈にはそれで十分である。

9） 以下の第 2 節での 1770 年代の演繹論の諸構想とその自己意識論との関連については，拙論「カントにおける自己意識の問題――超越論的主観と統覚の総合的統一」新潟大学人文学部『人文科学研究』第 110 輯，2002 年，4 ～ 11 頁，でさらに詳しく論じた。

10） Norbert Hinske, 'Verschiedenheit und Einheit der transzendentalen Philosophen', *Archiv für Begriffsgeschichte*, vol. XIV, 1970, p. 63.

11） 久呉高之「カントの Transzendental-Philosophie ――根本術語 transzendental に即して（上）」東京都立大学哲学会編『哲学誌』第 29 号，1987 年，42 頁以下，を参照のこと。

12） Wolfgang Carl, 'Kant's First Drafts of the Deduction of the Categories', in *Kant's Transcendental Deductions*, pp. 9 f.; cf. Carl, *Der schweigende Kant. Die Entwürfe zu einer Deduktion der Kategorien vor 1781*, Göttingen: Vandenhoeck & Ruprecht, 1989, pp. 52 f., 72 f.

13） 詳細については Carl, *Der schweigende Kant*, ch. III および Heiner F. Klemme, *Kants Philosophie des Subjekts. Systematische und entwicklungsgeschichtliche Untersuchungen zum Verhältnis von Selbstbewußtsein und Selbsterkenntnis* (*Kant-Forschungen* 7), Hamburg: Felix Meiner Verlag, 1996, pp. 126–138 を参照のこと。また我が国における先駆的研究として，森口美都男「超越論的演繹の生成――一七七〇年代のカント」（『「世界」の意味

を索めて――哲学論集（一）』晃洋書房，1979年，216～245頁所収）をあげておきたい。

14） ライプニッツからヴォルフまでの統覚の概念については，山内志朗「ライプニッツの影響――apperceptioをめぐって」（廣松・坂部・加藤編『講座ドイツ観念論1 ドイツ観念論前史』弘文堂，1990年，67～122頁所収）に詳しい。

15） Christian Wolff, *Psychologia empirica [...]*, Frankfurt / Leipzig, 21738 (11732) [facsim. J. École et al. (eds.), *Gesammelte Werke*, Hildesheim et al.: Georg Olms Verlag, Abt. II, Bd. 5, 1968], § 25, p. 17.

16） Carl, 'Kant's First Drafts of the Deduction of the Categories', p. 14 / *Der schweigende Kant*, p. 90.

17） カントの遺稿や講義録における合理的心理学をめぐる考察については，小倉貞秀『カント倫理学研究――人格性概念を中心として』（理想社，1965年）の第1章に詳しい。

18） Klemme, *Kants Philosophie des Subjekts*, p. 76.

19） Klemme, *Kants Philosophie des Subjekts*, pp. 55–75. 統覚や意識をめぐる18世紀の状況については次章の第1節であらためて触れる。

20） Markus Herz, *Betrachtungen aus der spekulativen Weltweisheit,* Königsberg, 1771, p. 73 [repr. PhB 424, Hamburg: Felix Meiner Verlag, 1990, p. 40].

21） Herz, *Betrachtungen aus der spekulativen Weltweisheit,* pp. 149, 153 [pp. 77, 79].

22） Paul Guyer, 'The Unity of Reason: Pure Reason as Practical Reason in Kant's Early Conception of the Transcendental Dialectic', *The Monist*, vol. 72, 1989, pp. 139–167, in his *Kant on Freedom, Law, and Happiness,* Cambridge: Cambridge University Press, 2000, pp. 60–95.

23） Alfons Kalter, *Kants vierter Paralogismus. Eine entwicklungsgeschichtliche Untersuchung zum Paralogismenkapitel der ersten Ausgabe der Kritik der reinen Vernunft* (*Monographien zur philosophischen Forschung* 142), Meisenheim am Glan: Verlag Anton Hain, 1975, pp. 88–90.

24） Cf. RR 5003 [XVIII 57], 5063 [XVIII 76], 5127 [XVIII 99 f.].

25） Cf. Kalter, *Kants vierter Paralogismus*, pp. 90 f.

26） Cf. Kalter, *Kants vierter Paralogismus*, pp. 83–86.

27） Cf. Robert Theis, 'De l'illusion transcendentale', *Kantstudien*, vol. 76, 1985, 128 f.

28） Cf. Kalter, *Kants vierter Paralogismus*, pp. 93–97.

29） Norman Kemp Smith, *A Commentary to Kant's 'Critique of Pure Reason'*, London: Macmillan, 21923 [facsim. Atlantic Highlands: Humanities Press International, 1992], p. 440.（『カント『純粋理性批判』註解』下，山本冬樹訳，行路社，2001年，659頁。）

30） クリメックは理性推理の三様式ではなく，この表象の統一の三形式が弁証論の三肢構造を決定していると論ずるが（Nikolai F. Klimmek, *Kants System der transzendentalen Ideen* (*Kantstudien Ergänzungshefte* 147), Berlin / New York: Walter de Gruyter, 2005, pp.

42 ff., 73 f.），むしろ両者は巧妙に重なるように構想されたというほうが実情に近いだろう。

31） Martin Heidegger, 'Vom Wesen des Grundes', 1929, in *Wegmarken*, 1976, in *Gesamtausgabe*, Abt. I, Bd. 9, Frankfurt am Main: Vittorio Klostermann, [3]2004, p. 152.（辻村公一・ブッナー訳『ハイデッガー全集 第9巻 道標』創文社，1985年，187頁。）

32） 以下の啓蒙の分析的精神と，知性と理性の概念史については，拙論「学問と理性——啓蒙主義からカントへ」（日本ヘーゲル学会編『ヘーゲル哲学研究』第17号，2011年，91～101頁）でより幅広く論じた。本書ではカントにおける理性概念の成立について，さらに踏みこんだ論攷を試みる。

33） Werner Schneiders, 'Vernunft und Verstand – Krisen eines Begriffspaares', in L. Kreimendahl (ed.), *Aufklärung und Skepsis. Studien zur Philosophie und Geistesgeschichte des 17. und 18. Jahrhunderts. Günter Gawlick zum 65. Geburtstag* (*Quaestiones* 8), Stuttgart-Bad Cannstatt: frommann-holzboog, 1995, pp. 203 f.

34） Ernst Cassirer, *Philosophie der Aufklärung*, Tübingen 1932, ch. I, pp. 1–47 [repr. PhB 593, Hamburg: Felix Meiner Verlag, 2007, pp. 1–36].（中野好之訳『啓蒙主義の哲学』紀伊國屋書店，1962年，1～43頁。）

35） Christian Wolff, *Vernünfftige Gedancken von Gott, der Welt und der Seele des Menschen, auch allen Dingen überhaupt (= Deutsche Metaphysik)*, Halle, [11]1751 ([1]1720) [facsim. J. École et al. (eds.), *Gesammelte Werke*, Hildesheim et al.: Georg Olms Verlag, Abt. I, Bd. 2, [3]2003].（DMと略記して本文中に節番号を記す。）

36） Werner Schneiders, 'Christian Wolff über Verstand und Vernunft', in *Nuovi studi sul pensiero di Christian Wolff* (*Christian Wolff Gesammelte Werke*, Abt. III, Bd. 31), 1992, pp. 43–50.

37） それゆえタイスのように「洞察」（R 4677 [XVII 658]）にカント的理性の独自の境位をみるのは的を外している。Cf. Robert Theis, 'Kants Ideenmetaphysik: Zur Einleitung und dem ersten Buch der transzendentalen Dialektik', in N. Fischer (ed.), *Kants Grundlegung einer kritischen Metaphysik: Einführung in die ›Kritik der reinen Vernunft‹*, Hamburg: Felix Meiner Verlag, 2010, p. 207.

38） 坂部恵「〈理性〉と〈悟性〉——十八世紀合理主義の消長」（1984年），『坂部恵集 1』岩波書店，2006年，217頁以下。

39） Norbert Hinske, *Zwischen Aufklärung und Vernunftkritik. Studien zum Kantischen Logikcorpus* (*Forschungen und Materialien zur deutschen Aufklärung*, Abt. II, Bd. 13), Stuttgart-Bad Cannstatt: frommann-holzboog, 1998, ch. VI, 'Kants Anverwandlung des ursprünglichen Sinnes von, Idee", pp. 92–101.（河村克俊訳，『批判哲学への途上で——カントの思考の諸道程』有福・石川・平田編，晃洋書房，1996年，99～118頁。）

40） Kalter, *Kants vierter Paralogismus*, pp. 93–97.

41） Vleeschauwer, *La déduction transcendentale dans l'œuvre de Kant*, vol. I, pp. 322–329.

42） Johann Nicolas Tetens, *Philosophische Versuche über die menschliche Natur und ihre*

Entwicklung, Leipzig, 1777 [facsim. Hildesheim / New York: Georg Olms Verlag, 1979], vol. I, pp. 570 ff.

43） Tetens, *Philosophische Versuche [...]*, vol. I, p. 575.

44） Brief von Hamann an Herder, vor 17. 5. 1779, in R. Malter (ed.), *Immanuel Kant in Rede und Gespäch* (PhB 329), Hamburg: Felix Meiner Verlag, 1990, p. 157.

45） Wolff, *Philosophia rationalis sive Logica*, Frankfurt / Leipzig, ^{3}1740 (^{1}1728) [facsim. *Gesammelte Werke*, Abt. II, Bd. 1, 1983], § 1232, p. 864.

46）「純粋理性」と「端的にアプリオリ」との関係については，角忍「「純粋理性の二律背反」について (1)――純粋理性の規定の問題」（『高知大学学術研究報告』第 37 巻 人文科学，1988 年，167 ～ 192 頁所収）を参照のこと。

47） 檜垣良成「カントの理性概念――その二義性と Verstand との関係」カント研究会／檜垣良成・御子柴善之編『現代カント研究 10 理性への問い』晃洋書房，2007 年，8 頁以下。

48） Cf. Giorgio Tonelli, 'Das Wiederaufleben der deutsch-aristotelischen Terminologie bei Kant während der Entstehung der „Kritik der reinen Vernunft“, *Archiv für Begriffsgeschichte*, vol. 9, 1964, pp. 239 f. ; R・ポッツォ「18 世紀ケーニヒスベルク大学史」御子柴善之訳，有福・坂部ほか編『カント事典』弘文堂，1997 年，581 ～ 584 頁 ; M. Oberhausen, R. Pozzo (eds.), *Vorlesungsverzeichnisse der Universität Königsberg (1720–1804),* Stuttgart-Bad Cannstatt: frommann-holzboog, 1999, vol. 1, pp. XX, 62.

49） G. W. F. Hegel, *Die Wissenschaft der Logik, Bd. I*, Nürnberg, 1812, in *Werke in 20 Bänden*, Frankfurt am Main: Suhrkamp Verlag, 1969, vol. V, p. 78.（武市健人訳『ヘーゲル全集 6b 大論理学 上巻の二』岩波書店，1960 年，72 頁。）

50） Kemp Smith, *A Commentary to Kant's 'Critique of Pure Reason'*, pp. 71, 457.（山本冬樹訳『カント『純粋理性批判』註解』上 104 頁，下 684 頁。）

51） Cf. Giovanni B. Sala, 'Bausteine zur Entwicklungsgeschichte der Kritik der reinen Vernunft Kants', *Kantstudien*, vol. 78, 1987, pp. 157 f.

第 3 章　理性批判と自己意識――誤謬推理論の改稿をめぐって

1） 大文字の私（das Ich）は慣例どおり自我と訳すほか，山括弧をつけて〈私〉と表記することがある。なお永井均氏の〈私〉とは関係ない。

2） Garve / Feder (an.), Die Göttinger Rezension, in *Zugabe zu den Göttingischen Anzeigen von gelehrten Sachen*, I / 3, Jan. 19, 1782, pp. 40–48, in Albert Landau (ed), *Rezensionen zur Kantischen Philosophie, Bd. I. 1781–87,* Bebra: Albert Landau Verlag, 1991, pp. 10–17.（拙訳「ゲッティンゲン書評（ガルヴェ／フェーダーによるカント『純粋理性批判』の書評）」新潟大学現代社会文化研究科『世界の視点 知のトポス』第 3 号，2008 年，1 ～ 14 頁。）

3） Alfons Kalter, *Kants vierter Paralogismus. Eine entwicklungsgeschichtliche Untersuchung zum Paralogismenkapitel der ersten Ausgabe der Kritik der reinen Vernunft* (*Monographien*

zur philosophischen Forschung 142), Meisenheim am Glan: Verlag Anton Hain, 1975, p. 48.

4) Christian Wolff, *Vernünfftige Gedancken von Gott, der Welt und der Seele des Menschen, auch allen Dingen überhaupt (= Deutsche Metaphysik)*, Halle [11]1751 ([1]1720) [facsim. J. École et al. (eds.), *Gesammelte Werke*, Hildesheim et al.: Georg Olms Verlag, Abt. I, Bd. 2, 32003], §§ 728–734, pp. 454–458.

5) Cf. Udo Thiel, *The Early Modern Subject: Self-Consciousness and Personal Identity from Descartes to Hume*, Oxford: Oxford University Press, 2011, pp. 306–311.

6) Cf. Falk Wunderlich, *Kant und die Bewußtseinstheorien des 18. Jahrhunderts* (*Quellen und Studien zur Philosophie* 64), Berlin / New York: Walter de Gruyter, 2005, pp. 32–40. また，山内志朗「ライプニッツの影響―― apperceptio をめぐって」『講座ドイツ観念論 1 ドイツ観念論前史』弘文堂，1990 年，108 ～ 112 頁，を参照のこと。

7) Christian August Crusius, *Entwurf der nothwendigen Vernunft-Wahrheiten, wiefern sie den zufälligen entgegen gesetzet werden,* Leipzig, 1745 [facsim. G. Tonelli (ed.), *Philosophische Hauptwerke*, vol. II, Hildesheim: Geog Olms Verlag, 1964], § 444, p. 864.

8) Cf. Udo Thiel, 'Between Wolff and Kant. Merian's Theory of Apperception', *Journal of the History of Philosophy*, vol. 34: 2, 1996, pp. 213–232 ; Thiel, 'Varieties of Inner Sense. Two Pre-Kantian Theories', *Archiv für Geschichte der Philosophie*, vol. 79, 1997, pp. 58–79 ; Thiel, 'Kant's Notion of Self-Consciousness in Context', in V. Gerhardt / R.-P. Horstmann / R. Schumacher (eds.), *Kant und die Berliner Aufklärung. Akten des IX. Internationalen Kant-Kongresses*, Berlin / New York: Waltert de Gruyter, vol. II, 2001, pp. 468–476 ; Thiel, *The Early Modern Subject*, ch. 11.

9) J. B. Merian, 'Ueber die Apperzeption seiner eignen Existenz' [tr. M. Hißmann], *Magazin für die Philosophie und ihre Geschichte*, vol. I, 1778 , p. 117.

10) Norbert Hinske, *Kants Weg zur Transzendentalphilosophie. Der dreißigjährige Kant*, Stuttgart / Berlin / Köln / Mainz: W. Kohlhammer Verlag, 1970, pp. 28 ff.

11) 久保元彦『カント研究』創文社，1987 年，235 頁以下。

12) Michelle Gilmore Grier, *Kant's Doctrine of Transcendental Illusion*, Cambridge: Cambridge University Press, 2001, pp. 150 ff.

13) 八幡英幸「カントにおける自己直観・自発性・現実性――形而上学講義Ｌ１から『純粋理性批判』へ」カント研究会／植村恒一郎・朝広謙次郎編『現代カント研究 8 自我の探究』晃洋書房，2001 年，75 頁以下，を参照のこと。

14) Heiner F. Klemme, *Kants Philosophie des Subjekts. Systematische und entwicklungsgeschichtliche Untersuchungen zum Verhältnis von Selbstbewußtsein und Selbsterkenntnis* (*Kant-Forschungen* 7), Hamburg: Felix Meiner Verlag, 1996, pp. 272–274.

15) Cf. Kristina Engelhard, *Das Einfache und die Materie. Untersuchungen zu Kants Antinomie der Teilung* (*Kantstudien Ergänzungshefte* 148), Berlin / New York: Walter de Gruyter, 2005, pp. 260 ff.

16) Benno Erdmann, *Kant's Kriticismus in der ersten und in der zweiten Auflage der Kritik*

der reinen Vernunft. Eine historische Untersuchung, Leipzig, 1878, pp. 107–111, 205 f. 227. Cf. Klemme, *Kants Philosophie des Subjekts*, pp. 147, 276, 362.

17） J. A. H. Ulrich, *Institvtiones logicae et metaphysicae*, Jena, 1785.

18） Johann Schultz [an.], Rezension zu Ulrichs *Institutiones*, *Allgemeine Literatur-Zeitung*, Nr. 295, 13. Dez. 1785, p. 298, in Albert Landau (ed), *Rezensionen zur Kantischen Philosophie, Bd. I. 1781–87,* Bebra: Albert Landau Verlag, 1991, p. 246.

19） Klemme, *Kants Philosophie des Subjekts*, pp. 271–278, 361 f. / Erdmann, *Kant's Kriticismus [...]*, pp. 218 f.

20） Cf. Grier, *Kant's Doctrine of Transcendental Illusion*, pp. 161 f.

21） Rolf-Peter Horstmann, 'Kants Paralogismen', *Kantstudien*, vol. 83, 1993, pp. 416, 424.

22） Klemme, *Kants Philosophie des Subjekts*, pp. 291 f.

23） 佐藤慶太「「誤謬推理」章における批判の方法について」（日本カント協会編『日本カント研究 11 カントと幸福論』理想社，2010 年，89 頁以下）はこの解釈の方向をさらに進めて，第一版のカントは概念が対象へと関わるという「形而上学」を合理的心理学者と共有していたが，第二版ではそこから撤退し，客観を認識するための要件を問う「批判」へと移行した，と解している。

24） Dieter Henrich, 'Fichtes ursprüngliche Einsicht', in D. Henrich / H. Wagner (eds.), *Subjektivität und Metaphysik. Festschrift für Wolfgang Cramer*, Frankfurt am Main: Vittorio Klostermann, 1966, p. 193.（座小田豊・小松恵一訳『フィヒテの根源的洞察』法政大学出版局，1986 年，59 頁。）

25） Dieter Sturma, *Kant über Selbstbewußtsein. Zum Zusammenhang von Erkenntniskritik und Theorie des Selbstbewußtseins*, Hildesheim / Zürich / New York: Georg Olms Verlag, 1985, pp. 90 f.　シュトゥルマの「疑似客観」については，近堂秀「カントにおける心身問題」日本哲学会編『哲學』第 61 号，2010 年，220 頁，に紹介されている。

26） 以下の第 4 節については，拙論「カントにおける自己意識の問題――超越論的主観と統覚の総合的統一」新潟大学人文学部『人文科学研究』第 110 輯，2002 年，18 ～ 29 頁，でより詳細に論じた。

27） この遺稿の年代問題については Wolfgang Carl, *Der schweigende Kant. Die Entwürfe zu einer Deduktion der Kategorien vor 1781*, Göttingen: Vandenhoeck & Ruprecht, 1989, p. 103 を，その演繹の構想については同書 pp. 139–144 を参照のこと。

28） 湯浅正彦は B 133 について同様の見解を示している。「……「一つの意識」なるものが先行的に存在していて，そこにおいて諸表象の多様が結合されるというのではなくて，諸表象の多様を結合するという活動において，結合する「私」についての「一つの意識」が，さらにはそうした自己意識の主観としての一個の「私」そのものが同時に産出される……。……総合とは，自己意識の主観が自己を産出する活動である……」（『存在と自我――カント超越論的哲学からのメッセージ』勁草書房，2003 年，101 頁）。

29） Herbert James Paton, *Kant's Metaphysic of Experience: A Commentary on the First Half of the Kritik der reinen Vernunft*, 2 vols., 1936 [facsim. Bristol: Thoemmes, 1997], vol. I, p.

513 n. 3.

30）「一のなかの多」と「多のなかの一」のカント哲学における意義についてはつぎを参照のこと。Albert Johannes Dietrich, *Kants Begriff des Ganzen in seiner Raum-Zeitlehre und das Verhältnis zu Leibniz* (*Abhandlungen zur Philosophie und ihrer Geschichte*, Heft 50), Halle, 1916 [facsim. Hildesheim / Zürich / New York: Georg Olms Verlag, 1997], passim, esp. pp. 38 f.

31） 統覚のこのような「循環」は，中野裕考氏からの鋭い問題提起によって明確になったものである。

32） Cf. David Hume, *A Treatise of Human Nature,* London, 1739–40, ed. D.F. Norton / M.J. Norton, *The Clarendon Edition of the Works of David Hume*, vol. I, Texts, 1.4.6, p. 165（木曾好能訳『人間本性論 第 1 巻 知性について』法政大学出版局，1995 年，287 頁。）

33） 1770 年のカントは空間・時間の形式を「心の作用（mentis actio）」（Diss II 406）とみなして，悟性の自発性に由来しない結合機能をまだ感性に認めていた。Cf. Klemme, *Kants Philosophie des Subjekts*, pp. 57 ff.

34） Heinz Heimsoeth, 'Persönlichkeitsbewußtsein und Ding an sich in der Kantischen Philosophie', in *Studien zur Philosophie Immanuel Kants. Metaphysische Ursprünge und Ontologische Grundlagen*, Gesammelte Abhandlungen I (*Kantstudien Ergänzungshefte* 71), Köln: Kölner Universitäts-Verlag, 1956, p. 240.（須田朗・宮武昭訳『カント哲学の形成と形而上学的基礎』未來社，1981 年，195 頁。）

35） Wunderlich, *Kant und die Bewußtseinstheorien des 18. Jahrhunderts,* p. 238.

36） Rudolf Zocher, 'Zu Kants transzendentaler Deduktion der Ideen der reinen Vernunft', *Zeitschrift für philosophische Forschung*, vol. 12, 1958, pp. 47–50, 55–58. Cf. Grier, *Kant's Doctrine of Transcendental Illusion*, pp. 270–274

37） 石川文康『カント 第三の思考——法廷モデルと無限判断』名古屋大学出版会，1996 年，付論「カントの体系論」を参照のこと。

第 4 章　人格と時間——第三誤謬推理のコンテクスト

1） Karl Ameriks, *Kant's Theory of Mind: An Analysis of the Paralogisms of Pure Reason*, Oxford: Clarendon Press, [2]2000 ([1]1982), p. 128.

2） J・L・ボルヘス「カフカとその先駆者たち」中村健二訳『続審問』（1952 年）岩波書店，2009 年，192 頁。

3） John Locke, *An Essay Concerning Human Understanding*, [2]1694 ([1]1690), ed. P. H. Nidditch, Oxford: Clarendon Press, 1975.（本章では以下 EHU と略記して本文中に巻・章・節数を記す。）（大槻春彦訳『人間知性論』全 4 巻，岩波書店，1972 ～ 77 年。）

4） Udo Thiel, *The Early Modern Subject: Self-Consciousness and Personal Identity from Descartes to Hume*, Oxford: Oxford University Press, 2011, Part II, 'Locke's Subjectivist Revolution'.

5） Cf. Heiner F. Klemme, *Kants Philosophie des Subjekts. Systematische und*

entwicklungsgeschichtliche Untersuchungen zum Verhältnis von Selbstbewußtsein und Selbsterkenntnis (*Kant-Forschungen* 7), Hamburg: Felix Meiner Verlag, 1996, p. 338 n. 150.

6） René Descartes, *Discours de la méthode [...]*, 1637, in Ch. Adam / P. Tannery (eds.), *Œuvres de Descartes*, Paris: Librairie Philosophique J. Vrin, 1964–75, nouvelle édition, 1996, vol. VI, pp. 59 f.（山田弘明訳『方法序説』筑摩書房，2010 年，90 頁。）

7） Henry E. Allison, 'Locke's Theory of Personal Identity: A Re-examination', 1966, in I. C. Tipton (ed.), *Locke on Human Understanding: Selected Essays*, Oxford: Oxford University Press, 1977, pp. 106 f.

8） Gottfried Wilhelm Leibniz, *Discours de métaphysique*, 1686, in C. I. Gerhardt (ed.), *Die philosophischen Schriften*, Berlin, 1875–90 [facsim. Hildesheim / Zürich / New York: Georg Olms Verlag, 1996], vol. IV, § 34, pp. 459 f.（西谷裕作訳『ライプニッツ著作集 8 前期哲学』工作舎，1990 年，205 頁。）

9） Leibniz, *Nouveaux essais sur l'entendement humain*, 1703, in *Die philosophischen Schriften*, vol. V, II.xxvii.14, p. 222.（谷川・福島・岡部訳『ライプニッツ著作集 4 認識論『人間知新性論』上』工作舎，1993 年，288 頁。）

10） Leibniz, *Essais de théodicee [...]*, 1710, in *Die philosophischen Schriften*, vol. VI, P. I, 89, p. 151.（佐々木能章訳『ライプニッツ著作集 6 宗教哲学『弁神論』上』工作舎，1990 年，188 頁。）

11） Christian Wolff, *Vernünfftige Gedancken von Gott, der Welt und der Seele des Menschen, auch allen Dingen überhaupt (=Deutsche Metaphysik)*, Halle, [11]1751 ([1]1720) [facsim. J. École et al. (eds.), *Gesammelte Werke*, Hildesheim et al.: Georg Olms Verlag, Abt. I, Bd. 2, [3]2003].（DM と略記して本文中に節数を記す。）

12） Alexander Gottlieb Baumgarten, *Metaphysica*, Halle, [4]1757, ed. & tr. G. Gawlick / L. Kreimendahl, *Forschungen und Materialien zur deutschen Aufklärung*, Abt. I, Bd. 2, Stuttgart-Bad Cannstatt: frommann-holzboog, 2011.（BM と略記して本文中に節数を記す。）

13） Corey W. Dyck, 'The Aeneas Argument: Personality and Immortality in Kant's Third Paralogism', *Kant Yearbook*, vol. 2, Berlin / New York: Walter de Gruyter, 2010, pp. 95–122.

14） Thiel, *The Early Modern Subject*, pp. 311–314.

15） クレンメはエーバーハルト（Johann August Eberhard, *Allgemeine Theorie des Denkens und Empfindens [...]*, Berlin, 1776, pp. 25 f.）にその典型例を見出している（Klemme, *Kants Philosophie des Subjekts*, pp. 329 n. 131, 330 n. 132.）。

16） Norman Kemp Smith, *A Commentary to Kant's 'Critique of Pure Reason'*, London: Macmillan, [2]1923 [facsim. Atlantic Highlands: Humanities Press International, 1992], p. 462.（山本冬樹訳『カント『純粋理性批判』註解』下，行路社，2001 年，693 頁。）

17） Descartes, *Meditationes de prima philosophia [...]*, 1641, in *Œuvres*, vol. VII, p. 27.（山田弘明訳『省察』筑摩書房，2006 年，47 頁。）

18） Sydney Shoemaker, 'Persons and their Pasts', 1970, in *Identity, Cause, and Mind:*

Philosophical Papers, *Expanded Edition*, Oxford: Clarendon Press, 2003, p. 24.

19) Jonathan Bennett, *Kant's Dialectic*, Cambridge: Cambridge University Press, 1974, p. 98.

20) 私はこの点ではつぎのストローソンのベネット批判に同意する。P. F. Strawson, 'Kant's Paralogisms: Self-Consciousness and the 'Outside Observer'', 1987, in *Entity and Identity and Other Essays*, Oxford: Clarendon Press, 1997, pp. 261–67.

21) Cf. Johann Schultz [Schulze], Rezension zu Kants „De Mundi [...]“, *Königsbergische Gelehrte und Politische Zeitungen*, St. 94, 22. Nov. 1771 / St. 95, 25. Nov. 1771, in R. Brandt, 'Materialien zur Entstehung der *Kritik der reinen Vernunft* (John Locke und Johann Schultz)', in I. Heidemann / W. Ritzel (eds.), *Beiträge zur Kritik der reinen Vernunft 1781–1981*, Berlin / New York: Walter de Gruyter, 1981, pp. 59–66, esp. pp. 64 f.

22) Cf. Lorne Falkenstein, *Kant's Intuitionism. A Commentary on the Transcendental Aesthetic*, Tronto / Buffalo / London: University of Tronto Press, 1995, pp. 334–355.

23) 詳しくは，拙論「現象と空間――カント超越論的感性論における窃取モデルの論理」新潟大学人文学部『人文科学研究』第 107 輯，2001 年，18 頁以下，を参照されたい。

24) Ameriks, *Kant's Theory of Mind*, pp. 132 f.

25) Andrew Brook, *Kant and the Mind*, Cambridge: Cambridge University Press, 1994, pp. 195–201.

26) Descartes, *Meditationes de prima philosophia*, in *Œuvres*, vol. VII, pp. 30 f.（山田訳，52 頁以下。）

27) 演繹論における統覚の同一性と誤謬推理論における人格の同一性との異同については，Dieter Henrich, 'Die Identität des Subjekts in der transzendentalen Deduktion', in H. Oberer / G. Seel (eds.), *Kant. Analysen - Probleme - Kritik,* Würzburg: Königshausen & Neumann, 1987, pp. 51–60 に詳しい。

28) われわれの解釈との対比のためにいえば，第三誤謬推理の小前提における通時的な自己意識と演繹論における統覚の超越論的統一とをひとしく合理論的な人格概念として扱うロングネスのような解釈者には，あらためて「超越論的」と限定して人格性を容認する第六段落の注記は謎めいたものであらざるをえない。また，たとえこの超越論的な人格が実践的に必要十分なものとして容認されたとしても，より安全な経験論的な人格に置き換えたいという誘惑にも駆られもしよう。Cf. Beatrice Longuenesse, 'Kant on the Identity of Persons', *Proceedings of the Aristotelian Society*, vol. CVII, Part 2, 2007, pp. 159–163.

29) Shoemaker, 'Persons and their Pasts', p. 41.

30) Joseph Butler, *The Analogy of Religion*, London, 1736, Appendix, Diss. I, 'Of Personal Identity', in J. Perry (ed.), *Personal Identity*, Berkeley / Los Angeles / London: University of California Press, [2]2008, p. 100.

31) Antony Flew, 'Locke and the Problem of Personal Identity', *Philosophy*, vol. 26, 1951, in R. Asccraft (ed.), *John Locke: Critical Assessments*, London / New York: Routledge, 1991, vol. IV, p. 513.

32） Harold W. Noonan, *Personal Identity*, London / New York: Routledge, ²2003, pp. 56 f.

33） Thiel, *The Early Modern Subject,* pp. 198–201.

34） ちなみに，バトラーとならべて引きあいに出されることの多いリードの『人間知的能力試論』（1785 年）は，『批判』第一版の四年後のものであるが，やはりバトラーと同工異曲であり，ロックのいうように意識や記憶によって人格同一性が構成されるのであれば，意識や記憶は「その対象を生産する奇妙な魔術的な力」（Thomas Reid, *Essays on the Intellectual Powers of Man*, Edinburgh, 1785, ed. D. R. Brookes / K. Haakonssen, Pennsylvania: Pennsylvania State University Press, 2002, p. 277）を有することになる，というにすぎない。

35） J. L. Mackie, *Problems from Locke*, Oxford: Clarendon Press, 1976, pp. 186 f.

36） Descartes, *Meditationes de prima philosophia*, in *Œuvres*, vol. VII, p. 8.（山田訳，22 頁。）

37） 一ノ瀬正樹『人格知識論の生成――ジョン・ロックの瞬間』東京大学出版会，1997 年，123 頁以下。

38） Locke, *Two Treatises of Government*, 1690, ed. P. Laslett, Cambridge: Cambridge University Press, Student Edition, 1988, Bk. II, Ch. III, § 21, p. 282.（加藤節訳『完訳 統治二論』岩波書店，2010 年，317 頁。）

第 5 章　カントの Cogito ergo sum 解釈

1） René Descartes, *Meditationes de prima philosophia [...]*, 1641, in Ch. Adam / P. Tannery (eds.), *Œuvres de Descartes*, Paris: Librairie Philosophique J. Vrin, 1964–75, nouvelle édition, 1996, vol. VII, p. 25.（山田弘明訳『省察』筑摩書房，2006 年，45 頁。）

2） 小泉義之『兵士デカルト――戦いから祈りへ』勁草書房，1995 年，126 ～ 139 頁，を参照のこと。

3） Descartes, *Meditationes de prima philosophia*, in *Œuvres*, vol. VII, p. 27.（山田訳，47 頁。）

4） Georg Friedrich Meier, *Auszug aus der Vernunftlehre*, Halle, 1752, § 201 [repr. in *Kant's gesammelte Schriften*, vol. XVI, 1924, p. 493].

5） John Locke, *An Essay Concerning Human Understanding*, 1690, ed. P. H. Nidditch, Oxford: Clarendon Press, 1975, IV.ix.3. pp. 618 f.（大槻春彦訳『人間知性論』（4），岩波書店，1977 年，173 頁。）

6） Descartes, *Meditationes de prima philosophia*, in *Œuvres*, vol. VII, 'Objectiones tertiæ', p. 172.（福居純訳（所雄章編訳）『増補版 デカルト著作集 2 省察および反論と答弁』白水社，2001 年，209 頁。）

7） Baruch de Spinoza, *Renati Des Cartes Principiorum Philosophiae Pars I. et II, Cognitata Metaphysica*, 1663, in *Spinoza Opera*, ed C. Gebhardt, vol. I, Heidelberg: Carl Winters Universitætsbuchhandlung, 1925, p. 144.（畠中尚志訳『デカルトの哲学原理 附形而上学的思想』岩波書店，1959 年，26 頁。）

8) Gottfried Wilhelm Leibniz, *Nouveaux essais sur l'entendement humain [...]*, 1703, in C. I. Gerhardt (ed.), *Die philosophischen Schriften*, Berlin, 1875–90 [facsim. Hildesheim / Zürich / New York: Georg Olms Verlag, 1996], vol. V, IV.vii.7, p. 391.（谷川・福島・岡部訳『ライプニッツ著作集 5 認識論『人間知新性論』下』工作舎，1995 年，200 頁。）

9) Heiner F. Klemme, *Kants Philosophie des Subjekts. Systematische und entwicklungsgeschichtliche Untersuchungen zum Verhältnis von Selbstbewußtsein und Selbsterkenntnis* (*Kant-Forschungen* 7), Hamburg: Felix Meiner Verlag, 1996, p. 325.

10) Cf. Arthur Warda, *Immanuel Kants Bücher*, Berlin: Martin Breslauer, 1922, p. 47.

11)「たんなる仮象ではない」という注記はピストリウスからの批判への応答であろう。ピストリウスは，カントの体系ではわれわれは「たんに論理的な，すなわち仮象的な主観」をもつにすぎない，と批判した。Cf. Hermann Andreas Pistorius, Rezension von J. Schulzes Erläuterungen zur Kritik der reinen Vernunft, *Allgemeine deutsche Bibliothek*, vol. 66 / 1, 1786, pp. 94, 115 n. [in Albert Landau (ed), *Rezensionen zur Kantischen Philosophie, Bd. I. 1781–87,* Bebra: Albert Landau Verlag, 1991, pp. 327, 345 n.].（拙訳「ピストリウス「シュルツェ著『カント『純粋理性批判』解説』書評」（上）」新潟大学現代社会文化研究科『世界の視点 知のトポス』第 7 号，2012 年，6 頁。）

12) 木阪貴行（「「私」の形式的なかたち――「構想力」による「超越論的」な「形象的綜合」について（1）」国士舘大学文学部『人文学会紀要』第 34 号，2001 年，41 ～ 42 頁）は，この注における「現存在」が，「叡知者」の「現存在」と「現象の現存在」という二義性をもつことに着目している。

13) Nicolas Malebranche, *De la recherche de la vérité, Éclaircissements*, 1678, in A. Robinet (ed.), *Œuvres complètes*, vol. III, ed. G. Rodis-Lewis, Paris: Librairie Philosophique J. Vrin, 1964, p. 163.（山田弘明『真理の形而上学――デカルトとその時代』世界思想社，2001 年，47 頁，を参照のこと。）

14) Manfred Frank, *Selbstgefühl. Eine historisch-systematische Erkundung*, Frankfurt am Main: Suhrkamp Verlag, 2002.

15) Jean-Jacques Rousseau, *Émile ou de l'éducation*, 1762, in B. Gagnebin / M. Raymond (eds.), *Œuvres complètes*, Bibliothèque de la Pléiade, Paris: Gallimard, 1969, vol. IV, pp. 570 f.（樋口謹一訳『ルソー全集 第 7 巻』白水社，1982 年，25 頁。）

16)「良心」との関わりで「尊敬」や「統覚」を論じたものとして，石川文康『カント第三の思考――法廷モデルと無限判断』名古屋大学出版会，1996 年，238 ～ 240 頁，242 ～ 244 頁，を参照のこと。

17) Mario Caimi, 'Selbstbewußtsein und Selbsterkenntnis in Kants transzendentaler Deduktion', in D. Heidemann (ed.), *Probleme der Subjektivität in Geschichte und Gegenwart*, Stuttgart-Bad Cannstatt: frommann-holzboog, 2002, p. 93.

18) 久保元彦『カント研究』創文社，1987 年，131 頁。

19) So-In Choi, *Selbstbewußtsein und Selbstanschauung. Eine Reflexion über Einheit und Entzweiung des Subjekts in Kants* Opus postumum (*Kantstudien Ergänzungshefte* 130),

Berlin / New York: Walter de Gruyter, 1996, p. 41 n. 18.

20） Norman Kemp Smith, *A Commentary to Kant's 'Critique of Pure Reason'*, London: Macmillan, [2]1923 [facsim. Atlantic Highlands: Humanities Press International, 1992], pp. 329 f.（山本冬樹訳『カント『純粋理性批判』註解』上，行路社，2001 年，496 頁。）

21） Descartes, *Meditationes de prima philosophia*, in *Œuvres*, vol. VII, p. 76.（山田訳，115 頁。）

22） Descartes, Lettre à Elisabeth, 21 mai 1643, in *Œuvres*, vol. III, p. 665.（山田弘明訳『デカルト＝エリザベト往復書簡』講談社，2001 年，18 頁。）

23） Martin Heidegger, *Die Frage nach dem Ding. Zu Kants Lehre von den transzendentalen Grundsätzen*, 1962, in *Gesamtausgabe*, Frankfurt am Main: Vittorio Klostermann, Abt. II, Bd. 41, 1984, p. 246.（高山守・オピリーク訳『ハイデッガー全集 41 物への問い』創文社，1989 年，256 頁。）

24） 中島義道『カントの自我論』日本評論社，2004 年，113 頁。

25） その一部を，拙訳「イマヌエル・カント　観念論をめぐって——一七八〇年代の遺稿から（R 5642, 5653–5655）」（新潟大学現代社会文化研究科『世界の視点 知のトポス』第 6 号，2010 年）に訳出した。

第 6 章　流れさった無限と世界の起源——第一アンチノミー

1） 高橋昭二『カントの弁証論』創文社，1969 年，275 頁。

2） このように定立・反定立の原理的な思考法に遡ってはじめて，定立が「独断論」，反定立が「経験論」と特徴づけられる理由がわかる。そのかぎり，定立・反定立の証明の道具立てと『ライプニッツ＝クラーク往復書簡』との類似性に気をとられて，総じて定立をイギリス経験論（ニュートンを含む）に，反定立を大陸合理論（ライプニッツ）に帰するアル-アズムの解釈は，いささか勇み足だというべきだろう。Cf. Sadik J. Al-Azm, *The Origins of Kant's Arguments in the Antinomies*, Oxford: Clarendon Press, 1972, passim, esp. pp. 4 f.

3） G. W. F. Hegel, *Die Wissenschaft der Logik, Bd. I*, Nürnberg, 1812, in *Werke in 20 Bänden*, Frankfurt am Main: Suhrkamp Verlag, 1969, Bd. V, pp. 270–276.（武市健人訳『ヘーゲル全集 6b 大論理学 上巻の二』岩波書店，1960 年，76 頁以下。）

4） 英米圏での諸批判は以下で紹介・検討されている。William Lane Craig, 'Kant's First Antinomy and the Beginning of the Universe', *Zeitschrift für philosophische Forschung*, vol. 33, 1979, pp. 554–567 ; Zeljko Loparic, 'The Logical Structure of the First Antinomy', *Kantstudien*, vol. 81, 1990, pp. 288–291; Henry E. Allison, *Kant's Transcendental Idealism: An Interpretation and Defense. Revised & Enlarged Edition*, New Heaven / London: Yale University Press, 2004, pp. 367–372.

5） Anselmus Cantuariensis, *Proslogion*, in F. S. Schmitt (ed.), *Opera Omnia*, vol. I, Seckau, 1938, c. 2, p. 101.（吉田暁訳『プロスロギオン』上智大学中世思想研究所／吉田暁編訳・監修『中世思想原典集成 7 前期スコラ哲学』平凡社，1996 年，190 頁。）

6） E. g. Georg Friedrich Meier, *Metaphysik*, Zweyter Theil, Halle, 1756, § 355, pp. 129 ff. Cf. Ernst Fischer, *Die geschichtlichen Vorlagen zur Dialektik in Kants Kritik der reinen Vernunft* (Diss.), Berlin, 1905, pp. 42 f.

7） Martin Knutzen, *Dissertatio metaphysica de aeternitate mundi impossibili*, Königsberg, 1733. クヌーツェンの反世界永遠説については，以下のエルトマンなどを参照のこと。Benno Erdmann, *Martin Knutzen und seine Zeit*, Leipzig, 1876, pp. 98–101 ; Jonas Cohn, *Geschichte des Unendlichkeitsproblems im abendländischen Denken bis Kant*, Leipzig, 1896, pp. 215 f. ; Heinz Heimsoeth, 'Zeitliche Weltunendlichkeit und das Problem des Anfangs', in *Studien zur Philosophiegeschichte* (*Kantstudien Ergänzungshefte* 82), Köln: Kölner Universitäts-Verlag, 1961, pp. 270 f., 286 f.

8） Aristoteles, *Physica*, 207a1–2.（出隆・岩崎允胤訳『アリストテレス全集 3 自然学』岩波書店，1968 年，112 頁。） Cf. Aristoteles, *Metaphysica*, 1066a35–1067a37.（出隆訳『アリストテレス全集 12 形而上学』岩波書店，1968 年，387 ～ 392 頁。）

9） Aristoteles, *Physica*, 204a14, 207b29.（邦訳，98 頁，116 頁。）

10） A. W. Moore, *The Infinite*, London / New York: Routledge, 1990, p. 87.（石村多門訳『無限――その哲学と数学』東京電機大学出版局，1996 年，128 頁。） Cf. A. W. Moore, 'Aspects of the Infinite in Kant', *Mind*, vol. 97, 1988, pp. 205–223.

11） この解釈の基本的な方向性は，前註のムーア（*The Infinite,* pp. 87–93）のほかに，三渡幸雄『カント哲学の基本問題』同朋舎，1987 年，1227 頁以下，でも論じられている。

12） P. F. Strawson, *The Bounds of Sense: An Essay on Kant's Critique of Pure Reason,* London: Methuen, 1966 [facsim. London / New York: Routledge, 1993], p. 177.（熊谷・鈴木・横田訳『意味の限界――『純粋理性批判』論考』勁草書房，1987 年，204 頁。）

13） Norman Kemp Smith, *A Commentary to Kant's 'Critique of Pure Reason'*, London: Macmillan, ²1923 [facsim. Atlantic Highlands: Humanities Press International, 1992], pp. 484 f.（山本冬樹訳『カント『純粋理性批判』註解』下，行路社，2001 年，725 頁以下。）

14） Bertrand Russell, *Our Knowledge of the External World as a Field for Scientific Method in Philosophy*, London: George Allen & Unwin, ²1926 (¹1914), pp. 159–161.（石本新訳『外部世界はいかにして知られうるか』山元一郎編『世界の名著 58 ラッセル・ウィトゲンシュタイン・ホワイトヘッド』中央公論社，1971 年，227 頁以下。）

15） Paul Guyer, *Kant and the Claims of Knowledge*, Cambridge: Cambridge University Press, 1987, pp. 407 f.

16） Kemp Smith, *A Commentary to Kant's 'Critique of Pure Reason'*, p. 483.（邦訳，下 724 頁。）

17） Cf. Hegel, *Die Wissenschaft der Logik, Bd. I*, pp. 272–274（邦訳，78 頁以下）; Jonathan Bennett, *Kant's Dialectic*, Cambridge: Cambridge University Press, 1974, pp. 117 ff.

18） *Commentaria in Aristotelem Graeca*, ed. Academiae Litterarum Regiae Borussicae, vol. XVI, *Ioannis Philoponi in Aristotelis Physicorum Libros Tres Priores Commentariam*, ed. H.

Vitelli, Berlin, 1887, pp. 428 f. Cf. Walter Böhm (ed.), *Johannes Philoponos: Ausgewählte Schriften*, München / Paderborn / Wien: Verlag Fridrich Schönrich, 1967, pp. 311 f.

19） Cf. Böhm (ed.), *Johannes Philoponos: Ausgewählte Schriften*, pp. 309–319 ; Richard Sorabji, *Time, Creation and the Continuum: Theories in Antiquity and the Early Middle Ages*, Ithaca: Cornell University Press, 1983, ch. 14.

20） Cf. 長倉久子「トマスの創造論――ボナヴェントゥラの創造論に対するトマスの批判」中世哲学会編『中世思想研究』第 21 巻，1979 年，119 ～ 136 頁 ; Sorabji, *Time, Creation and the Continuum*, p. 202.

21） Thomas Aquinas, *Summa Theologiae*, I, q. 46, a. 2, ob. 6.（日下昭夫訳『神学大全 第 4 冊』創文社，1973 年，63 頁。）

22） Sorabji, *Time, Creation and the Continuum*, p. 203.

23） Cf. Jonathan Bennett, 'The Age and Size of the World', *Synthese*, vol. 23, 1971, p. 135.

24） Craig, 'Kant's First Antinomy and the Beginning of the Universe', p. 559.

25） Aristoteles, *Physica*, 206a33–b3, 208a20–1.（邦訳，110 頁，118 頁。）後にシンプリキオスがこれを承け継いで，フィロポノスに反論している。Cf. Sorabji, *Time, Creation and the Continuum*, p. 216.

26） E. g. Thomas Aquinas, *Summa Theologiae*, I, q. 46, a. 2, ob. 8.（邦訳，63 頁。）

27） Thomas Aquinas, *Summa Theologiae*, I, q. 46, a. 2, ad 6.（邦訳，67 頁。）

28） Alexander Gottlieb Baumgarten, *Metaphysica*, Halle, ^{4}1757, § 926, p. 379 [ed. & tr. G. Gawlick / L. Kreimendahl, *Forschungen und Materialien zur deutschen Aufklärung*, Abt. I, Bd. 2, Stuttgart-Bad Cannstatt: frommann-holzboog, 2011, p. 492].

29） Aristoteles, *Physica*, 251a8–b10, 252a11–19.（邦訳，295 頁以下，299 頁。）

30） H. Diels / W. Kranz, *Die Fragmente der Vorsokratiker*, vol. I, Berlin, ^{6}1951 [facsim. Zürich: Weidmann, 1996], DK 47 A 24, pp. 430 f.（森泰一訳『ソクラテス以前哲学者断片集 第Ⅲ分冊』内山勝利編，岩波書店，1997 年，115 頁。）

31） Augustinus, *Confessionum libri XIII*, ed. M. Skutella, Stuttgart: Teubner, 1934, rev. ed. 1981, XI.x.12–xiii.16, pp. 272–275, XI.xxx.40, pp. 292 f.（山田晶訳『世界の名著 14』中央公論社，1968 年，410 頁以下，435 頁以下。）

32） Augustinus, *De civitate dei*, ed. B. Dombart / A. Kalb, 2 vols, Leipzig: Teubner, ^{5}1981, XI.5, vol. I, pp. 466–468.（服部英次郎訳『神の国（三）』岩波書店，1983 年，19 頁以下。）

33） Giordano Bruno, *De l'infinito, universo e mondi*, 1584, in A. Gentile / G. Aquilecchia (eds.), *Dialoghi Italiani*, Firenze: Sansoni, ^{3}1958, p. 370.（清水純一訳『無限，宇宙および諸世界について』岩波書店，1982 年，46 頁。）

34） Alexandre Koyré, *From the Closed World to the Infinite Universe*, Baltimore / London: The Johns Hopkins University Press, 1957, p. 44.（横山雅彦訳『閉じた世界から無限宇宙へ』みすず書房，1973 年，35 頁。）

35） Gottfried Wilhelm Leibniz, *Streitschriften zwischen Leibniz und Clarke*, 1715–16, in C. I.

Gerhardt (ed.), *Die philosophischen Schriften*, Berlin, 1875–90 [facsim. Hildesheim / Zürich / New York: Georg Olms Verlag, 1996], vol. VII, p. 405.（米山優・佐々木能章訳『ライプニッツ著作集 9 後期哲学』工作舎，1989 年，362 頁。）——ちなみに，ほんらいは定立の合理的な独断論の代表格であるはずのライプニッツが反定立の証明で援用されるのは，なにもライプニッツ的な知性的世界体系に訴えているのではなく，絶対時間中の創造の時点というニュートン説の不整合を暴くためにすぎない。

36） 第 2 章第 3 節で規則対立の思考を伝える 1770 年代中頃の遺稿として紹介した R 4756 [XVII 699 f.] では，ライプニッツとクラークが「感性の弁証論」の対立する立場として考察されている。ちなみに『往復書簡』はカントの当時つぎのドイツ語訳でも読むことができた。Freyherr von Leibniz, *Kleinere philosophische Schriften*, tr. H. Köhler, Jena, 1740, pp. 101–352.

37） Cf. Gottfried Martin, *Immanuel Kant. Ontologie und Wissenschaftstheorie*, Berlin: Walter de Gruyter, ^{4}1969 (^{1}1950), pp. 51 f., 55 f.（G・マルチン『カント——存在論および科学論』門脇卓爾訳，岩波書店，1962 年，61 頁以下，67 頁以下）; Al-Azm, *The Origins of Kant's Arguments in the Antinomies*, pp. 22–41, 44 f.

38） Kemp Smith, *A Commentary to Kant's 'Critique of Pure Reason'*, p. 488.（邦訳，下 731 頁。）

39） ハイムゼートはすでに起源と始点（あるいは原因と起始）の区別がアンチノミーの本来の主題であると指摘している。Cf. Heimsoeth, 'Zeitliche Weltunendlichkeit und das Problem des Anfangs', pp. 276 n. 14, 291 f. ; Heimsoeth, 'Metaphysische Motive in der Ausbildung des kritischen Idealismus', in *Studien zur Philosophie Immanuel Kants*, pp. 208, 219 f.（須田朗・宮武昭訳『カント哲学の形成と形而上学的基礎』未來社，1981 年，121 頁，142 頁以下。）

40） 起源と始点のテーマはさまざまな変奏で遺されている。Cf. RR 4271 [XVII 489], 4444 [XVII 550], 4616–4618 [XVII 489], 4708 [XVII 682], 4743 [XVII 694], 4756 [XVII 702 f.], 5118 [XVIII 96], 5361 [XVIII 161], 5365 [XVIII 162], 5367 [XVIII 162], 5543–5545 [XVIII 213 f.], 5592 [XVIII 243].

41） 『就職論文』のつぎの定義を参照。「感性的なものを知性的概念に必然的に付随するものとして推称するような雑種的公理を，私は取り違えの公理と呼ぶ。」(II 412)

42） より詳しくは，石川文康『カント 第三の思考——法廷モデルと無限判断』名古屋大学出版会，1996 年，82 ～ 98 頁，を参照のこと。

43） 円谷裕二『経験と存在——カントの超越論的哲学の帰趨』東京大学出版会, 2002 年, 56 頁以下，72 頁以下。Cf. Martin, *Immanuel Kant*, pp. 64 ff.（邦訳，78 頁以下。）

44） 伊達四郎「Kritik から Dialektik へ」『大阪大学文学部 創立十周年記念論叢』1959 年, 370 頁，および高橋昭二『カントの弁証論』268 頁以下，296 頁，を参照のこと。

45） Lucien Goldmann, *Mensch, Gemeinschaft und Welt in der Philosophie Immanuel Kants. Studien zur Geschichte der Dialektik*, Zürich / New York: Europa Verlag, 1945 [facsim. Frankfurt / New York: Campus Verlag, 1989], p. 108.（三島淑臣・伊藤平八郎訳『カント

における人間・共同体・世界――弁証法の歴史の研究』木鐸社，1977 年，134 頁以下。）

第７章　無限と崇高

1）　たとえばレートは，カントの実無限への転向は「合理的形而上学の遺産」だという。Wolfgang Röd, ‘Das Problem des Unendlichen bei Kant’, *Deutsche Zeitschrift für Philosophie*, 38 Jg. Heft 6, 1990, p. 504.

2）　Cf. MVolck XXVIII$_{1}$ 438–440, MSchön XXVIII$_{1}$ 518 f., ML2 XXVIII$_{2/1}$ 568 f., MDohna XXVIII$_{2/1}$ 643–645, MK2 XXVIII$_{2/1}$ 715, MMron XXIX$_{1/2}$ 834–838, MK3 XXIX$_{1/2}$ 994 f., ; PRPölitz XXVIII$_{2/2}$ 1016–1019, NThVolck XXVIII$_{2/2}$ 1159–1161, DRTBaum XXVIII$_{2/2}$ 1251. なお前章でもふれたムーア（A. W. Moore, *The Infinite*, London / New York: Routledge, 1990, ch. 6（石村多門訳『無限――その哲学と数学』東京電機大学出版局，1996 年，第６章）; Moore, ‘Aspects of the Infinite in Kant’, *Mind*, vol. 97, 1988）は，数学的無限／形而上学的無限の枠組みでカントの無限論について優れた解釈を示しているが，この用語法のカントの典拠はあげていない。

3）　Christian Wolff, *Philosophia prima sive Ontologia*, Frankfurt / Leipzig, ^{2}1736 (^{1}1729) [facsim. J. École et al. (eds.), *Gesammelte Werke*, Hildesheim et al.: Georg Olms Verlag, Abt. II, Bd. 3, ^{3}2001], §§ 796–850, pp. 597–633. Cf. Heinz Heimsoeth, ‘Christian Wolffs Ontologie und die Prinzipienforschung I. Kants’, in *Studien zur Philosophie Immanuel Kants. Metaphysische Ursprünge und Ontologische Grundlagen*, Gesammelte Abhandlungen I (*Kantstudien Ergänzungshefte* 71), Köln: Kölner Universitäts-Verlag, 1956, p. 47.

4）　Alexander Gottlieb Baumgarten, *Metaphysica*, Halle, ^{4}1757, § 248, pp. 74 f. [ed. & tr. G. Gawlick / L. Kreimendahl, *Forschungen und Materialien zur deutschen Aufklärung*, Abt. I, Bd. 2, Stuttgart-Bad Cannstatt: frommann-holzboog, 2011, p. 150]. なおヴォルフとバウムガルテンの無限概念については，Sved Andersen, *Ideal und Singularität* (*Kantstudien Ergänzungshefte* 116), Berlin / New York: Walter de Gruyter, 1983, pp. 60–62 を参照した。

5）　Alexandre Koyré, *From the Closed World to the Infinite Universe*, Baltimore / London: The Johns Hopkins University Press, 1957, ch. IV & V.（横山雅彦訳『閉じた世界から無限宇宙へ』みすず書房，1973 年，第４～５章。）

6）　René Descartes, *Principia philosophiae*, 1644, in Ch. Adam / P. Tannery (eds.), *Œuvres de Descartes*, Paris: Librairie Philosophique J. Vrin, 1964–75, nouvelle édition, 1996, vol. VIII, P. I, § 26 f., pp. 14 f.（山田弘明ほか訳『哲学原理』筑摩書房，2009 年，142 頁以下）; Descartes, Lettre à Henry More, 5 février 1649, in *Œuvres*, vol. V, pp. 274 f.

7）　Christian August Crusius, *Entwurf der nothwendigen Vernunft-Wahrheiten, wiefern sie den zufälligen entgegen gesetzet werden,* Leipzig, 1745 [facsim. G. Tonelli (ed.), *Philosophische Hauptwerke*, vol. II, Hildesheim: Georg Olms Verlag, 1964], § 386, pp. 743 ff.

8）　Cf. Heinz Heimsoeth, ‘Zeitliche Weltunendlichkeit und das Problem des Anfangs’, in *Studien zur Philosophiegeschichte* (*Kantstudien Ergänzungshefte* 82), Köln: Kölner Universitäts-Verlag, 1961, pp. 287 f.

9）Albert Johannes Dietrich, *Kants Begriff des Ganzen in seiner Raum-Zeitlehre und das Verhältnis zu Leibniz* (*Abhandlungen zur Philosophie und ihrer Geschichte* 50), Halle, 1916 [facsim. Hildesheim et al.: Georg Olms Verlag, 1997], ch. II & III.

10）三宅剛一『学の形成と自然的世界』（初版）1940 年，（再刊）みすず書房，1973 年，336 頁。

11）Cf. RR 5338 [XVIII 155], 5892 [XVIII 377], 5895 [XVIII 378], 5896 [ibid.], 5900 [ibid.], 5903 [XVIII 379 f.], et al.

12）第一アンチノミーの定立への註解の無限論については，佐藤恒徳「カントにおける三つの無限概念——第一アンチノミー「定立に対する注解」を軸として」（東北大学哲学研究会編『思索』第 34 号，2001 年，21 ～ 39 頁所収）に詳しい。また，同氏は私信で本章の草稿のいくつかの誤謬を指摘してくれた。

13）Heinz Heimsoeth, *Transzendentale Dialektik. Ein Kommentar zu Kants Kritik der reinen Vernunft, Teil II, Vierfache Vernunftantinomie [...]*, Berlin: Walter de Gruyter, 1967, p. 221.

14）Cf. Heimsoeth, *Transzendentale Dialektik, Teil II*, p. 223.

15）Gregor Büchel, *Geometrie und Philosophie. Zum Verhältnis beider Vernunftwissenschaften im Fortgang von der Kritik der reinen Vernunft zum Opus postumum* (*Kantstudien Ergänzungshefte* 121), Berlin / New York: Walter de Gruyter, 1987, p. 201.

16）この解釈はたとえば岡本賢吾「無限」（有福・坂部ほか編『カント事典』弘文堂，1997 年，492 ～ 493 頁）に見出される。

17）たとえば，植村恒一郎「「無限」の前に立つカント」（牧野・中島・大橋編『カント——現代思想としての批判哲学』情況出版，1994 年，258 頁以下）は，「どれほど大きいか」の問いをカントの無限概念のほうに帰し，刺激的ではあるが誤った第一アンチノミー解釈を展開している。

18）それゆえ筆者は，神の最大に即して『批判』の絶対量を解釈する佐藤恒徳「カントにおける三つの無限概念」（30 頁以下）とは見解を異にする。

19）『ケストナーの諸論文について』について，より詳しくは Büchel, *Geometrie und Philosophie*, pp. 185–221 を参照のこと。

20）Georg Cantor, *Gesammelte Abhandlungen mathematischen und philosophischen Inhalts*, ed. Ernst Zermelo, Berlin, 1932 [facsim. Hildesheim: Georg Olms Verlagsbuchhandlung 1962], pp. 181 f., 391, 393 et al.

21）Cantor, *Gesammelte Abhandlungen*, p. 377 n.（三上真司訳「実無限に関する様々な立場について」『季刊 哲学 5 神の数学——カントールと現代の集合論』哲学書房，1998 年，126 頁。）Cf. Gottfried Martin, *Immanuel Kant. Ontologie und Wissenschaftstheorie*, Berlin: Walter de Gruyter, [4]1969 ([1]1950), pp. 62–64.（G・マルチン『カント——存在論および科学論』門脇卓爾訳，岩波書店，1962 年，75 頁以下。）ただしカントの問いはもっぱら無限の絶対的総体性の可能性にかかわるにすぎず，自己言及的な集合論のパラドクスを先取りするものではない。じっさい Michael Hallett, *Cantorian Set Theory and Limitation of Size*, Oxford: Clarendon Press, 1984, pp. 223–239 のように，カントールとカ

ントのアンチノミーの類似は表面的なものにすぎないとする論者もいる。

22） 犬竹正幸『カントの批判哲学と自然科学――『自然科学の形而上学的原理』の研究』創文社，2011 年，第 6 章，139 ～ 166 頁。

23） Robert Palter, ‘Absolute Space and Absolute Motion in Kant’s Critical Philosophy’, *Synthese*, vol. 23, 1971, pp. 51 ff.

24） 以下の崇高論については，拙論「カントの崇高論――芸術終焉論の手前で／の後で」（栗原隆編『芸術の始まる時，尽きる時』東北大学出版会，2007 年）で，より幅広く論じた。

25） Louis Roy, ‘Kant’s Reflections on the Sublime and the Infinite’, in: *Kantstudien*, vol. 88, 1997, p. 52.

26） 佐藤恒徳「無限の論理と無限の美感――カントの崇高論」日本倫理学会編『倫理学年報』第 57 集，2008 年，169 頁（註 13），を参照のこと。

27） 牧野英二『崇高の哲学――情感豊かな理性の構築に向けて』法政大学出版局，2007 年，64 頁以下に，第三批判の「取り違え」概念が考察されている。

28） Christine Pries, *Übergänge ohne Brücken. Kants Erhabenes zwischen Kritik und Metaphysik*, Berlin: Akademie Verlag, 1995, p. 14.

29） Pries, *Übergänge ohne Brücken*, p. 38.

30） Jean-Luc Nancy, ‘L’offrande sublime’, in J.-F. Courtine et al., *Du Sublime*, Paris: Belin, 1988, p. 54.（ジャン＝リュック・ナンシー「崇高な捧げもの」，ミシェル・ドゥギー他『崇高とは何か』梅木達郎訳，法政大学出版局，1999 年，70 頁。）

31） 『崇高とは何か』訳者あとがき，392 頁。この訳者あとがきは，梅木達郎『支配なき公共性――デリダ・灰・複数性』（洛北出版，2005 年，34 頁）に再録されている。

32） Descartes, *Meditationes de prima philosophia [...]*, 1641, in *Œuvres*, vol. VII, p. 52.（山田弘明訳『省察』筑摩書房，2006 年，82 頁。）

第 8 章　人間的自由の宇宙論的本質について――第三アンチノミー

1） Jochen Bojanowski, *Kants Theorie der Freiheit. Rekonstruktion und Rehabilitierung* (*Kantstudien Ergänzungshefte* 151), Berlin / New York: Walter de Gruyter, 2006, pp. 6 f.

2） Allen W. Wood, ‘Kant’s Compatibilism’, in A. W. Wood (ed.), *Self and Nature in Kant's Philosophy*, Ithaca / London: Cornell University Press, 1984, p. 74.

3） Cf. Wolfgang Malzkorn, *Kants Kosmologie-Kritik. Eine formale Analyse der Antinomienlehre* (*Kantstudien Ergänzungshefte* 134), Berlin / New York: Walter de Gruyter, 1999, pp. 191, 206 ff., 287.

4） Heinz Heimsoeth, *Transzendentale Dialektik. Ein Kommentar zu Kants Kritik der reinen Vernunft, Teil II, Vierfache Vernunftantinomie [...]*, Berlin: Walter de Gruyter, 1967, p. 239 n. 72.

5） Henry E. Allison, *Kant's Theory of Freedom*, Cambridge: Cambridge University Press, 1990, pp. 17 f.

6） 河村克俊「カント第三アンチノミーの前史」『立命館經濟學』43〔5〕，1994年，109～121頁所収／Katsutoshi Kawamura, *Spontaneität und Willkür. Die Freiheitsbegriff in Kants Antionienlehre und seine historischen Wurzeln* (*Forschungen und Materialien zur deutschen Aufklärung*, Abt. II, Bd. 11), Stuttgart-Bad Cannstatt: frommann-holzboog, 1996, pp. 25–29, 125 f., 131–133.

7） Alexander Gottlieb Baumgarten, *Metaphysica*, Halle, ^{4}1757, § 381, pp. 119 f. [ed. & tr. G. Gawlick / L. Kreimendahl, *Forschungen und Materialien zur deutschen Aufklärung*, Abt. I, Bd. 2, Stuttgart-Bad Cannstatt: frommann-holzboog, 2011, pp. 206 ff.]

8） *Des Herrn Doct. und Prof. Joachim Langens, oder: Der Theologischen Facultæt zu Halle Anmerckungen über des Herrn Hoff-Raths und Professor Christian Wolffens Metaphysicam [...]*, Cassel, 1724 [facsim. J. École et al. (eds.), Christian Wolff, *Gesammelte Werke*, Hildesheim et al.: Georg Olms Verlag, Abt. I, Bd. 17, *Kleine Kontroversschriften mit Joachim Lange und Johann Franz Budde*, 1980], p. 18.

9） Aristoteles, *Metaphysica*, 1005b19.（出隆訳『アリストテレス全集 12 形而上学』岩波書店，1968年，101頁。）

10） Lewis White Beck, *A Commentary on Kant's Critique of Practical Reason*, Chicago / London: The University of Chicago Press, 1960, pp. 191 f.

11） Beck, *A Commentary on Kant's Critique of Practical Reason*, p. 192. Cf. Lewis White Beck, *Studies in the Philosophy of Kant*, Indianapolis / New York / Kansas City: The Bobbs-Merill Company, 1965, pp. 38 ff.

12） Cf. Allison, *Kant's Theory of Freedom*, pp. 75 f.

13） その代表的なものとして Hud Hudson, *Kant's Compatibilism*, Ithaca / London: Cornell University Press, 1994 が挙げられる。

14） 新田孝彦『カントと自由の問題』北海道大学図書刊行会，1993年，210頁。

15） 中島義道の「責任論的解釈」（『悪への自由――カント倫理学の深層文法』勁草書房，2011年）は，このような行為論的解釈の実践的な発展系といえるだろう。

16） アンチノミー章と規準章の自由概念の異同については Dieter Schönecker, *Kants Begriff transzendentaler und praktischer Freiheit. Eine entwicklungsgeschichtliche Studie* (*Kantstudien Ergänzungshefte* 149), Berlin / New York: Walter de Gruyter, 2005 が委曲を尽くしている。

17） ボヤノフスキのいうように，カントの自由論は，決定論のもとで弱い意味での意図的行為の自由を容認する，現代的な緩やかな両立論ではなく，厳密な決定論を支持しつつ強い意味での意志の（超越論的な）自由をも要求する，完全な両立論であるが，これは現代の自由論では失われている選択肢である（cf. Bojanowski, *Kants Theorie der Freiheit*, p. 165）。

18） Baumgarten, *Metaphysica*, §§ 719 ff., pp. 281 ff [pp. 384 ff.]; § 902, p. 369 [pp. 480 ff.].

19） 河村克俊「カント第三アンチノミーの前史」119頁／Kawamura, *Spontaneität und Willkür*, pp. 124 ff.

20） 森禎徳「超越論的自由の意義——形而上学の克服と実践理性への移行」日本倫理学会編『倫理学年報』第 49 集，2000 年，101 ～ 115 頁。

21） Gottfried Wilhelm Leibniz, *Essais de théodicée sur la bonté de Dieu, la liberté de l'homme et l'origine du mal*, 1710, in C. I. Gerhardt (ed.), *Die philosophischen Schriften*, Berlin, 1875–90 [facsim. Hildesheim / Zürich / New York: Georg Olms Verlag, 1996], vol. VI, passim, e.g., P. I, §§ 36 f. [pp. 123 f.], P. II, § 282 [pp. 284 f.], P. III, § 367 [pp. 332 f.], P. III, § 414 [pp. 362 f.].（佐々木能章訳『ライプニッツ著作集 6・7 宗教哲学『弁神論』上・下』工作舎，1990 ～ 1991 年，上 149 頁以下，下 44 頁以下，115 頁以下，155 頁以下。）

22） Heinz Heimsoeth, 'Zum kosmotheologischen Ursprung der Kantischen Freiheits-antinomie', in *Studien zur Philosophie Immanuel Kants II. Methodenbegriffe der Erfahrungswissenschaften und Gegensätzlichkeit spekulativer Weltkonzeption*, Gesammelte Abhandlungen II (*Kantstudien Ergänzungshefte* 100), Bonn: H. Bouvier u. Co. Verlag, 1970, p. 255. Cf. ibid., p. 266.

23） Wood, 'Kant's Compatibilism', p. 96.

24） Wolfgang Ertl, *Kants Auflösung der „dritten Antinomie". Zur Bedeutung des Schöpfungskonzepts für die Freiheitslehre*, Freiburg / München: Verlag Karl Alber, 1998, passim, esp. pp. 205–214.

25） Boethius, *De consolatione philosophiae*, in S. J. Tester et al. (tr.), *The Theological Tractates / The Consolation of Philosophy* (LCL 74), Cambridge (Mass.) / London: Harvard University Press, 1973, V, pr. 6, 71–72, p. 426.（畠中尚志訳『哲学の慰め』岩波書店，1938 年，231 頁。）

26） ただし別の可能世界とはいっても，ライプニッツのいう可能世界はたんに神の知性において表象的にあるにすぎないので，並行宇宙のように現実に存在するわけではないという点には注意が必要であろう。

27） Wood, 'Kant's Compatibilism', p. 91.

28） Giovanni B. Sala, *Kants »Kritik der praktischen Vernunft«. Ein Kommentar*, Darmstadt: Wissenschaftliche Buchgesellschaft, 2004, p. 209.

29） Aristoteles, *Ethica Nicomachea*, II. 1, 1103a14–b25 ; III. 5, 1113b3–1115a3.（加藤信朗訳『アリストテレス全集 13 ニコマコス倫理学』岩波書店，1973 年，39 頁以下，79 頁以下。）性向（ἕξις）のアポリアについては，岩田靖夫『アリストテレスの倫理思想』岩波書店，1985 年，135 頁以下，を参照した。

30） ハイムゼートは的確に，この「持続的」は原則論でいう現象実体の持続性（B 224 f.）ではなく，「ヌーメノンとしての持続性（duratio noumenon）」として理解されなければならない，と註解している（Heimsoeth, *Transzendentale Dialektik. Teil II,* p. 375）。Cf. Heimsoeth, 'Zum kosmotheologischen Ursprung der Kantischen Freiheitsantinomie', p. 267.

31） Platon, *Respublica,* 614B–.（藤沢令夫訳『プラトン全集 11 クレイトポン・国家』岩波書店，1976 年，741 頁以下。）

32） Allison, *Kant's Theory of Freedom*, pp. 39 f., et al.

33） じっさい，アリソンはウッドのいう無時間的な行為者（Wood, 'Kant's Compatibilism', pp. 89 ff.）を批判して，採用テーゼにおける採用行為は無時間的ではなく，たんに時間条件から独立しているだけだとする（Allison, *Kant's Theory of Freedom*, pp. 51 f.）。

34） これを解釈上の図式でいえば，ウッドなどが依拠した神学的な永遠論が，アリソンの採用テーゼを経ることによって，時間的な諸行為を垂直的に支配する人間理性の超時間性へと読みかえられるわけである。――なお，この論点は千葉清史氏からの鋭い問題提起によって明確になった。本章はほかにも同氏のコメントに負う点がある。

35） Beck, *A Commentary on Kant's Critique of Practical Reason*, p. 29. Cf. Lewis White Beck, *The Actor and the Spectator: Foundations of the Theory of Human Action*, New Haven / London: Yale University Press, 1975.

36） Beck, *A Commentary on Kant's Critique of Practical Reason*, p. 193.

37） Allison, *Kant's Theory of Freedom*, p. 72.

38） とはいうものの，おそらくベックその人は，超越論的な同時性など理解しがたい「古めかしい神秘」のリバイバルだと斬りすてるだろう。Cf. Beck, *A Commentary on Kant's Critique of Practical Reason*, p. 192.

39） 所雄章『デカルトⅡ』勁草書房，1971 年，360 頁。また，坂井昭宏「デカルトの二元論――心身分離と心身結合の同時的存立について」（1980 年）デカルト研究会編『現代デカルト論集 Ⅲ 日本篇』勁草書房，1996 年，59 ～ 90 頁，を参照のこと。

40） Allison, *Kant's Theory of Freedom*, p. 40.

41） Dieter Henrich, 'Die Deduktion des Sittengesetzes [...]', in A. Schwan (ed.), *Denken im Schatten des Nihilismus. Festschrift für Wilhelm Weischedel zum 70. Geburtstag*, Darmstadt: Wissenschaftliche Buchgesellschaft, 1975, pp. 64 f.（石川・戸田訳『カント哲学の体系形式』門脇卓爾監訳，理想社，1979 年，82 頁。）また，保呂篤彦『カント道徳哲学研究序説――自由と道徳性』晃洋書房，2001 年，70 頁以下，を参照のこと。

42） Heinz Heimsoeth, 'Metaphysische Motive in der Ausbildung des kritischen Idealismus', in *Studien zur Philosophie Immanuel Kants. Metaphysische Ursprünge und Ontologische Grundlagen*, Gesammelte Abhandlungen I (*Kantstudien Ergänzungshefte* 71), Köln: Kölner Universitäts-Verlag, 1956, pp. 221–223.（須田朗・宮武昭訳『カント哲学の形成と形而上学的基礎』未來社，1981 年，145 頁以下。）

43） 宮村悠介「カント哲学における知恵の理念――体系と自己意識をめぐって」日本哲学会編『哲學』第 63 号，2012 年，290 頁以下，を参照のこと。

44） Thomas Nagel, *The View from Nowhere*, Oxford: Oxford University Press, 1986, p. 127.

45） この長い議論につきあうために，われわれの援用した解釈上のツールもいささか盛り沢山になった。手短にふりかえれば，まずは二世界説による解決と二性格説による行為論的解決とを斥けたあと，問題局面をアンチノミー本来の宇宙論的系列の場面に見定めて，そこから神学的伝統に遡り，ウッドなどのいう永遠的な性格選択論に解釈の起点を求めて，それをアリソンの採用テーゼによって人間理性に位置づけなおし，そこから

ベックの実践的パースペクティヴ論に繋げて，自由と自然との「二元性論」を定式化し，最後にそれに合わせて超越論的観念論の枠を決めた（さらに結語でみるように，この超越論的観念論はアリソンの方法論的二観点解釈と親和的である）。われわれの解釈の成否は，これらのツールが整合的に組み合わされているか否かにかかっている。

46） Martin Heidegger, *Vom Wesen der menschlichen Freiheit. Einführung in die Philosophie* (1930), in *Gesamtausgabe*, Abt. II, Bd. 31, Frankfurt am Main: Vittorio Klostermann, 1982, pp. 302 f.（斎藤義一・シュラーダー訳『ハイデッガー全集 31 人間的自由の本質について』創文社，1987 年，297 頁以下。）

47） Heidegger, 'Vom Wesen des Grundes', 1929, in *Wegmarken*, 1976, *Gesamtausgabe*, Abt. I, Bd. 9, [3]2004, pp. 163–175.（辻村公一・ブッナー訳『ハイデッガー全集 9 道標』創文社，1985 年，200 頁以下。）

第９章　存在の深淵へ——神の現存在の宇宙論的証明

1） Heinrich Heine, *Zur Geschichte der Religion und Philosophie in Deutschland*, 1834, in *Säkularausgabe*, Berlin et. al.: Akademie-Verlag et al., 1972, vol. 8, p. 194.（伊東勉訳『ドイツ古典哲学の本質』岩波書店，1973 年，165 頁。）

2） G. W. F. Hegel, *Vorlesung über die Geschichte der Philosophie III*, in *Werke in 20 Bänden*, Frankfurt am Main: Suhrkamp Verlag, 1971, vol. 20, p. 145.（藤田健治訳『ヘーゲル全集 14b 哲学史 下巻の二』岩波書店，1956 年，98 頁。）

3） Dieter Henrich, *Der ontologische Gottesbeweis. Sein Problem und seine Geschichte in der Neuzeit*, Tübingen: J.C.B. Mohr (Paul Siebeck), [2]1967 ([1]1960), pp. 137 ff.（本間・須田・中村・座小田訳『神の存在論的証明——近世におけるその問題と歴史』法政大学出版局，1986 年，第二部。）

4） 代表的なものとして，久保元彦「神の現存在の存在論的証明に対するカントの批判について」(1968 年)（『カント研究』創文社，1987 年，所収）があげられる。

5） 久保元彦「神の現存在の存在論的証明に対するカントの批判について」前掲書，396 頁以下，参照。

6） Cf. Henry E. Allison, *Kant's Transcendental Idealism: An Interpretation and Defense, Revised & Enlarged Edition*, New Haven / London: Yale University Press, 2004, pp. 407–410.

7） Gottfried Wilhelm Leibniz, *Monadologie*, 1714, §§ 36–45, in C. I. Gerhardt (ed.), *Die philosophischen Schriften*, Berlin, 1875–90 [facsim. Hildesheim / Zürich / New York: Georg Olms Verlag, 1996], vol. VI, pp. 612–614.（西谷裕作訳『ライプニッツ著作集 9 後期哲学』工作舎，1989 年，221 頁以下。）

8） René Descartes, *Meditationes de prima philosophia [...]*, 1641, in Ch. Adam / P. Tannery (eds.), *Œuvres de Descartes*, Paris: Librairie Philosophique J. Vrin, 1964–75, nouvelle édition, 1996, vol. VII, pp. 65–69.（山田弘明訳『省察』筑摩書房，2006 年，101 頁以下。）

9） ヴォルフの『自然神学』もまた「人間の魂は存在している」というデカルト的な出

発点から必然者を証明している（Christian Wolff, *Theologia naturalis [...]*, P. I, Frankfurt / Leipzig, [2]1739 ([1]1736) [facsim. J. École et al. (eds.), *Gesammelte Werke*, Hildesheim et al.: Georg Olms Verlag, Abt. II, Bd. 7.1, 1978], § 24, pp. 25 f.）。Cf. Heinz Heimsoeth, *Transzendentale Dialektik. Ein Kommentar zu Kants Kritik der reinen Vernunft, Teil III, Das Ideal der reinen Vernunft [...]*, Berlin: Walter de Gruyter, 1969, p. 487 n. 130.

10） バウムガルテン『形而上学』第 114 節の「必然者は唯一の様態と根拠によって規定されうる」（Alexander Gottlieb Baumgarten, *Metaphysica*, Halle, [4]1757, § 114, p. 32. [ed. & tr. G. Gawlick / L. Kreimendahl, *Forschungen und Materialien zur deutschen Aufklärung*, Abt. I, Bd. 2, Stuttgart-Bad Cannstatt: frommann-holzboog, 2011, p. 94]）という一文に，カントは「唯一のしかたで規定されうるものとは，バウムガルテンにとっては，その概念によって汎通的に規定されている物のことである」（R 5776 [XVIII 351], cf. R 5786 [XVIII 355]）という注釈を加えている。

11） 宇宙論的証明は存在論的証明に依存するというカントの〈依存性〉テーゼとその諸問題については，長田蔵人「カントの宇宙論的証明批判」（関西哲学会年報『アルケー』第 13 号，2005 年，99 頁以下）で整理されている。

12） Baumgarten, *Metaphysica*, § 110, p. 31 [p. 94].

13） 久保元彦「現存在の根拠の問題における転回の試みとその挫折――カントにおける現存在の根拠の問題（一）」東京大学教養学部紀要『比較文化研究』第 9 輯，1969 年，177 頁以下，を参照のこと。

14） Aritoteles, *De Interpretatione*, 16a30–34.（山本光雄訳『アリストテレス全集 1 カテゴリー論・命題論・分析論前書・分析論後書』岩波書店，1971 年，86 頁以下。）

15） 石川文康は，アリストテレスの ἀόριστον をボエティウスが indefinitum ではなく infinitum と訳したことが無限判断の unendlich の由来だと指摘している（『カント 第三の思考――法廷モデルと無限判断』名古屋大学出版会，1996 年，46 頁以下）。

16） Cf. Allen W. Wood, *Kant's Rational Theology*, Ithaca / London: Cornell University Press, 1978, p. 126.

17） 通常は「あらゆるＳはＰである」の主述を入れ換えるには，「いくつかのＰはＳである」と制限して減量換位（conversio per accidens）しなければならないが，Ｐが唯一のものであるなら「あらゆるＰはＳである」と量を保ったまま単純換位（conversio simpliciter talis）することができる（Cf. Logik IX 118 f.）。

18） 換位における存在含意の疑義については Wood, *Kant's Rational Theology*, pp. 126 f. を参照のこと。

19） Cf. Michelle Grier, 'The Ideal of Pure Reason', in P. Guyer (ed.), *The Cambridge Companion to Kant's Critique of Pure Reason*, Cambridge: Cambridge University Press, 2010, pp. 285–287.

20） Wood, *Kant's Rational Theology*, pp. 128 f.　宇宙論的な必然者と論理的な必然者との区別は，長田蔵人「カントの宇宙論的証明批判」101 ～ 105 頁，においても論じられている。

21） 福谷茂『カント哲学試論』知泉書館，2009 年，85 頁以下，126 頁以下。
22） Baumgarten, *Metaphysica*, § 54, p.15 [p. 72].
23） Baumgarten, *Metaphysica*, § 55, p.15 f. [p. 72].
24） 檜垣良成『カント理論哲学形成の研究――「実在性」概念を中心として』渓水社，1998 年，20 頁以下，284 頁以下，参照。
25） Christian Wolff, *Philosophia prima sive Ontologia*, Frankfurt / Leipzig, ²1736 (¹1729) [facsim. *Gesammelte Werke*, Abt. II, Bd. 3, ³2001], § 226, p. 187.
26） Wolff, *Philosophia prima sive Ontologia*, § 227, p. 188 ; § 174, p. 143.
27） Annelise Maier, *Kants Qualitätskategorien* (*Kantstudien Ergänzungshefte* 65), Berlin: Pan-Verlag Kurt Metzner G.m.b.H, 1930, pp. 18 f.
28） この点はカント研究会（2008 年 11 月）での檜垣良成氏の示唆に負う。
29） Hegel, *Die Wissenschaft der Logik, Bd. I*, Nürnberg, 1812, in *Werke in 20 Bänden*, 1969, vol. V, pp. 91 f.（武市健人訳『ヘーゲル全集 6a 大論理学 上巻の一』岩波書店，1956 年，88 頁以下。）
30） 第四アンチノミーと宇宙論的証明における必然性概念の差異については，福田喜一郎「カントの様相の理論と必然的存在者の問題」（カント研究会／大橋・中島・石川編『現代カント研究 1 超越論哲学とはなにか』理想社，1989 年，137 ～ 162 頁所収）を参照のこと。
31） Wolff, *Theologia naturalis [...]*, P. II, Frankfurt / Leipzig, ²1741 (¹1737) [facsim. *Gesammelte Werke*, Abt. II, Bd. 7.2, 1978], § 20, p. 13.
32） 小倉志祥『カントの倫理思想』（東京大学出版会，1972 年，6 頁以下）は「人間理性の深淵」の観点から「カントのエートス」をえがいており，とりわけ深淵をめぐる若きカントの思考について参考になる。
33） Henrich, *Der ontologische Gottesbeweis*, p. 160.（邦訳，233 頁。）
34） Friedrich Wilhelm Joseph von Schelling, *Philosophie der Offenbarung*, ed. K. F. A. Schelling, *Sämmtliche Werke*, Abt. II, Bd. 3, Stuttgart / Augsburg, 1858, p. 163.（諸岡道比古訳『シェリング著作集 5b 啓示の哲学』燈影舎，2007 年，186 頁。）
35） 久保元彦「カントと現存在の根拠の問題――シェリングの批判をてがかりにして」東京大学教養学部『教養学科紀要』第 3 号，1970 年，95 ～ 118 頁。
36） 二つの深淵については，久保元彦「神の現存在の存在論的証明に対するカントの批判について」，『カント研究』409 頁以下，を参照のこと。
37） 山根雄一郎『〈根源的獲得〉の哲学――カント批判哲学への新視角』東京大学出版会，2005 年，90 頁以下，101 頁，を参照のこと。

結　語

1） 弁証論の二義的な位置づけについては次を参照のこと。Jannis Pissis, *Kants transzendentale Dialektik. Zu ihrer systematischen Bedeutung* (*Kantstudien Ergänzungshefte* 169), Berlin / Boston: Walter de Gruyter, 2012, pp. 93–105.

2） Baruch de Spinoza, Epistola LXXVI, in *Spinoza Opera*, ed. C. Gebhardt, vol. IV, Heidelberg: Carl Winters Universitætsbuchhandlung, 1925, p. 320.（畠中尚志訳『スピノザ往復書簡集』岩波書店，1958 年，336 頁。）

3） Pissis, *Kants transzendentale Dialektik*, p. 107.

4） 拙論「理性と普遍性——カントにおける道徳の根拠をめぐって」『岩波講座 哲学 06 モラル／行為の哲学』（熊野純彦編）岩波書店，2008 年，57 ～ 75 頁，を参照されたい。

5） Henry E. Allison, *Kant's Transcendental Idealism: An Interpretation and Defense. Revised & Enlarged Edition*, New Haven / London: Yale University Press, 2004, pp. 47–49.

6） 千葉清史によれば，アリソンは総じて観点独立的な事実を方法論的な立場から否定しながらも，他方で時空的に現象する物そのものは観点独立的に存在するという実在論に与しており，不整合に陥っている（千葉清史「ヘンリー・アリソンの方法論的二側面解釈」日本カント協会編『日本カント研究 13 カントと形而上学』理想社，2012 年，149 ～ 164 頁 ; Kiyoshi Chiba, *Kants Ontologie der raumzeitlichen Wirklichkeit: Versuch einer anti-realistischen Interpretation der Kritik der reinen Vernunft* (*Kantstudien Ergänzungshefte* 168), Berlin / Boston: Walter de Gruyter, 2012, pp. 72–84）。これに対して私が提案するのは問いの順序である。われわれが試みたようにアリソンの方法論的な洞察をつよく打ち出すことで，弁証論の諸問題，とりわけ第三アンチノミーを解決しうるのだとするなら，つぎには，どこまで実在論的な関与を強くしても解決に不整合を来さないか，を問わなければならない。私見によれば，超時間的に存立する超越論的な〈私〉やたんなる或るものは，その性質の空虚さのゆえに不整合をもたらさない。これがやはり不整合だというなら，いっさいの実在論的な関与から手を引くしかないだろう。

7） Michelle Gilmore Grier, *Kant's Doctrine of Transcendental Illusion*, Cambridge: Cambridge University Press, 2001, ch. 8, pp. 263–301.

8） Cf. Allison, *Kant's Transcendental Idealism*, pp. 445 f.

城戸 淳（きど・あつし）

1972年,大阪府生まれ。1995年,東北大学文学部卒業。1999年,東北大学大学院文学研究科博士課程退学。1999年,新潟大学人文学部助手,2003年,助教授（准教授),現在に至る。博士（文学)。専門は西洋近世哲学史。
〔業績〕『哲学の問題群――もういちど考えてみること』（共編著，ナカニシヤ出版，2006年),「理性と普遍性――カントにおける道徳の根拠をめぐって」（『岩波講座 哲学 06 モラル／行為の哲学』岩波書店，2008年),「カントにおける幸福のパラドクス――幸福主義批判と最高善とのあいだ」（日本カント協会編『日本カント研究 11 カントと幸福論』理想社，2010年),ほか。

〈新潟大学人文学部研究叢書 10〉

〔理性の深淵〕 ISBN978-4-86285-181-9

2014年3月15日 第1刷印刷
2014年3月20日 第1刷発行

著 者 城 戸 淳
発行者 小 山 光 夫
製 版 ジ ャ ッ ト

発行所 〒113-0033 東京都文京区本郷1-13-2
電話03(3814)6161 振替00120-6-117170
http://www.chisen.co.jp
株式会社 知泉書館

Printed in Japan 印刷・製本／藤原印刷

新潟大学人文学部研究叢書の刊行にあたって

社会が高度化し，複雑化すればするほど，明快な語り口で未来社会を描く智が求められます。しかしその明快さは，地道な，地をはうような研究の蓄積によってしか生まれないでしょう。であれば，わたしたちは，これまで培った知の体系を総結集して，持続可能な社会を模索する協同の船を運航する努力を着実に続けるしかありません。

わたしたち新潟大学人文学部の教員は，これまで様々な研究に取り組む中で，今日の時代が求めている役割を果たすべく努力してきました。このたび刊行にこぎつけた「人文学部研究叢書」シリーズも，このような課題に応えるための一環として位置づけられています。人文学部が蓄積してきた多彩で豊かな研究の実績をふまえつつ，研究の成果を読者に提供することを目ざしています。

人文学部は，人文科学の伝統を継承しながら，21世紀の地球社会をリードしうる先端的研究までを視野におさめた幅広い充実した教育研究を行ってきました。哲学・史学・文学を柱とした人文科学の分野を基盤としながら，文献研究をはじめ実験やフィールドワーク，コンピュータ科学やサブカルチャーの分析を含む新しい研究方法を積極的に取り入れた教育研究拠点としての活動を続けています。

人文学部では，2004年４月に国立大学法人新潟大学となると同時に，四つの基軸となる研究分野を立ち上げました。人間行動研究，環日本海地域研究，テキスト論研究，比較メディア研究です。その具体的な研究成果は，学部の紀要である『人文科学研究』をはじめ各種の報告書や学術雑誌等に公表されつつあります。また活動概要は，人文学部のWebページ等に随時紹介しております。

このような日常的研究活動のなかで得られた豊かな果実は，大学内はもとより，社会や，さらには世界で共有されることが望ましいでしょう。この叢書が，そのようなものとして広く受け入れられることを心から願っています。

2006年３月

新潟大学人文学部長
芳 井 研 一